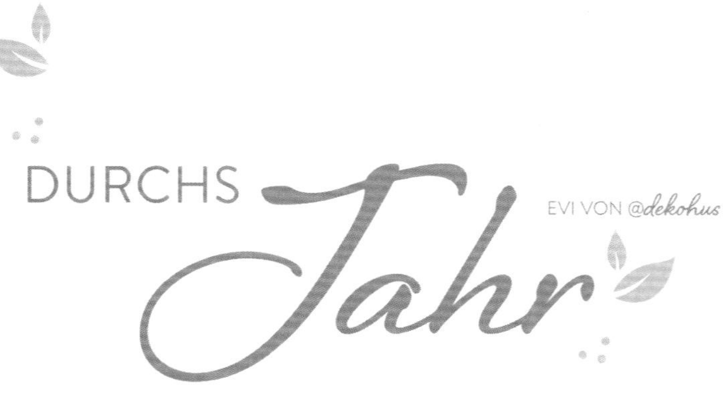

BLUMENGESTECKE & FLORALE DEKOIDEEN FÜR ALLE JAHRESZEITEN

EVGENIJA MÖLLER

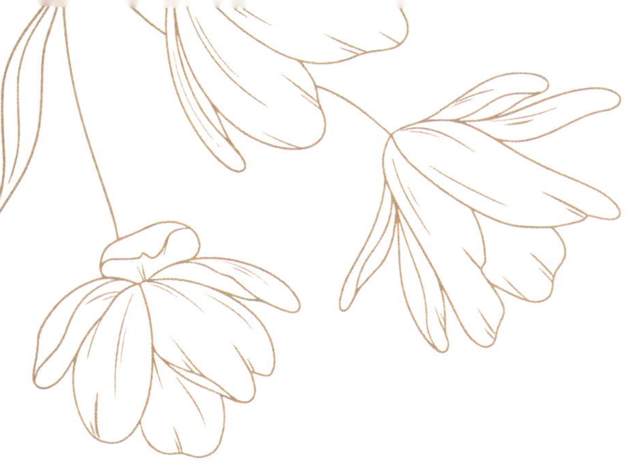

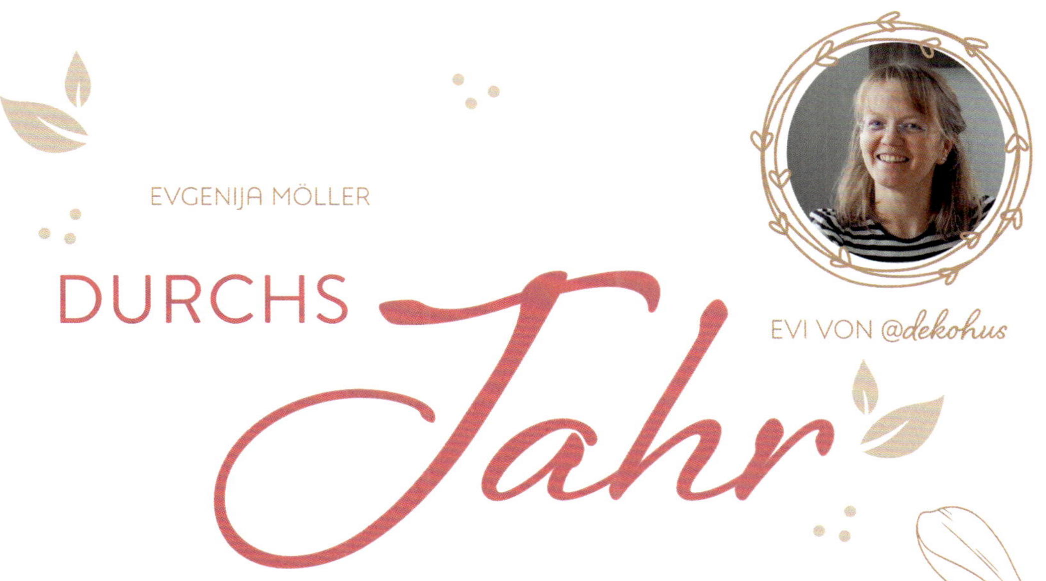

EVGENIJA MÖLLER

DURCHS *Jahr*

EVI VON @dekohus

BLUMENGESTECKE & FLORALE DEKOIDEEN FÜR ALLE JAHRESZEITEN

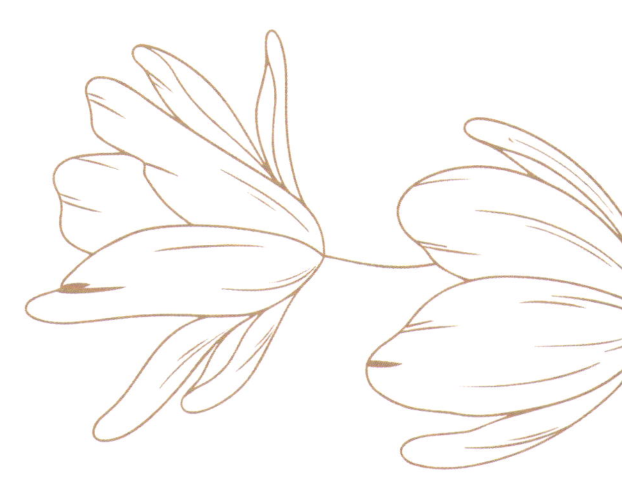

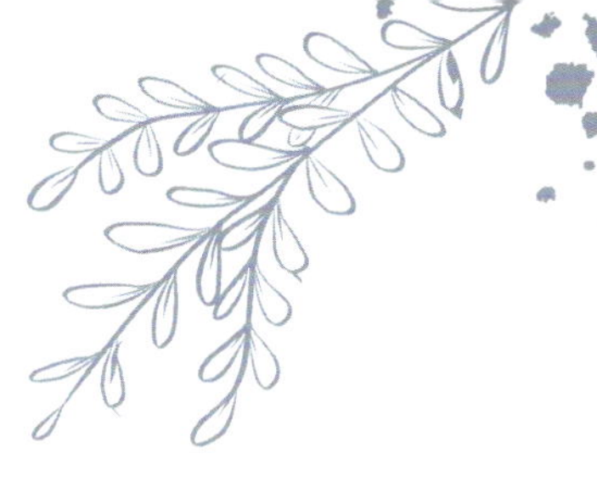

INHALT

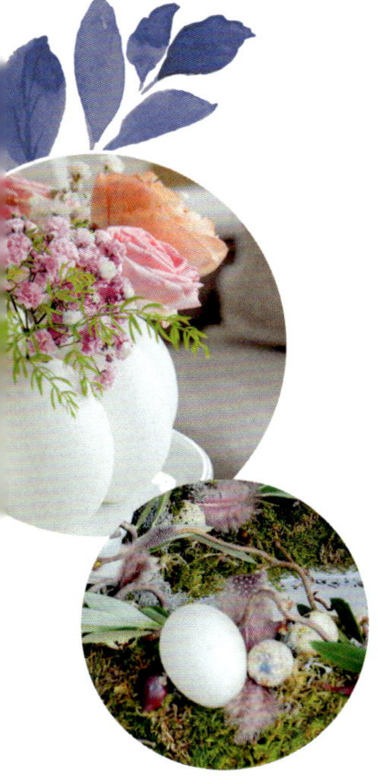

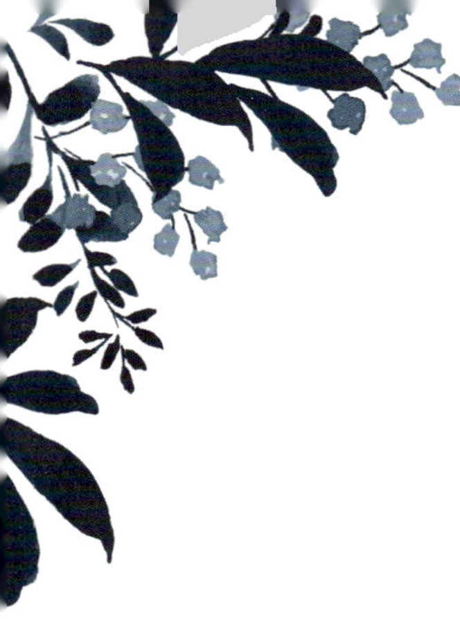

EINLEITUNG

Wie fange ich hier bloß an? Ich bin ja eher der Macher und weniger der Schreiberling... aber so eine Einleitung gehört halt zu einem Buch dazu. Also los geht's!

Wer ist dekohus und warum bringe ich ein Buch heraus?

Die erste Frage ist relativ schnell beantwortet: hinter **dekohus** *gibt es eine persönliche Geschichte. 2013 haben mein Mann und ich beschlossen, ein Haus zu bauen. Es sollte ein Holzhaus werden, denn ich liebe den leicht verspielten, skandinavischen Stil Nord-Europas. Auf der Suche nach einem Hausanbieter sind wir auf diverse Blogs gestoßen. Dort haben die Bauherren jeweils ihre Erfahrungen, während des Hausbaus, festgehalten. Dabei ist uns aufgefallen, dass es nur wenige Blogs von unserem Hausanbieter gab. So wurde die Idee geboren, einen eigenen Blog zu eröffnen und unsere Erfahrungen festzuhalten. 2013 war es übrigens totaler Trend zum Blog auch ein Instagram-Account zu haben. Und da der Mensch ein Herdentier ist, folgte ich dem Trend. Am 30.11.2013 habe ich passend zu deko-hus.de also auch den Instagram-Account @dekohus eröffnet.*

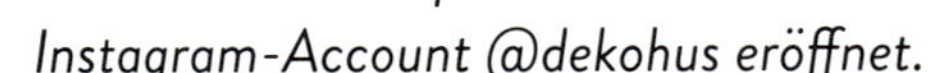

Auf Instagram fand ich schnell Gleichgesinnte: nicht nur Bauherren, sondern auch DIY-Liebhaber. Denn obwohl ich aus dem Finanzwesen komme, lag meine Leidenschaft schon immer im Bereich „Selbermachen". Als Tochter von Handwerkern wurde mir das Arbeiten mit den Händen sozusagen in die Wiege gelegt. Also habe ich nicht nur unsere Bauerfahrungen geteilt, sondern auch meine DIYs. Nach und nach wuchs das Interesse an @dekohus und der Account wurde immer größer. Irgendwann kamen auch die ersten Kooperationsanfragen, die mir zeigten, dass ich mein Hobby, wie man heute so schön sagt, „monetarisieren" könnte. Weil ich noch in der Elternzeit war, kam die Überlegung auf, mein Hobby zum Beruf zu machen. Zuerst lief es etwas schleppend und kostete viel Zeit und Mühe. Ich wollte aber nicht aufgeben und habe deswegen immer weiter gemacht und einiges ausprobiert, bis dann ein Wechsel im Schwerpunkt kam. Dieser Wendepunkt war im Oktober/November 2018, als ich ein Video zum Hagebuttenkranz gepostet habe und dieses Video viral gegangen ist. Dadurch habe ich festgestellt, dass meine Abonnenten gerne florale DIYs sehen wollten. Also drehte ich immer mehr Videos in diesem Bereich und die Abonnentenzahlen stiegen rasant.

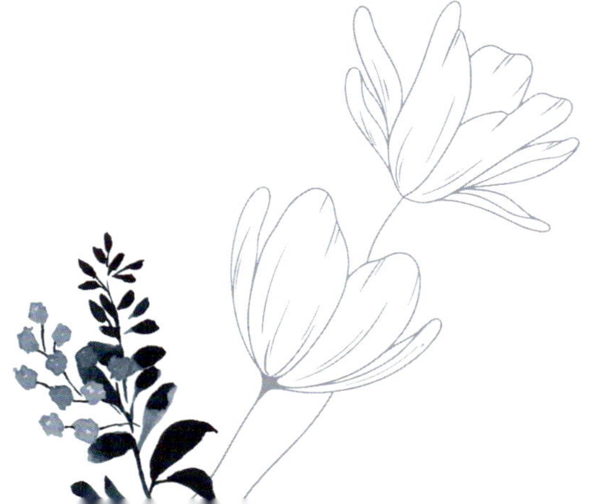

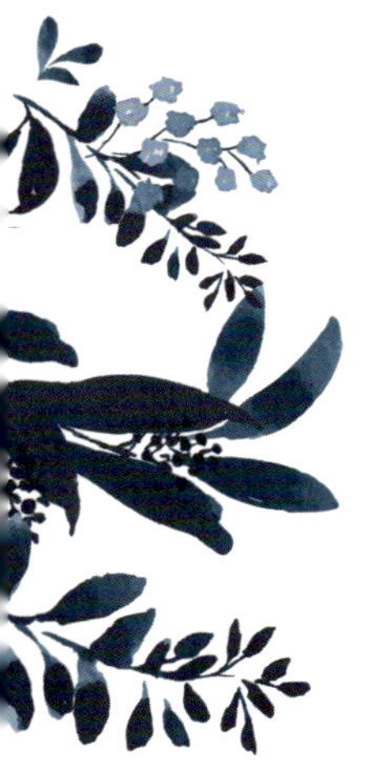

Alles, was ich kann, habe ich mir selbst beigebracht. Da es natürlich nicht immer fachmännisch umgesetzt ist, musste ich in den Jahren auch einiges an Kritik einstecken. Diese war nicht immer konstruktiv formuliert, um nicht zu sagen oftmals verletzend. Aber das gehört beim Beruf als Content Creator wohl dazu. Mittlerweile mache ich einfach mein Ding und konzentriere mich auf den positiven Teil meiner Community. Denn 99,9 % meiner Abonnenten sind einfach toll und die paar Internettrolle nehme ich mit Humor.
Auf dem Account @dekohus liefere ich also seit 2013 fast täglich neue DIY-Videos und versuche Menschen dazu zu inspirieren, ihr Zuhause wohnlicher zu machen. Ich zeige außerdem, dass man mit einfachen Mitteln etwas Großartiges zaubern kann. Getreu dem Motto „Lass dich inspirieren!" möchte ich die Menschen ermuntern, selber tätig zu werden. Der Schwerpunkt „Floristik" spielt mir dabei sehr in die Hände, denn wer mag schon keinen Blumen?!

Im Übrigen habe ich immer ein paar fleißige Hände, ähm, Pfoten am Start. Da einige Haustiere zu unserer Familie gehören, lässt es sich selten vermeiden, dass die Fellnasen mit von der Partie sind.

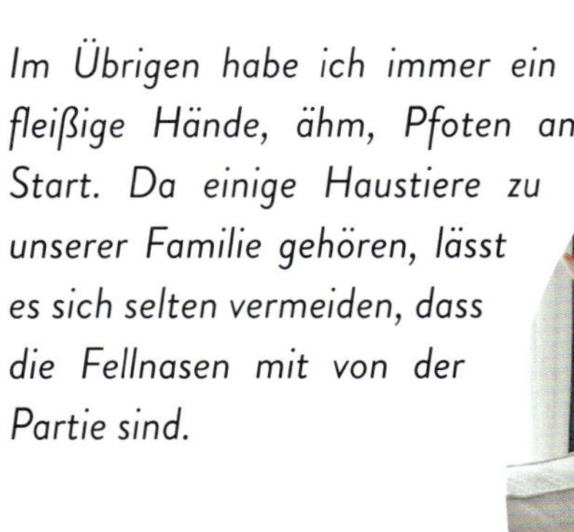

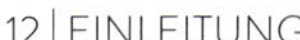

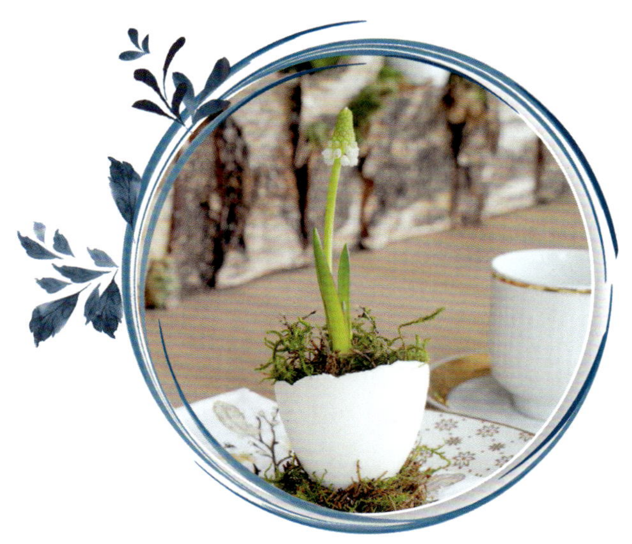

Warum bringe ich also ein Buch heraus, wenn das Internet so gut zu mir ist?

Nun das Internet ist unfassbar schnelllebig und vieles verschwindet mit dem nächsten „Swipe“ schon in der Versenkung. Daher ist es großartig, die Chance zu bekommen, meine Ideen nicht nur im World Wide Web zu zeigen, sondern etwas Bleibendes zu schaffen, das man sogar in der Hand halten kann.

Hauptsächlich möchte ich mit diesem Buch aber allen Kreativköpfen eine solide Bastelfibel für florale Deko an die Hand geben, in der man sowohl Grundtechniken als auch Inspirationen für das gesamte Jahr findet. So hat man mit einem Werk viele Anleitungen und Möglichkeiten, tolle selbstgemachte Deko rund um das Jahr zu erschaffen.

Und nun wünsche ich dir viel Spaß mit diesem Buch.

Deine

Evi

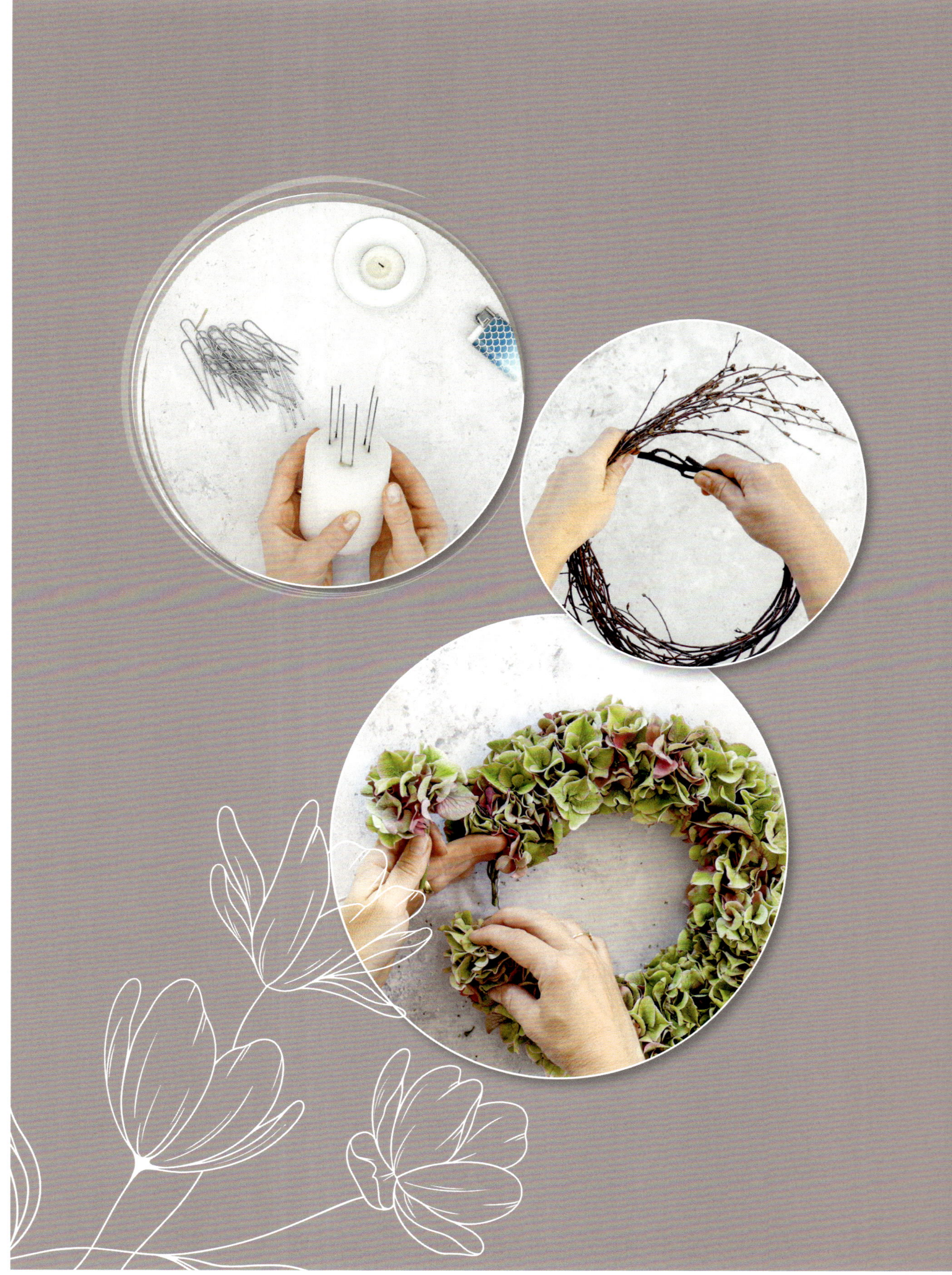

Materialien und Grundtechniken

Bevor ich mich den Dekorationen widme, bedarf es ein paar Materialien und Grundtechniken, die dir später bei der Umsetzung vieler Arbeiten behilflich sein werden. Denn auch wenn viele Dekoideen leicht umsetzbar sind, möchte ich an dieser Stelle einiges ausführlicher beschreiben. Außerdem bekommst du so einen Überblick über die Materialien, die für die DIYs unerlässlich sind.

DIE WICHTIGSTEN MATERIALIEN

Blumendraht

Es gibt unterschiedliche Arten von Blumendraht. Für meine Kränze nutze ich überwiegend den **grünen Blumendraht** (ca. 0,70 mm Durchmesser) aus der Drogerie. Ein Vorteil ist, dass ich für diesen Draht nicht in ein Spezialgeschäft fahren muss und er trotzdem hält, was er verspricht und halten soll.

Teilweise verwende ich auch einen dünnen Bindedraht, auch **Myrtendraht** genannt. Dieser hat einen Durchmesser von ca. 0,35 mm und eignet sich für filigrane Arbeiten wie Mooskugeln etc.

Patenthaften/ Steckklammern

Patenthaften sind aus stabilem Draht geformte Befestigungsklammern. Diese U-Form-Steckklammern lassen sich super beim Kranzbinden verwenden. Patenthaften gibt es in unterschiedlichen Längen. Damit versuche ich, an passender Stelle, den Einsatz der Heißklebepistole zu vermeiden.

Gute Schere

Eine gute Schere ist unabdingbar für meine Arbeit. Sie sollte scharf und mit einer Hand zu benutzen sein. Vor allem bei Gartenscheren habe ich es schon oft erlebt, dass Verschlüsse sich nicht mit einer Hand öffnen lassen. Das ist besonders dann ärgerlich, wenn man mit der einen Hand das Material am Kranzrohling festhält und mit der andern noch schnell einen Zweig zurechtschneiden möchte. Deshalb verwende ich beim Kranzbinden ausschließlich eine gute Gartenschere, für Trockenblumenkränze auch mal eine stabile Küchenschere.

Für viele DIYs verwende ich, wie oben bereits erwähnt, Bindedraht, der natürlich auch abgeschnitten werden muss. Man kann den Draht mit einer Gartenschere schneiden. Ich empfehle aber, eine Drahtschere zu benutzen, da die Gartenschere sonst schnell stumpf wird.

Kranzrohlinge

Es gibt unterschiedliche Kranzrohlinge aus Draht, Holz und Stroh zu kaufen. Man kann sich allerdings auch sehr gut eine Grundlage für einen Kranz aus Zeitungspapier oder biegsamen Zweigen wie die Weide/Birke etc. selber herzustellen.

Der Klassische Kranzrohling ist für mich der **Strohrömer** (kurz Römer) genannt. Für den Römer werden viele Strohhalme genommen und zu einem Ring gebunden. Römer findet man meistens in Baumärkten, Blumengeschäften oder im Floristikbedarf.

Der **Kranzrohling aus Steckschaum** eignet sich bestens, um einen Kranz aus frischen Blumen zu gestalten. Dieser Kranzrohling besteht meistens aus einer runden Schale und einem passendem Steckschaumring. Der Ring wird in ein Wasserbad getaucht und danach in die Schale gelegt. Aber dieser Kranzrohling eignet sich nicht nur prima für frische Blumen. Es können auch Trockenblumen in den trocknen Steckschaum gesteckt werden.

Der **Kranzrohling aus Styropor®** ist eine günstige Alternative zum klassischen Römer. Er ist leichter als der Rohling aus Stroh. Ein Nachteil von diesem Kranzrohling ist aber definitiv, dass er nicht so stabil ist wie der Römer. Einmal den Draht zu stark gezogen und er hat sich durch das Styropor® gefressen.

Kranzrohlinge aus Draht sind kostengünstig und lassen sich gut aufpimpen. Wem ein Drahtrohling zu dünn ist, der kann einfach Zeitungspapier um den Rohling wickeln. Denn je größer die Grundlage (der Rohling), desto üppiger wird später der Kranz.

Holzrohlinge eignen sich super für „halbe" Kränze. Unschöne Strohrohlinge muss man dafür mit Bändern verdecken. Das Holz wirkt bei halben Kränzen dekorativ für sich. Möchte man einen natürlichen, warmen Look, bietet sich ein Holzrohling sehr gut an.

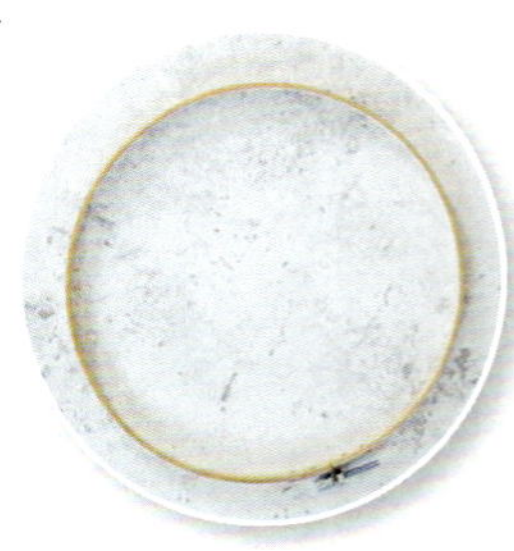

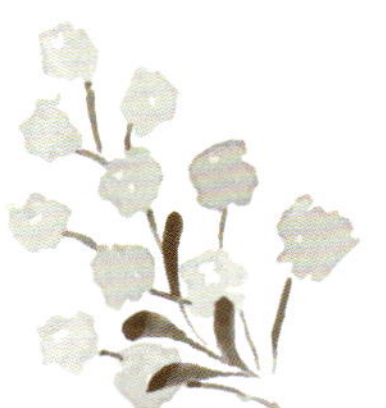

DIY-Kranzrohling aus Zeitungspapier: Hierfür nimmst du mehrere Lagen Zeitungspapier und verdrillt diese zu einer Rolle. Das wiederholst du dann ein zweites Mal. Die Rollen sollten schön fest sein, damit der Kranzrohling stabil wird. Danach werden die Rollen etwas gebogen und mithilfe von Klebeband miteinander verbunden. Zum Schluss biegst du den Rohling, bis er perfekt rund ist.

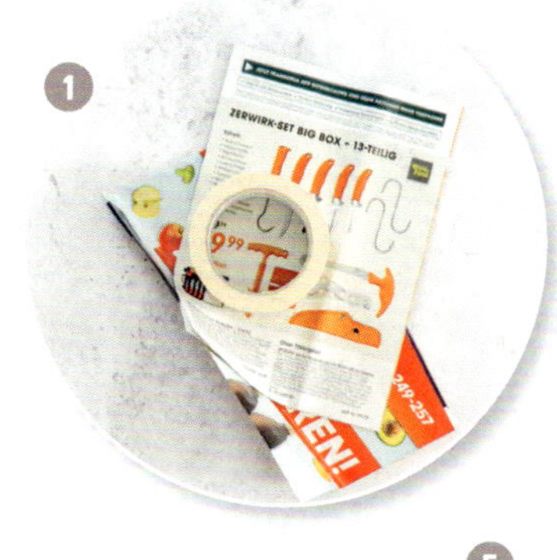

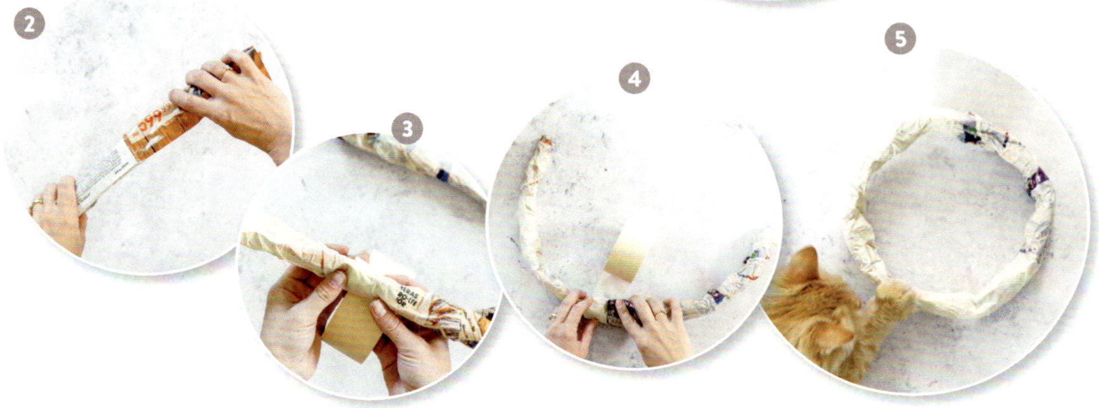

DIY-Kranzrohling aus Zweigen: Für diesen Rohling verwende ich frische Zweige der Weide, der Birke oder des Blauregens. Wichtig ist, dass die Zweige sehr biegsam sind. Damit aus den Zweigen ein Kranzrohling wird, musst du die Enden der Zweige miteinander verknoten. Dieser Vorgang wird so lange wiederholt, bis der Rohling eine stabile Grundlage für den Kranz darstellt.

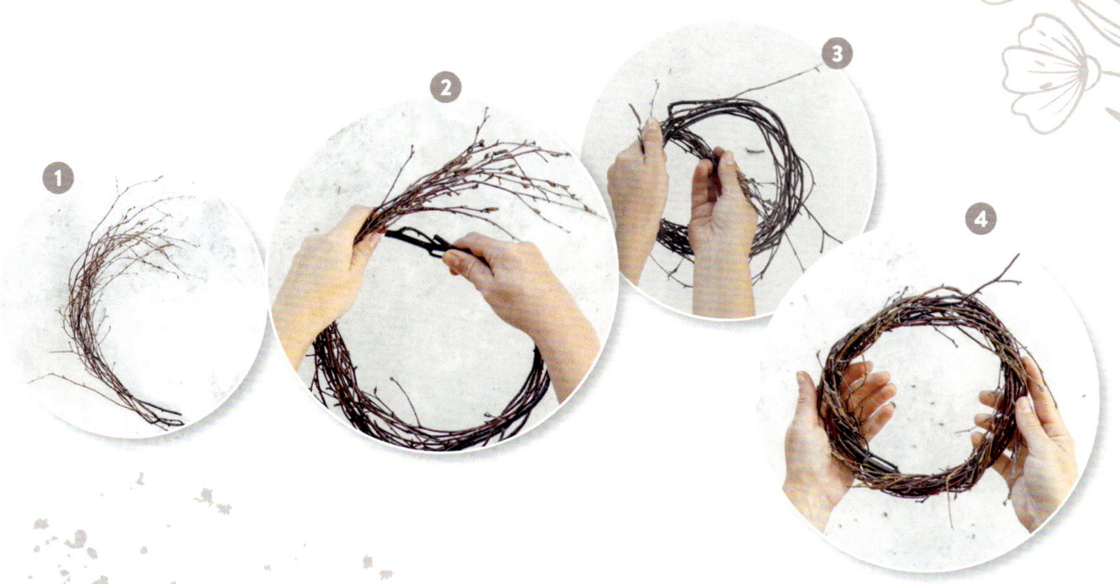

Heißkleber

Unverzichtbar für die Anfertigungen vieler meiner Arbeiten ist eine anständige Heißklebepistole. Mit Heißkleber kann man fast unsichtbar arbeiten. Weitere Vorteile von Heißkleber sind, dass er sofort seine maximale Klebekraft erreicht und in wenigen Augenblicken auskühlt. Außerdem enthält Heißkleber keine Substanzen, die die Haut, die Augen oder die Lunge reizen können.

Aber was ist eine Heißklebepistole genau?

Bei einer Heißklebepistole schiebt man eine feste Klebepatrone in das Gerät. Die Heißklebepistole wird heiß und durch die Hitze verflüssigt sich der Kleber. Den flüssigen Kleber kann man dann zielgenau auf die gewünschte Oberfläche auftragen. Zusätzlich verfestigt sich der Klebstoff innerhalb kürzester Zeit, wodurch eine belastbare Verbindung unterschiedlichster Materialien entsteht. Durch ein erneutes Erhitzen kann die Verbindung wieder gelöst werden.

Ehrlicherweise muss ich gestehen, dass die Heißklebepistole auch einige Nachteile mit sich bringt. Der Klebstoff ist nicht umweltfreundlich und: einmal nicht aufgepasst... autsch... so schnell hat man sich durch den heißen Klebstoff Brandblasen zugezogen. Davon kann ich nicht nur ein Lied, sondern ein ganzes Medley trällern.

Trotz allem möchte ich, mangels Alternative, nicht auf die Heißklebepistole verzichten. Allerdings bin ich weiterhin auf der Suche nach einer umweltfreundlichen Alternative, bin bisher aber noch nicht so recht fündig geworden.

In den letzten Jahren habe ich viele Heißklebepistolen-Produkte ausprobiert. Hier mein Fazit:

Die **konventionelle Heißklebepistole** wird mit Strom betrieben und hat einen Netzstecker. Das hat sowohl Vor- als auch Nachteile. Damit der Kleber flüssig wird, benötigt man hohe Temperaturen. Dies Bedarf wiederum einer hohen Leistung. Diese zieht sich die Heißklebepistole in diesem Fall direkt aus der Steckdose. Das stellt gleichzeitig den größten Nachteil dar, denn man braucht immer eine Steckdose in der Nähe.

Die **Heißklebepistolen mit Akku** bieten am meisten Flexibilität, da auf das lästige Netzkabel verzichtet wird. Für mich sind akkubetriebene Pistolen die erste Wahl! Da ich viel auf der Terrasse oder im Garten arbeite und so auf Verlängerungskabel etc. verzichten kann. Man sollte allerdings bei der Anschaffung nicht sparen, denn bei günstigen Produkten ist meistens die Akkuleistung schwach. Stundenlanges Arbeiten ist mit dieser Variante ist allerdings nicht so einfach, da der Akku durch die hohe Leistung irgendwann leer ist. Es sei denn, man schafft sich einen zweiten Akku an und vergisst nicht, diesen zu laden. Ich spreche aus Erfahrung...

Im Übrigen: wundere dich nicht, wenn deine Akku-Heißklebepistole irgendwann von alleine ausgeht. Dies dient der Sicherheit.

Eine weitere Variante, die akkubetrieben und damit kabellos ist, ist der **Heißklebestift**. Die Stiftform ist super handlich und zum genauen Dosieren und punktgenauem Kleben sehr gut geeignet. Ein weiterer Vorteil ist die kurze Aufheizzeit. Da die Heißklebestifte nicht so hoch heizen (Niedrigtemperatur), dürfen unsere Kinder auch damit basteln. Die Nachteile des Heißklebestiftes sind die verhältnismäßig hohen Kosten für Nachfüllsticks (der Klebstoff schmilzt bei geringeren Temperaturen. Wer auf günstige Klebesticks zurückgreift, riskiert deshalb, den Stift kaputt zu machen), die geringe Akkulaufzeit und die eher kleine Klebemenge, die nur für kleinere Details ausreicht.

Aber egal für welches Modell du dich entscheiden solltest; eines sei noch zu beachten: Merkst du, dass dein Gerät tropft, dann kann es gut an den Klebesticks liegen. Es lohnt sich also sowohl beim Gerät als auch bei den Klebestiften auf die Qualität zu achten.

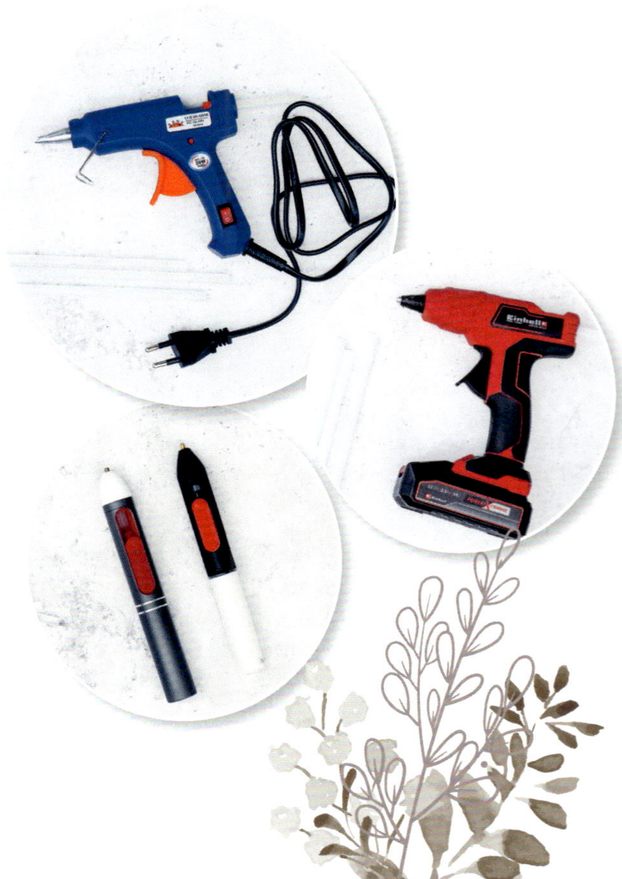

Moos

Ein unabdingbares Material bei meinen Arbeiten ist definitiv Moos. Wie heißt es so schön? ‚Ohne Moos nix los'! Es gibt viele verschiedene Moosarten und ich möchte dir diejenigen Sorten, mit denen ich überwiegend arbeite, kurz vorstellen.

Doch erst noch eine wichtige Frage vorweg: Sollte man Moos aus dem Wald holen? Grundsätzlich darf man dem Wald nichts entnehmen. Als Privatperson darf man aber nach der „ Handstraußregel" kleine Mengen sammeln. Von dieser Regel sind Moosarten, die unter Naturschutz stehen, ausgenommen.

Da ich als **@dekohus** keine Privatperson darstelle und außerdem viel Moos verbrauche, kaufe ich mein Moos immer im Blumenladen. Dieser wird extra für Blumenläden gezüchtet und nicht aus dem Wald geholt. Nun aber schnell zu den Moosarten:

Plattenmoos

Dabei handelt es sich um ein Moos, das dem Moos aus dem Wald sehr ähnlich ist. Das Plattenmoos wird extra für gestalterische Zwecke gezüchtet. Bei diesem Moos handelt es sich um ein Produkt, das keiner Pflege bedarf. Nach einiger Zeit wird die grüne Farbe des Mooses etwas heller. So ist es möglich, auch langfristige Bastelarbeiten mit dem Moos durchzuführen.

Bollenmoos (Kugelmoos)

Bollenmoos ist eine der beliebtesten Moosarten in der Dekoration, das allerdings aufgrund der hochwertigen Verarbeitung relativ teuer ist. Diese Moosart ist natürlich gewachsen und wird durch Stabilisierung dauerhaft haltbar gemacht. Es handelt sich beim Bollenmoos um ein lebendiges Naturprodukt, das hauptsächlich wegen seiner runden Form und seines eleganten Aussehens so begehrt ist. Außerdem wird es in Form von kompakten Haufen geliefert, was die Arbeit damit vereinfacht.

Spanisches Moos (Tillandsia usneoides)

Das Spanische Moos ist eine Luftpflanze, die ursprünglich in den Südstaaten der USA, Argentinien und Chile beheimatetewar. Mittlerweile wurde die Pflanze aber auch in anderen Ländern mit ähnlichem Klima eingebürgert. Bei dem Tillandsia Moos, das ich verwende, handelt es sich um eine getrocknete Variante. Ich nutze es überwiegend als Füllmaterial. Das Tillandsia Moos weist eine weiche Oberfläche und eine gekräuselte Struktur auf, die an zusammengedrückte Wurzeln erinnert. Da dieses Moos einfach auseinandergezogen werden kann, ist die Arbeit damit sehr einfach.

Islandmoos

Dieses nordische Felsengras wächst überwiegend in Europa und wurde zuerst von den Isländern als Heilkraut entdeckt. Genau genommen handelt es sich bei Islandmoos um eine Flechte. Auch hier verwende ich das Moos in getrockneter Form. Zum Basteln und Dekorieren eignet sich dieses Moos besonders wegen der einfachen Verarbeitung und der unterschiedlichen Farben.

Flechte

Auch bei der Flechte handelt es sich um ein Naturprodukt, das ich in getrockneter Form verwende. Sie zeichnet sich durch eine wunderschöne silberne Färbung aus. Ich nutze sie als Füllmaterial in Glasvasen sowie für Zwischenräume in Kränzen und Gestecken.

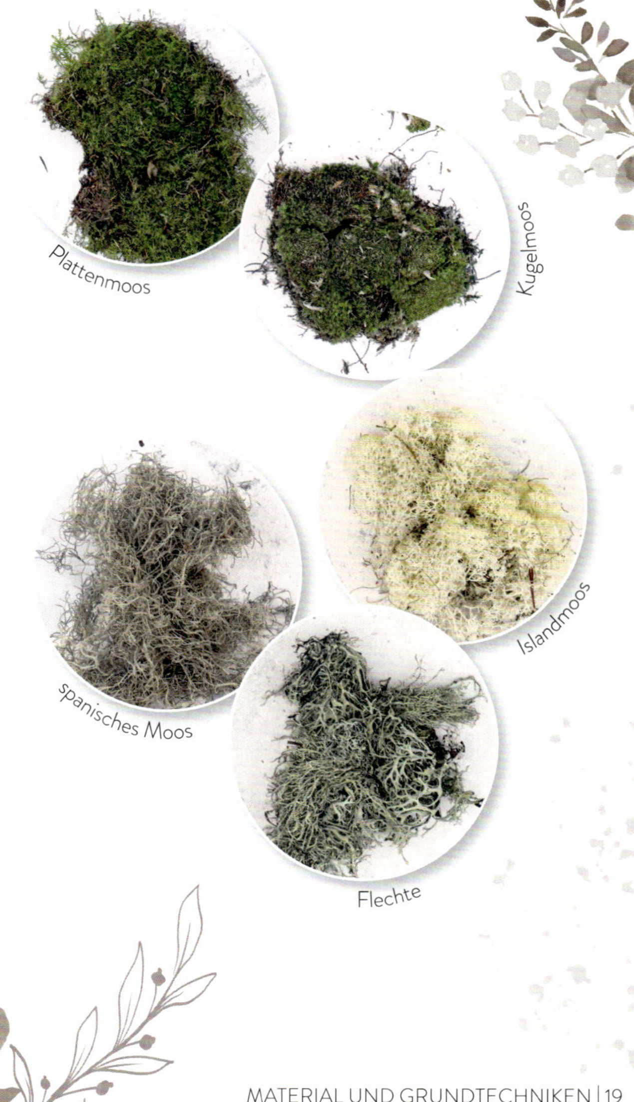

Steckschaum

Bedingt durch meine Vorliebe zu Blumengestecken arbeite ich viel mit Steckschaum. Mithilfe von Steckschaum kann man nämlich, im Handumdrehen, ein schönes Arrangement gestalten.

Was ist Steckschaum?

Steckschaum wurde in den 50er Jahren entwickelt. Technisch gesehen, handelt es sich um ein Phenol-Formaldehyd-Gemisch – also Plastik. Deshalb ist der größte Nachteil, dass der Steckschaum nicht biologisch abbaubar ist und im Sondermüll entsorgt werden muss.

Allerdings hat der Steckschaum auch viele Vorteile: Steckschaum ist super praktisch, wenn es darum geht, Blumen in einem Gesteck länger haltbar zu machen. Außerdem lässt sich die Größe unkompliziert anpassen, weil sich der Ziegel ganz einfach mit einem Messer zu schneiden lässt. Ich habe darüber hinaus die Erfahrung gemacht, dass ich einfach weniger Blumen benötige, wenn ich mit Steckschaum arbeite.

Wie benutzt man Steckschaum?

Zuerst passt man die Größe des Steckschaumziegels an. Dafür kannst du einfach ein Messer zur Hand nehmen. Dann legst du den Steckschaum ins Wasser. Dort kann er sich in Ruhe mit Wasser vollsaugen. Den Ziegel nicht runterdrücken, sondern einfach auf das Wasser legen. Geht der Steckschaumziegel unter, ist er vollständig mit Wasser vollgezogen. Von befreundeten Floristen habe ich gelernt, den Steckschaumblock nicht im Wasser runterzudrücken, weil dann in der Mitte ein „Luftloch" entsteht. Hat sich der Steckschaum mit Wasser vollgezogen, ist der Schaum bereit zum Stecken.

Welche Alternativen zum Steckschaum gibt es?

Bio Steckschaum besteht aus 100% natürlichen Rohstoffen. Dabei dienen Basaltmehl und Rübenzucker als Bindemittel. Er lässt sich mehrmals verwenden und später einfach kompostieren. Der Steckschaumziegel zieht sich ebenfalls schnell mit Wasser voll. Der Bio Steckschaum ist inzwischen in immer mehr (Online-) Shops erhältlich.

Die Nachteile vom Bio-Steckschaum sind erstens die hohen Anschaffungskosten und zweitens die Beschaffenheit der Oberfläche. Sie ist etwas härter, was es schwieriger macht, Blumen mit weichen Stielen zu stecken.

Kaninchendraht ist ein biegsames Drahtgeflecht, das die Blumen stabil in gewünschter Form hält. Erhältlich im Baumarkt oder im Tierbedarf.

Steckigel/Blumenfrosch (Kenzan) kommen ursprünglich aus Japan. Sie wurden dort ursprünglich für Ikebana, eine japanische Blumensteckkunst verwendet. Aber was ist ein Kenzan genau? Es ist eine mit spitzen Metallnadeln aus Messing gespickte Platte, die relativ schwer ist. Damit das Blumenarrangement standfest bleibt, wird dieses Gewicht vom Steckigel benötigt. Zusätzlich ist der Kenzan manchmal mit einem Gummifuß ausgestattet. Die Messingstifte sind stark genug für holziges Material sowie ideal für weiche Stängel.

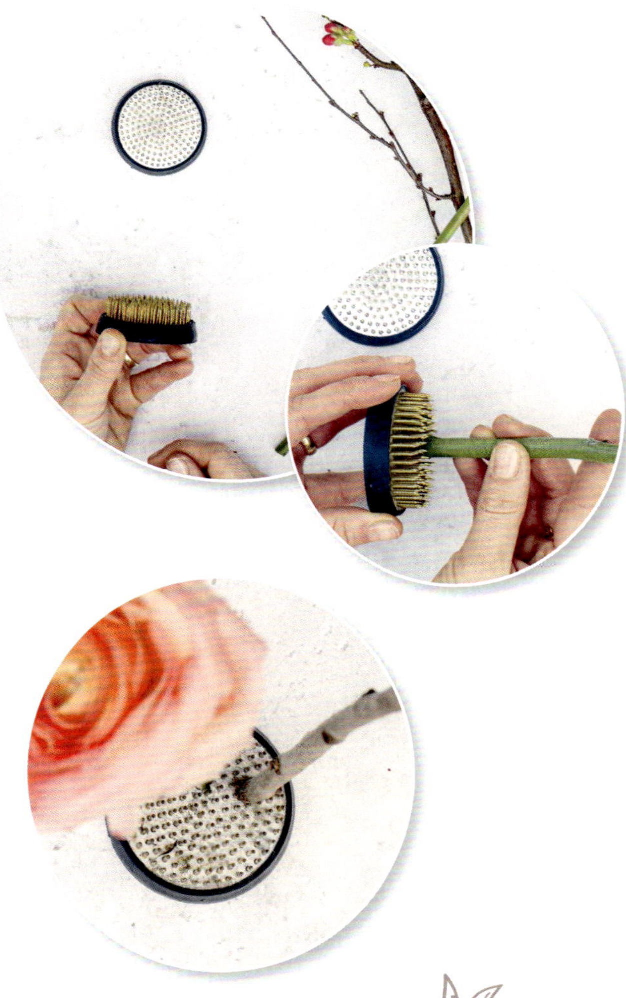

EINIGE GRUNDTECHNIKEN

Hast du nun alle Materialien kennengelernt und dir vielleicht auch schon ein paar besorgt, können wir zu den Grundtechniken übergehen. In diesem Teil des Buchs möchte ich dir ein paar Techniken vorstellen, mit deren Hilfe du schon viele schöne Projekte umsetzen kannst. Einige sind etwas leichter, andere erfordern etwas mehr Übung, aber alle sind absolut meisterbar! Wie, zeige ich dir hier Schritt für Schritt.

Das Glas-in-Glas-Prinzip

Das Glas-in-Glas-Prinzip ist eine der einfacheren, aber nichtsdestotrotz sehr effektvollen Techniken. Durch eine holländische Interior-Marke wurde ich vor Jahren auf diese Technik aufmerksam und inzwischen ist sie weder bei mir noch aus der gesamten DIY-Dekorations-Community wegzudenken! Vor allem für florale Arrangements ist sie einfach anzuwenden. Das Tolle an diesem Prinzip ist die vielfältige Nutzbarkeit und das einfache Umsetzen eigener Ideen. Man kann damit Gläser passend zu jeder Jahreszeit dekorieren.

Im Grunde benötigt man für das Glas-in-Glas-Prinzip lediglich zwei Vasen und das Füllmaterial. Die Vasen sollten immer unterschiedlich groß sein und ineinanderpassen, möglichst ohne, dass die innere Vase über die äußere hinausreicht. Aber auch das ist natürlich möglich. Erlaubt ist, was gefällt! Wichtig ist nur, dass der Raum zwischen den Vasen groß genug für die angedachte Dekoration ist.

Als Füllmaterial, für den Zwischenraum, kann man alles Mögliche verwenden. Je nach Jahreszeit kannst du Sand, Muscheln, Steine, Tannenzapfen, Dekoschnee, ausgepustete Eier, Moos, Flechte, Stöcke und, und, und nutzen. Deiner Fantasie sind da keinerlei Grenzen gesetzt!

Auch bei den Vasen hast du die Wahl. Sollen sie eine zylindrische Form haben oder rund sein? Du kannst auch unterschiedliche Formen ineinander stellen.

Zusätzlich finde ich die Glas-in-Glas-Kreationen als indirekte Beleuchtung ganz apart. Entweder stelle ich eine Kerze in die innere Vase oder ich arbeite mit einer Lichterkette.

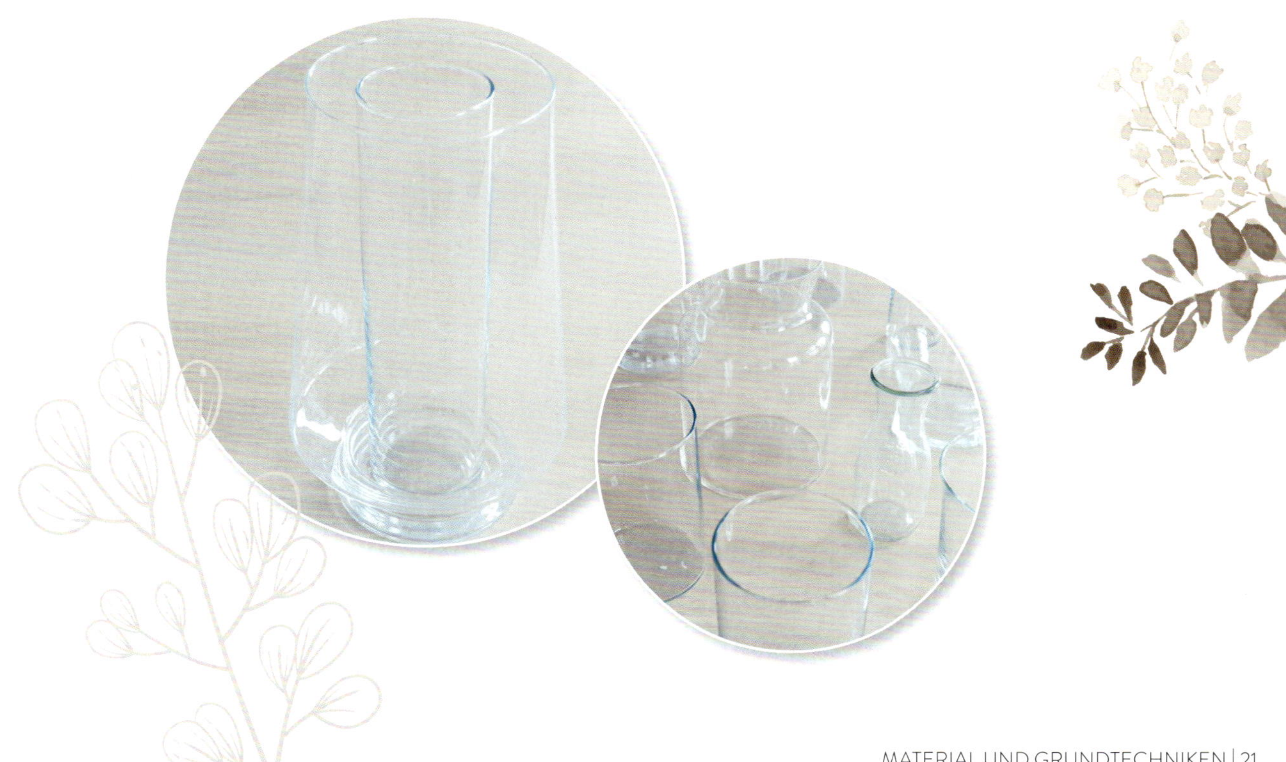

Kerzen zum Stecken vorbereiten

Um Kerzen in einem Gesteck oder auf einem Kranz feststecken zu können, gibt es unterschiedliche Möglichkeiten. Die erste Wahl sind bei mir immer Kerzenhalter zum Stecken. Aber es gibt diese Kerzenhalter leider nicht in vielen unterschiedlichen Größen. Dafür gibt es allerdings Abhilfe: Es gibt nämlich extra Kerzenbefestigungsstifte. Ich greife hingegen lieber auf lange Patenthaften zurück, denn die Ideen dahinter ist die gleiche. Ein zusätzlicher Vorteil: die Haften habe ich sowieso immer zu Hause und muss nicht erst in den Laden, um Kerzenstifte zu besorgen.

1. Nimm 2-3 längere Patenthaften her und erhitze das gebogene Ende über einer Kerzenflamme (Achtung, heiß!).
2. Danach steckst du das heiße Ende in den Boden der Kerze.
3. Bevor du die nächste Patenthafte erhitzt, solltest du warten, bis das Wachs wieder fest ist.
4. Wiederhole diesen Vorgang mindestens nochmal einmal und fertig ist die Kerzenhalterung.

Kerzen für Steckschaum vorbereiten

Wenn ich Kerzen für Steckschaum vorbereite, setze ich die Patenthaften hingegen umgekehrt in das Wachs. Durch die Bögen halten die Kerzen erfahrungsgemäß besser im Steckschaum.

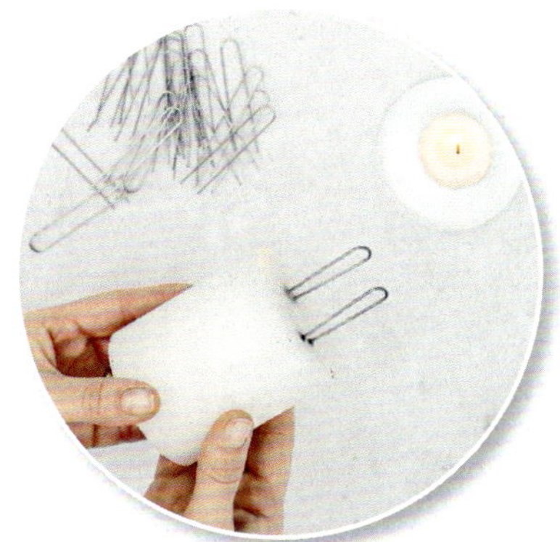

Hinweis: Safety first! Man sollte bei offenem Feuer immer vorsichtig sein und die Kerzen im Auge behalten. Als sichere Alternative gibt es heute tolle LED-Kerzen, die sogar mit Timer und einer Fernbedienung ausgestattet sind.

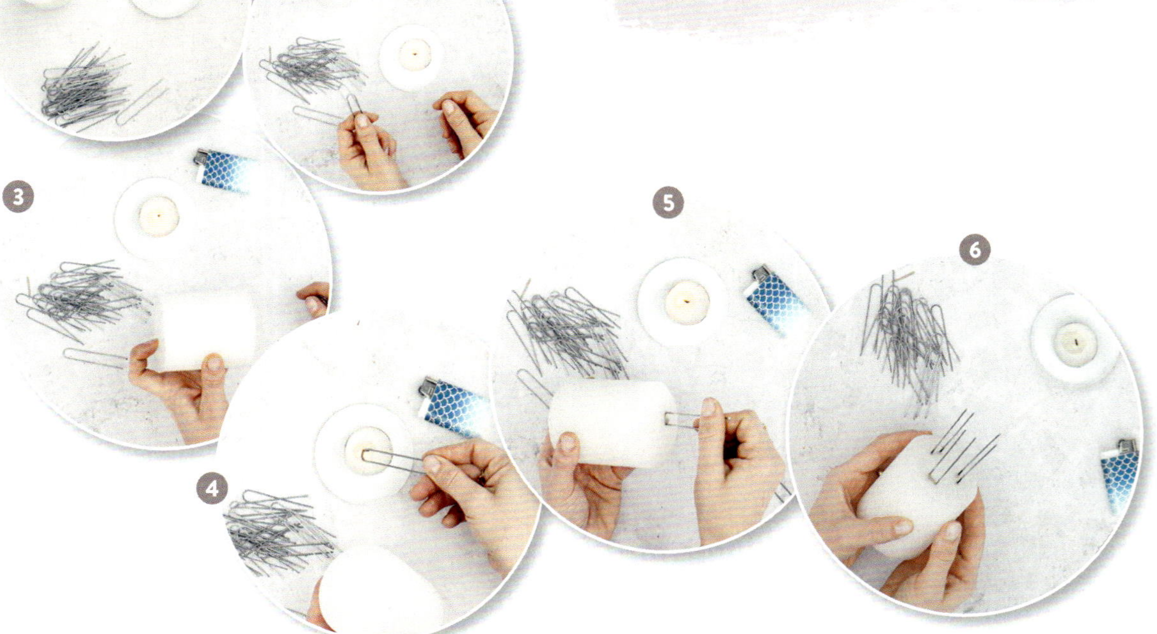

Kränze binden

Ich komme nun zu einem meiner Lieblingsthemen: dem Kranz.

Kränze sind Multitalente, das ist Fakt! Sie verschönern die Haustür, bringen Gemütlichkeit auf den Tisch und verleihen jeder Wand das besondere Etwas.

Meinen ersten Kranz habe ich mit 17 Jahren gebunden. Natürlich sah dieser weder perfekt noch besonders symmetrisch aus. Aber er war selbstgemacht und ich war stolz wie Bolle! Seitdem binde ich leidenschaftlich gern Kränze und teste immer mal wieder „neue" Techniken aus. Es haben sich dabei im Laufe der Jahre zwei Grundtechniken bewährt, die ich dir heute näherbringen möchte.

Sträußchenmethode

Die einfachste Methode, Kränze zu binden (und deswegen auch für Anfänger geeignet), ist die Sträußchenmethode. So gehst du vor:

1. Als Erstes schneidest du die Zweige/Blüten zurecht un legst sie in gleich große Häufchen nebeneinander.
2. Danach schnappst du dir den dünnen Bindedraht und bidest die Zweige/Blüten zu kleinen Sträußchen.
3. Jetzt geht es ans Binden: Binde den grünen Blumendraht ein oder zweimal um den Kranzrohling und verdrille ihn, damit er nicht verrutscht.
4. Der nächste Schritt hängt vom jeweiligen Kranzrohling ab.
   Drahtrohling: Lege ein Sträußchen auf den Rohling und binde es mit Blumendraht fest. **Römer:** Hier musst du mehrere Sträußchen nebeneinander binden, um die Breite des Römers zu bedecken.
5. Im weiteren Verlauf legst du nun Strauß für Strauß auf den Kranzrohling und bindest sie mit Blumendraht. Damit du später ein „sauberes" Endergebnis erhältst, empfehle ich dir, die Sträuße dicht aneinander und überlappend zu binden.
6. Hast du nun einmal um den Kranz herumgebunden und bist wieder am Ausgangspunkt angelangt, solltest du nun die Enden der **letzten** Sträuße unter die Enden der ersten Sträuße stecken. So erhältst du einen harmonischen Kranz und man sieht keinen unschönen Übergang.

Klassische Technik

1. Schneide zuerst das Material (Hortensien, Blumen oder Tannengrün) und lege es in kleine Bündel zusammen. Diese sollen aber nicht wie in der vorherigen Technik zu Sträußchen gebunden werden.
2. Wickle nun den grünen Blumendraht um den Kranzrohling und verdrille ihn, damit er nicht verrutscht.
3. Leg ein Bündel auf den Kranzrohling und halte es mit einer Hand fest. Mit der anderen Hand wickelst du das Bündel dann mithilfe des Drahtes am Rohling fest.
4. Binde die Bündel nun auf diese Weise dachziegelartig einmal um den Rohling herum, bis du wieder am Ausgangspunkt angekommen bist.
5. Wenn du an dieser Stelle des Kranzes angelangt bist, arbeite die Enden der letzten Sträuße unter die ersten und umwickle sie vorsichtig mit dem Draht. Dabei sollten die Enden der Bündel versteckt werden.

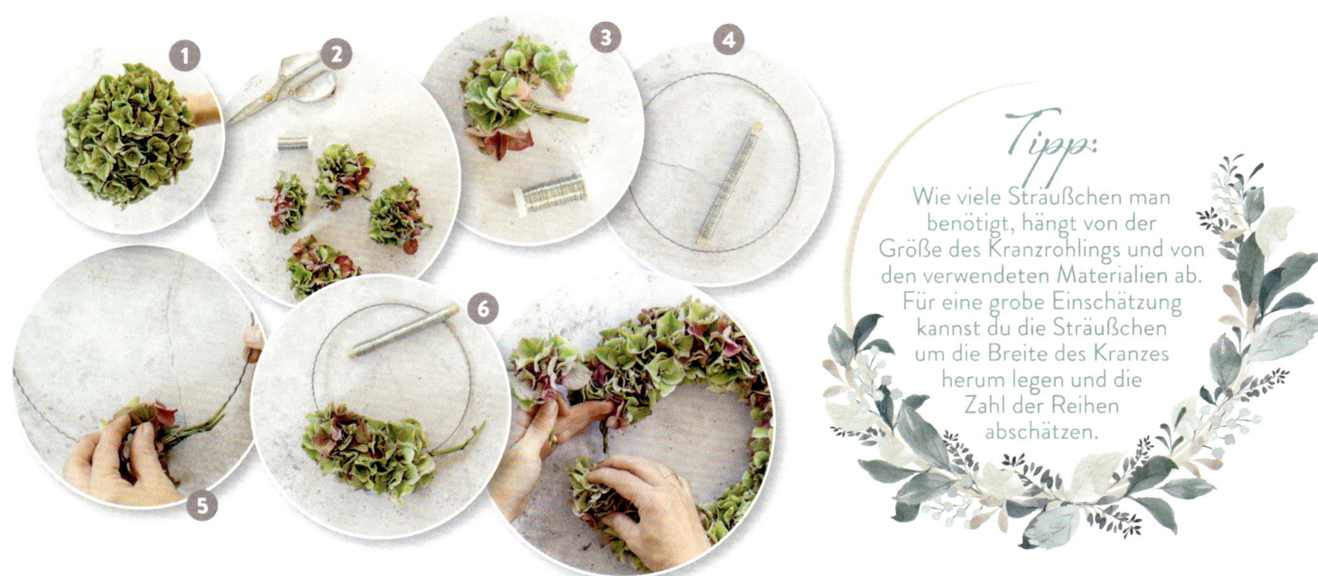

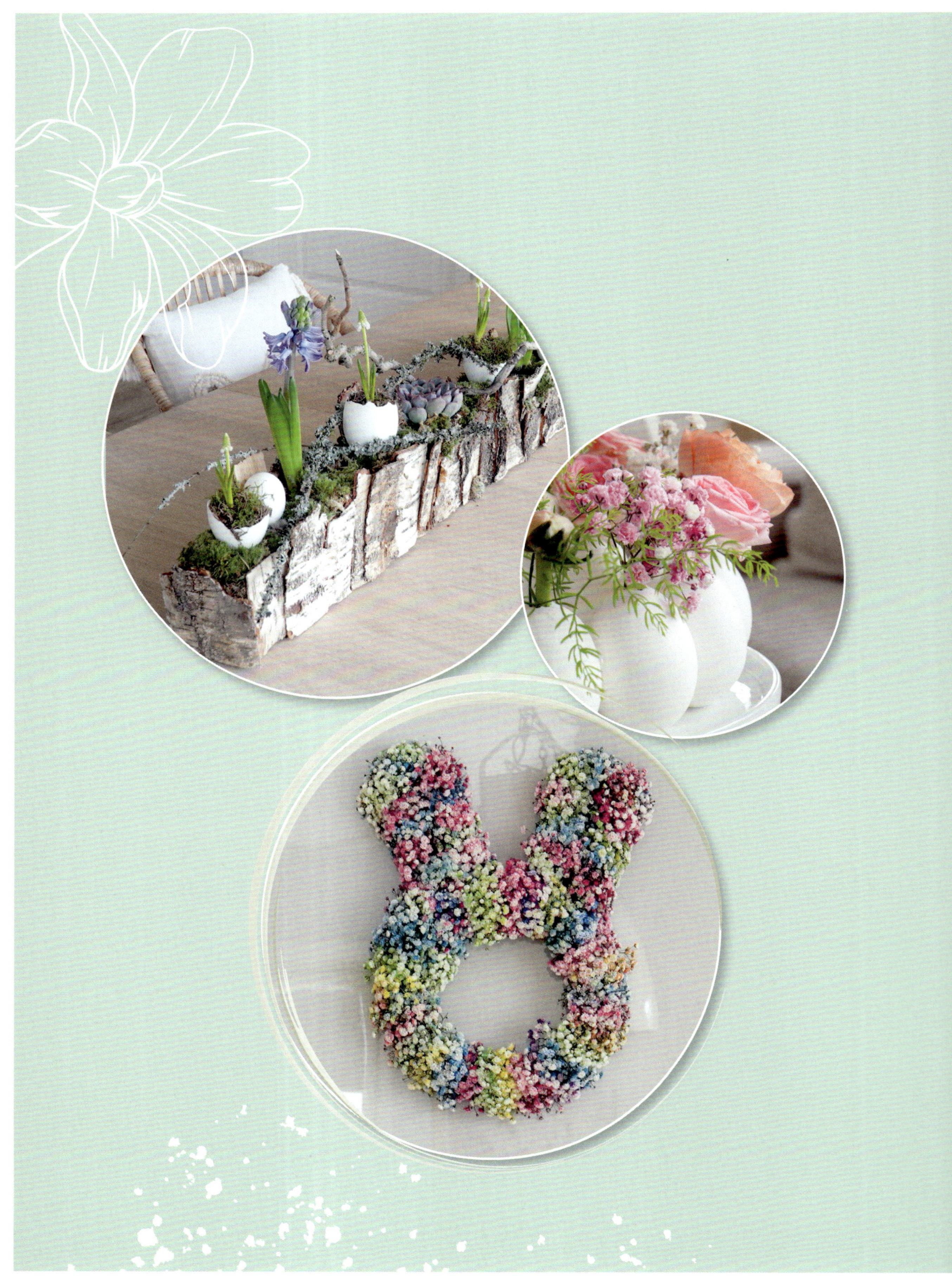

Frühlingserwachen

Sobald die Temperaturen im Januar/Februar über die 0-Grad-Linie klettern, würde ich am liebsten sofort aus dem Wintermodus in den Frühling springen. Vor allem dann, wenn die ersten Sonnenstrahlen schon schön wärmen. Ich liebe es, wenn die ersten Schneeglöckchen aus der Erde schauen und dann nach und nach die verschiedenen Frühblüher die Winterlandschaft in ein buntes Blumenmeer verwandeln. Natürlich dürfen in der Frühjahrsdekoration neben den schönen Frühlingsblumen, die Hasen und Ostereier nicht vernachlässigt werden. In diesem ersten Kapitel möchte ich gerne damit beginnen, dir zu zeigen, dass Dekoration „natürlich" schön sein kann. Also, Ärmel hochkrempeln und los geht's mit der ersten Jahreszeit in diesem Buch.

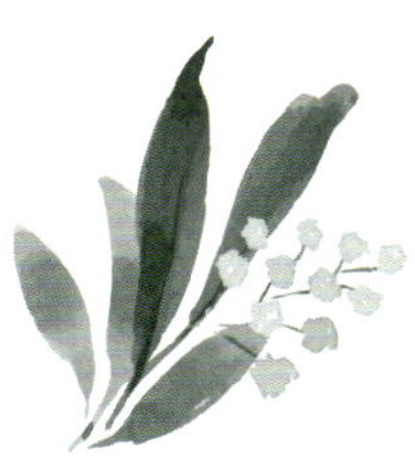

BIRKENTISCHNEST

Material

- Holzbalken (z. B. 44 x 74 x 100 mm)
- Baumrinde (z. B. von der Birke, bekommt man im Feuerholzhandel)
- Bollenmoos
- Gänseeier
- Sukkulenten (z. B. Echeveria)
- Frühblüher (Hyazinthen, Traubenhyazinthen)
- Äste (z. B. von der Korkenzieherhasel)
- Heißklebepistole
- Federn nach Wahl

Vor einigen Jahren habe ich im Frühling eine „außergewöhnliche" Tischdeko gebastelt, die ich persönlich sehr liebe. Deshalb wollte ich sie unbedingt in diesem Buch zeigen. Aber wie es im Leben nunmal so ist, haben sich während der Arbeit am Buch, zwei tolle andere Ideen aus der ursprünglichen außergewöhnlichen Tischdeko entwickelt. Beide findest Du im Buch. Das Birkennest ist eine davon.

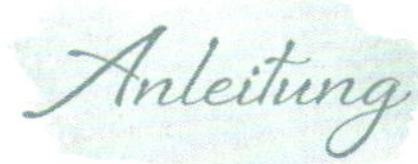

Anleitung

1. Zuerst brichst du die Baumrinde in kleinere Stücke, ohne darauf zu achten, ob sie gleich lang sind. Achte aber darauf, dass sie nicht über die kurzen und langen Balkenkanten hinausragen.

2. Klebe die Rindenstücke großzügig an den Balken. Grundsätzlich dürfen und sollen die Stücke sich überlappen. Achte beim Kleben darauf, dass der Balken nicht mehr sichtbar ist.

3. Lege Folie in den Raum, der in der Mitte des Balkens entstanden ist. Verwende dafür gerne eine Tüte, die sonst im Müll gelandet wäre.

4. Nun kommt das Bollenmoos zum Einsatz: Verteile es großzügig auf der Folie.

5. An zwei Stellen nimmst du etwas Bollenmoos heraus und setzt dort die Sukkulenten ein. Damit sie gut gegossen werden können, legst du die Kuhlen mit extra Folie aus.

6. Verwende nun etwas Moos, um den leeren Raum um die Sukkulenten herum auszulegen, sodass die Folie nicht mehr sichtbar ist.

7. Löse jetzt die „großen" Hyazinthen aus der Erde, lege sie für 1-2 Stunden ins Wasser und setze sie dann wie die Sukkulenten ins Nest.

8. Zerbrich die Gänseeier in der Mitte, fülle sie mit Erde und setze die kleinen Traubenhyazinthen als Bewohner ein. Anschließend kannst du die Eier im Nest verteilen.

9. Lege bemooste Äste und Federn in das Nest, um es noch natürlicher wirken zu lassen.

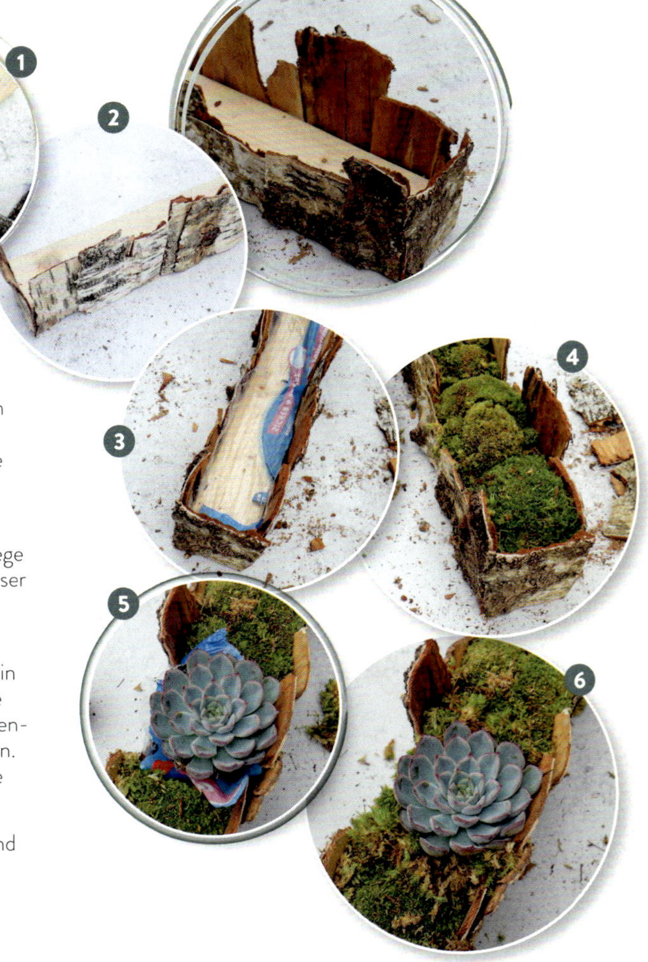

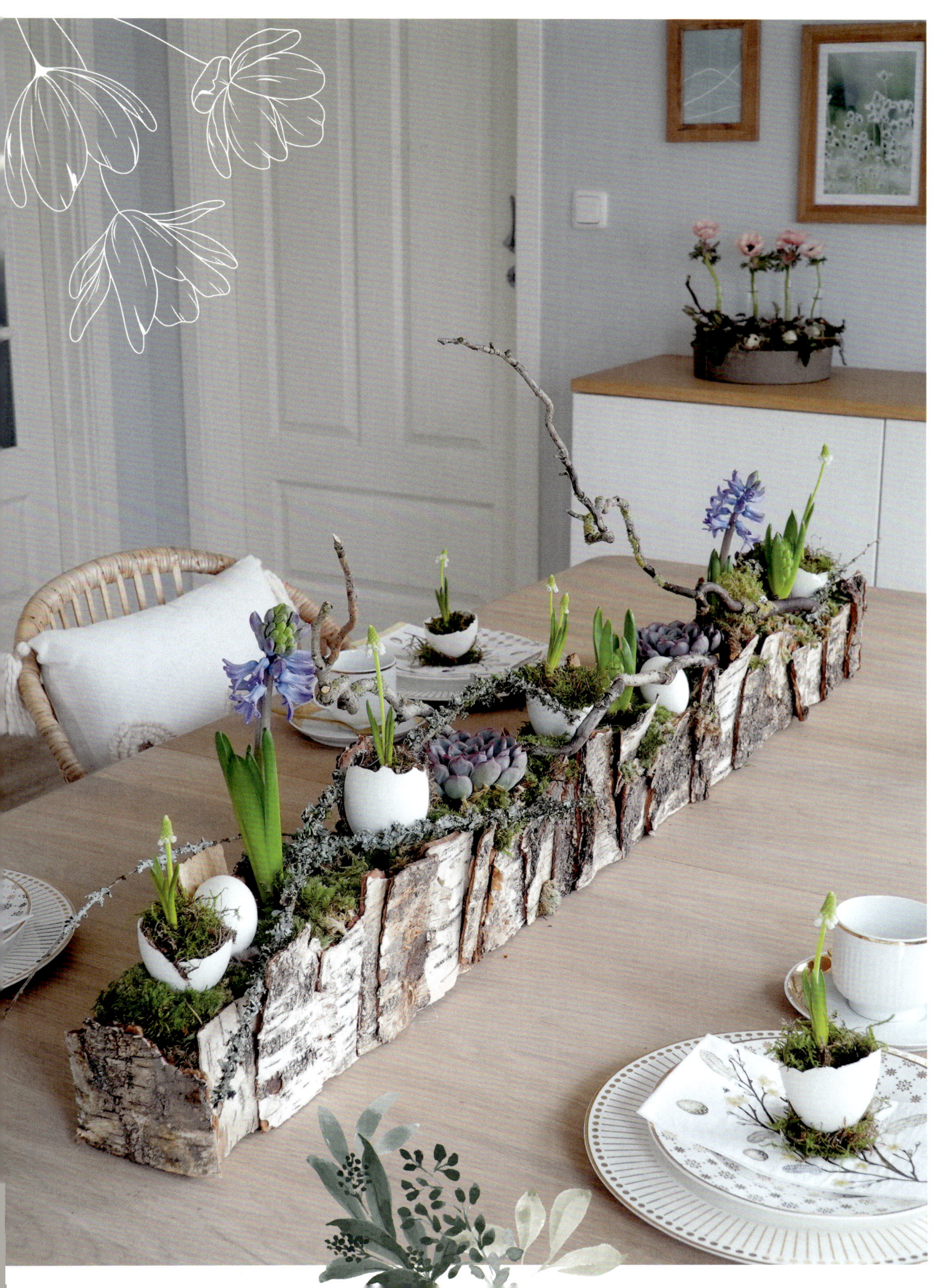

ANEMONENZAUBER MIT BETON

Material

- gekaufter Betonring (mit Kerzenhaltern)
- Platten- oder Bollenmoos
- Reagenzgläser (Durchmesser auf Kerzenhalter anpassen)
- Anemonen in Puderrosa
- Magnolienzweige
- Wachteleier
- Tillandsia (Spanisches Moos)
- Efeu

Beton ist so eine Sache. Die einen lieben ihn, die anderen finden ihn fürchterlich. Für mich ist Beton ein tolles Material, welches richtig eingesetzt, einen schönen Effekt erzielt. Dass Beton nicht immer kalt wirken muss, möchte ich dir mit diesem DIY näherbringen. Dir wird dieses Material übrigens noch öfter in meinem Buch begegnen.

Anleitung

1. Bei meinem Betonring sind bereits Kerzenhalter integriert. Falls du keinen Betonring mit Kerzenhaltern findest, kannst du Kerzenhülsen selbst einkleben. Auf jeden Fall beginnst du damit, die Reagenzgläser in die Kerzenhalter zu stecken. Wenn die Gläser nicht halten, einfach etwas Knete hineingeben. Ich habe damit bisher gute Erfahrungen gemacht.

2. Fülle den restlichen Raum im Betonring nun mit Plattenmoos aus.

3. Dann kannst du das Efeu platzieren. Ich habe den Efeutrieb einmal rundherum gelegt.

4. Anschließend verteilst du einige Magnolienzweige, das Tillandsia und die Wachteleier im Ring.

5. Zum Schluss füllst du Wasser in die Reagenzgläser und bestückst sie mit den schönsten Puderanemonen.

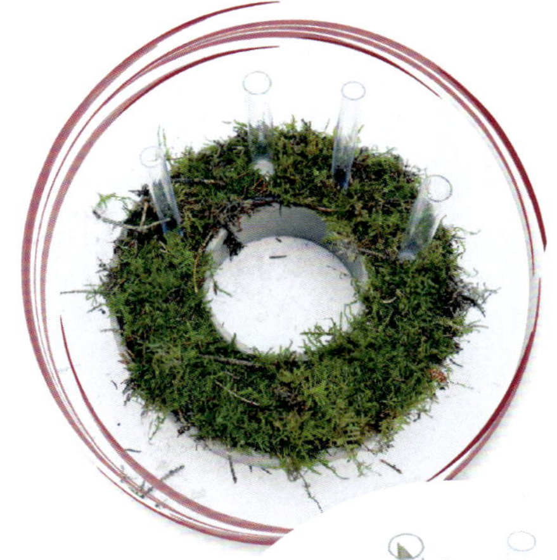

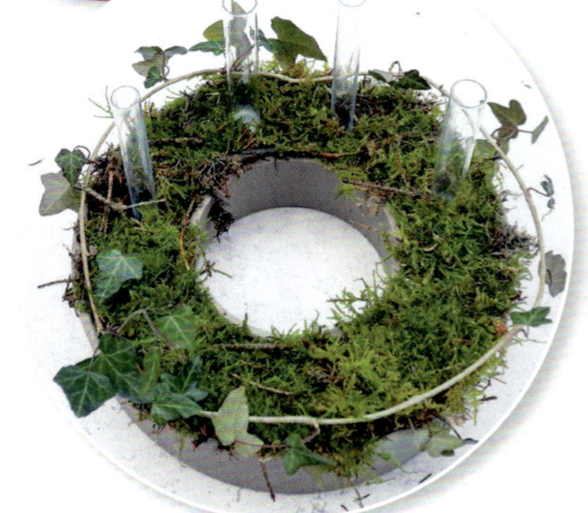

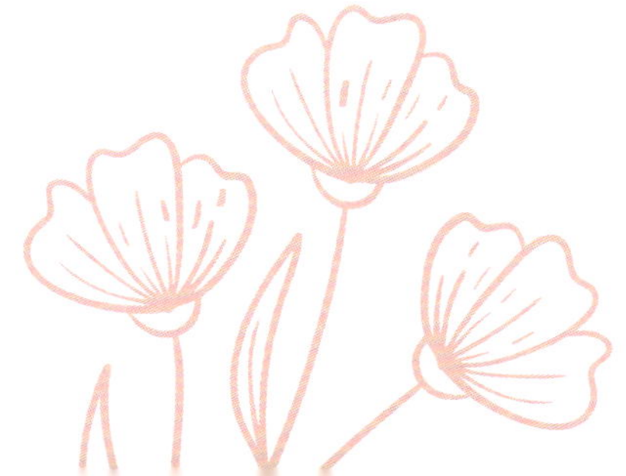

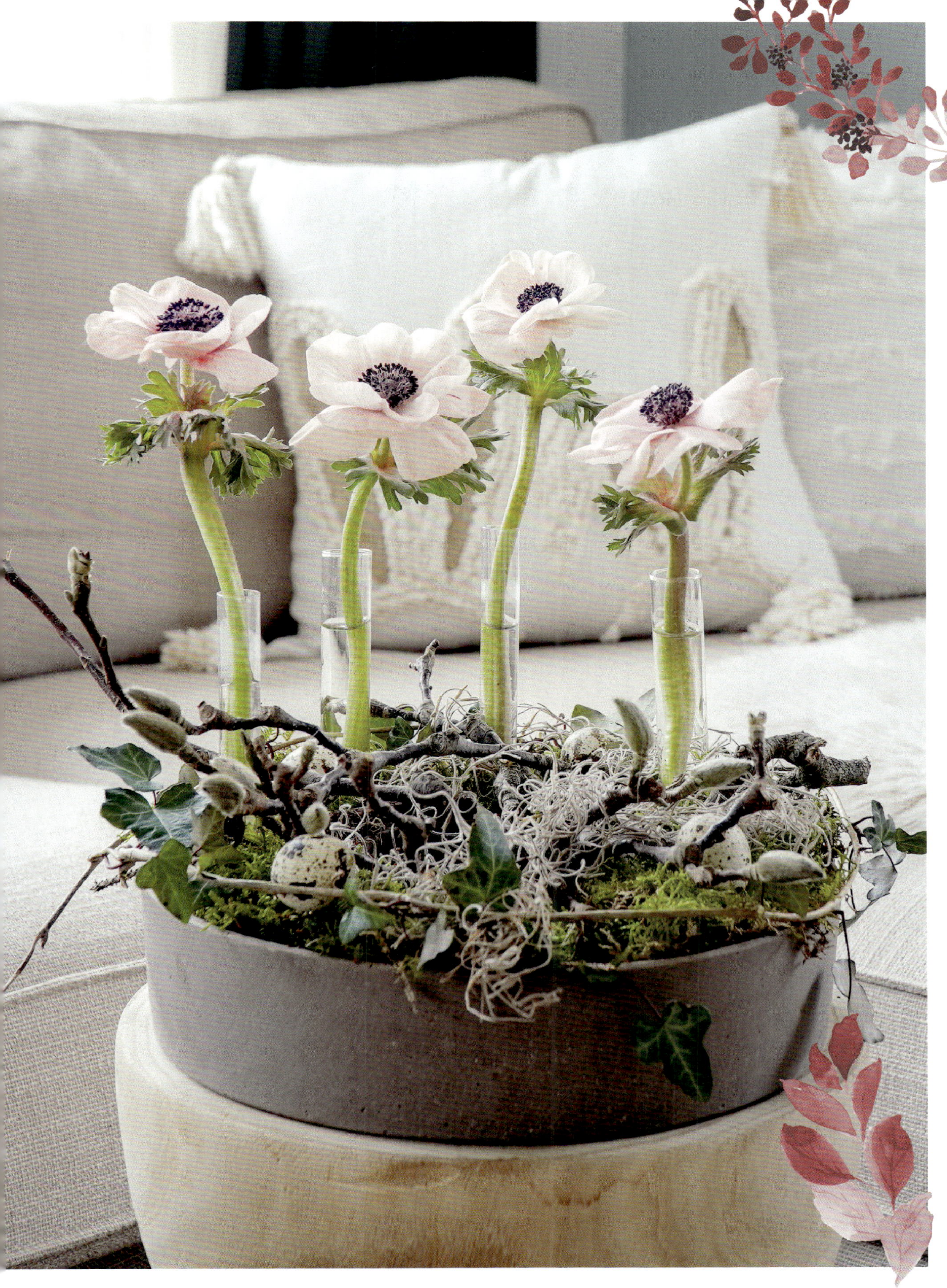

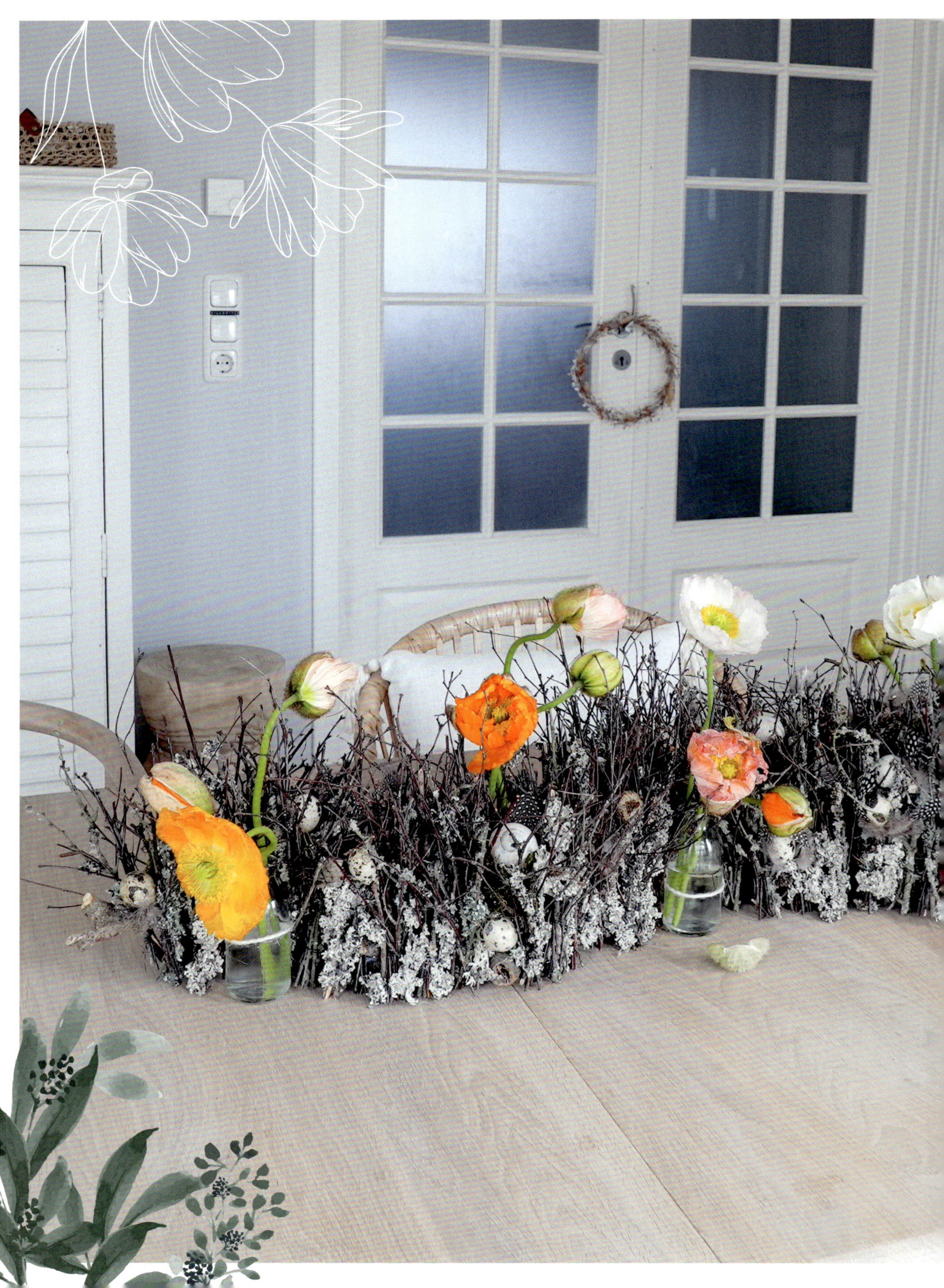

AUSSERGEWÖHNLICHE TISCHDEKO

Nach dem Birkentischnest kommen wir nun schon zur zweiten außergewöhnlichen Deko. Diese Tischdeko ist auch deshalb so außergewöhnlich, weil außergewöhnlich viel Arbeit dahintersteckt. Das DIY kostet zwar etwas mehr Zeit, aber diese Investition lohnt sich auf jeden Fall, denn man hat wirklich lange Freude an ihr. Vom Hingucker-Faktor ganz zu schweigen!

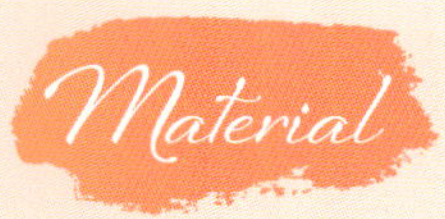

- Ast (gerne geschwungen)
- dünne Zweige (hier Birken- und Lärchenzweige)
- Blumendraht
- Rebdraht (mit Jute umwickelter Blumendraht)
- kleine Vasen
- Heißklebepistole
- Moos
- Wachteleier
- Schneckenhäuser
- Federn
- Schnittblumen (z. B. Goldmohn)

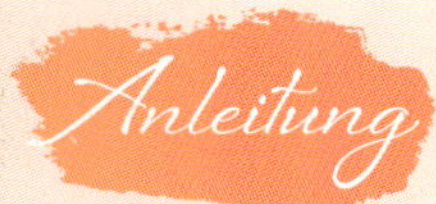

1. Lass uns mit dem Anbringen der Vasen an dem Ast starten. Dazu solltest du zuerst die einzelnen Vasen mit dem Rebdraht umwickeln und verdrillen. So entsteht eine Schlaufe, aus der die Vasen leichter zum Säubern herausgenommen werden können.

2. Binde nun die Vasen-Schlaufen an den Ast fest. Achte dabei darauf, dass die Vasen abwechselnd an beiden Seiten des Astes angebracht werden.

3. Kommen wir nun zum Zeitfresser: Binde aus den Zweigen kleine Bündel, die etwa 10-15 cm hoch sind. Du benötigst einige davon.

4. Klebe diese Bündel nun von beiden Seiten an den Ast. So entsteht eine moorähnliche Landschaft, in der sich Tiere gerne Unterschlupf suchen würden.

5. Fülle die entstandenen Zwischenräume nun mit Mcos, Wachteleiern, Federn und Schneckenhäusern. Damit es noch natürlicher wirkt, kannst du auch einige Eier an der Seite anbringen.

6. Zum Schluss füllst du die Vasen mit Wasser und farbenfrohen Blumen. Ich habe m ch für den Goldmohn entschieden, da dieser früh blüht.

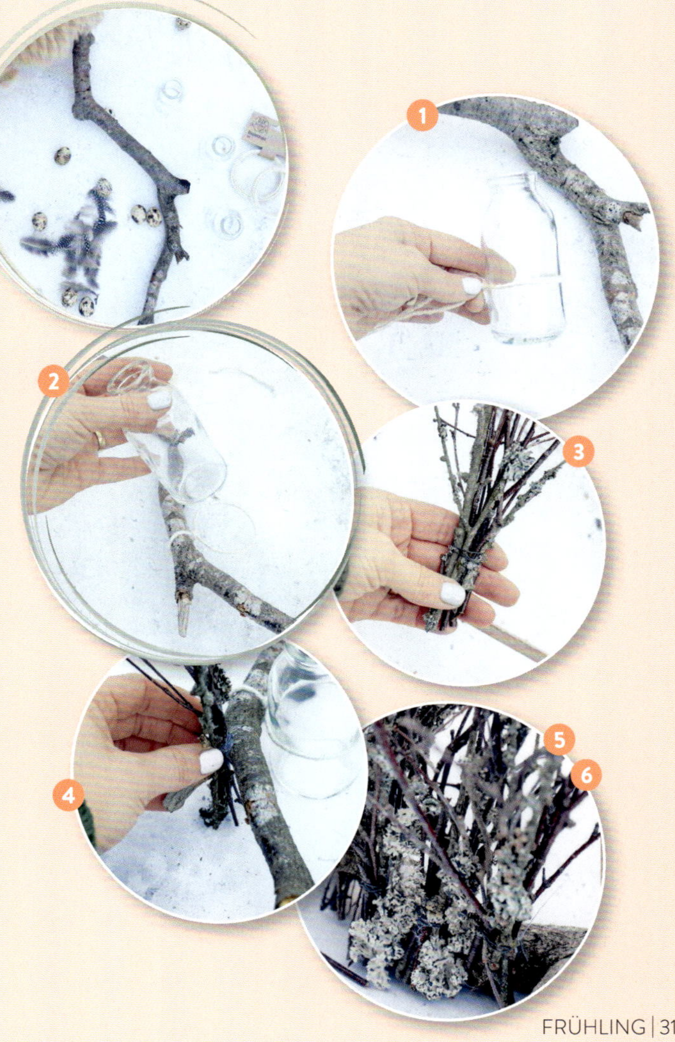

GLAS-IN-GLAS-WACHTELEIER

Material

- zwei unterschiedlich große Vasen
- Tillandsia Moos
- Wachteleier
- Schnittblumen (z. B. Goldmohn)

Das Glas-in-Glas-Prinzip habe ich am Anfang bei den Grundtechniken (siehe S. 21) erläutert, weil diese Methode ganzjährig für tolle Dekorationen einsetzbar ist. Auf diesen Seiten zeige ich eine easy Variante für den Frühling.

Anleitung

1. Nimm zwei unterschiedlich große Vasen in zylindrischer Form für dieses DIY-Projekt. Die eine Vase sollte in die andere Vase passen und genügend Platz kleine Wachteleier lassen, also mindestens 3-4 cm.

2. Stelle die kleinere Vase in die größere und beginne den Zwischenraum zwischen beiden Vasen mit Moos und Eiern zu füllen.

3. Kombiniere verschiedene Schichten von Moos und Eiern oder setze sie übereinander, je nach Geschmack. Nutze mindestens drei Schichten, um ein schönes Ergebnis zu erzielen.

4. Befülle die kleinere Vase mit Wasser und Schnittblumen, wenn du mit dem Dekorieren des Zwischenraums fertig bist. Hier habe ich mich wieder für den Goldmohn entschieden, da er nicht einfach gerade wächst. Dieses etwas wilde Durcheinander macht macht das Ganze zu etwas besonderem.

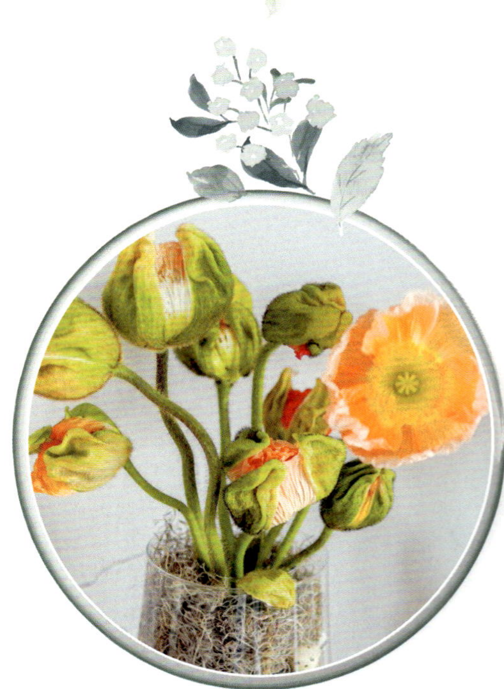

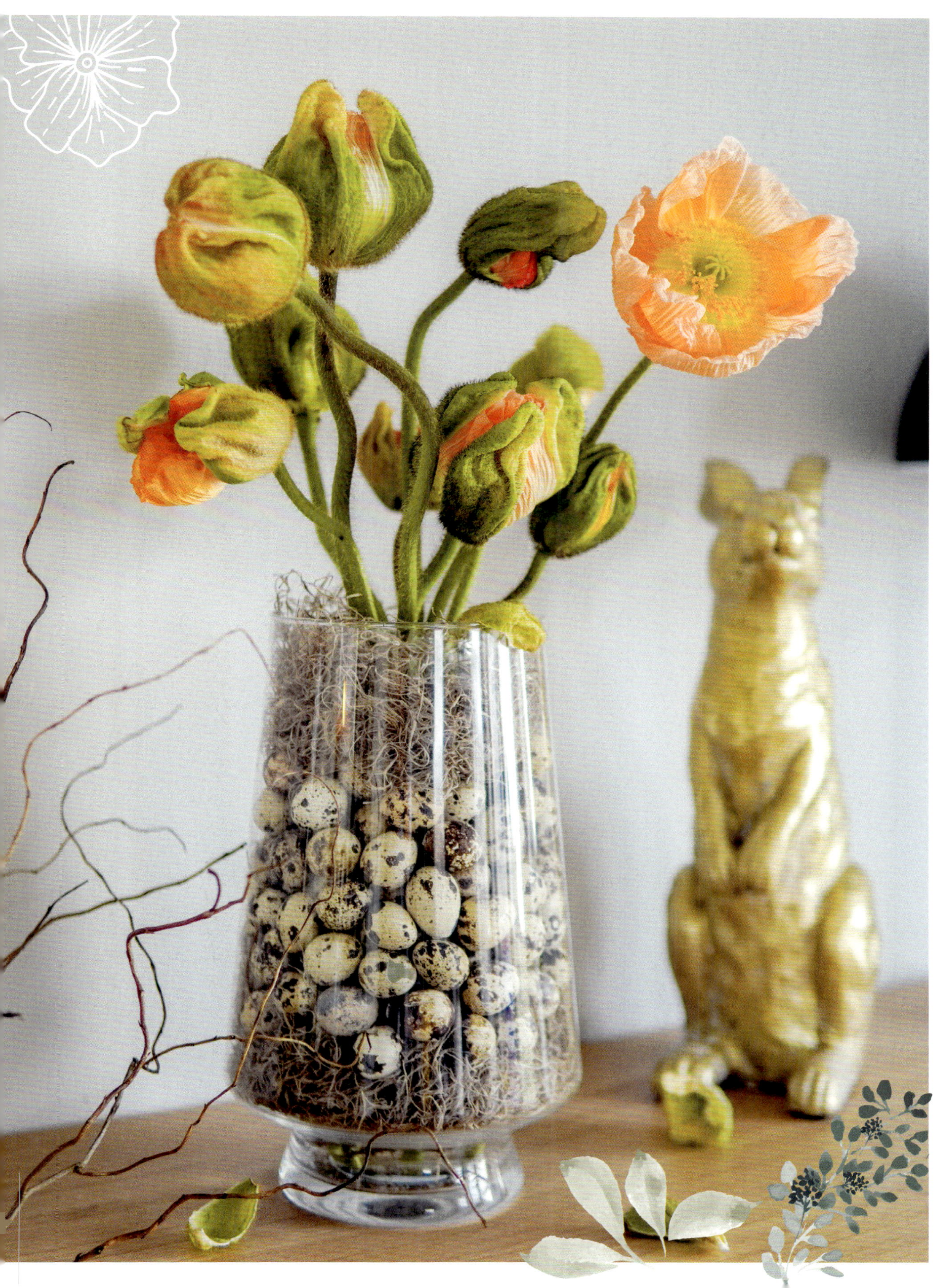

KRANZ MIT NUSSZWEIGAKZENTEN

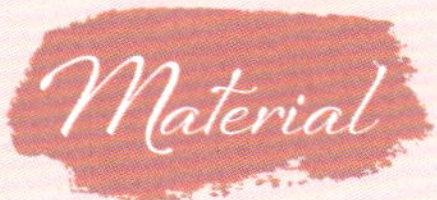

Material

- Kranzrohling
- Plattenmoos
- Kerzenhalter
- Reagenzgläser (sollten in die Kerzenhalter passen)
- Wachteleier
- Islandmoos
- Olivenzweige
- gefärbte Wachtelfedern
- kleine Blumenzwiebeln
- Korkenzieher-Zweige (Haselnuss)
- Blumendraht
- Heißklebepistole
- Schnittblumen (z. B. Tulpen)

Meine Schwiegermutter hat einen tollen Korkenzieher-Nussbaum im Garten. Dieser wird ab und an gestutzt und wenn es so weit ist, stehe ich schon bereit, um mir ein paar Zweige zu sichern. Die wunderschönen, durch einen Gendefekt entstandenen, verdrehten Zweige beim Nussbaum sind peppen jede Deko auf.

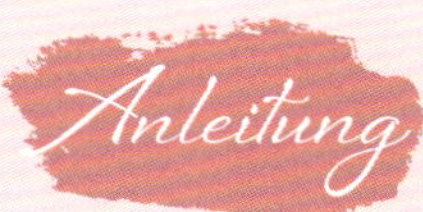

Anleitung

1. Die Grundlage für dein DIY-Projekt bildet ein Mooskranz. Lege zuerst die Moosplatten auf den Kranzrohling und umwickle sie mit Blumendraht, um den Mooskranz zu formen.
2. Stecke nun die Kerzenhalter in den Kranzrohling, um sie zu befestigen.
3. Verteile die Korkenzieher-Zweige gleichmäßig auf dem Mooskranz und gebe ihnen hier und da mit ein wenig Heißkleber mehr Halt.
4. Platziere die Wachtel- und Hühnereier nach deinem Geschmack und befestige sie mit Heißkleber.
5. Verwende etwas Islandmoos, um ein Nest um die Eier zu formen.
6. Verteile die Olivenzweige nach Lust und Laune und stecke sie unter die Eier, ins Moos oder unter die Kerzenhalter.
7. Um das Gesamtbild abzurunden, kannst du ein paar Federn in passender Farbe hinzufügen.
8. Bestücke die Reagenzgläser mit Vasen und Blumen und platziere sie in den Kerzenhaltern.

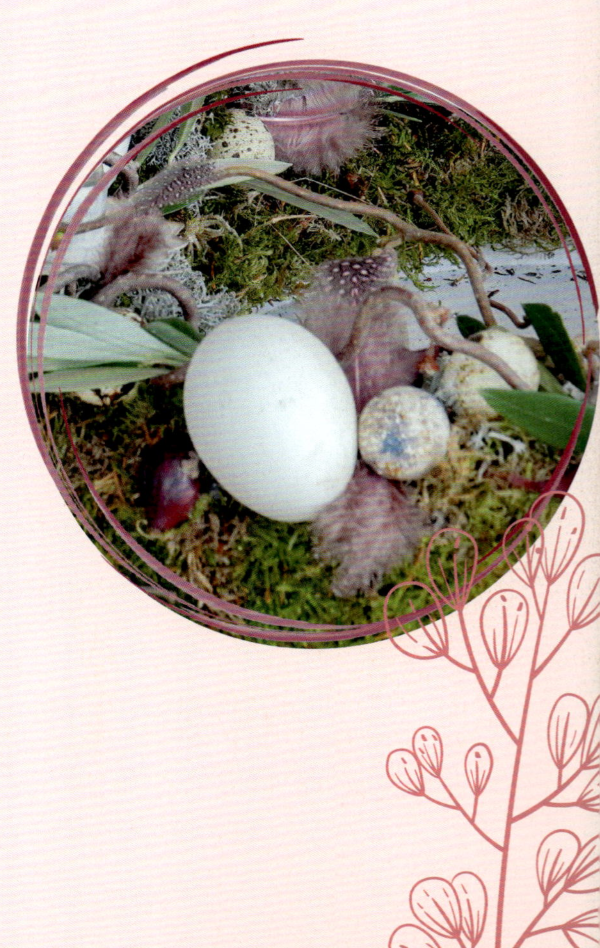

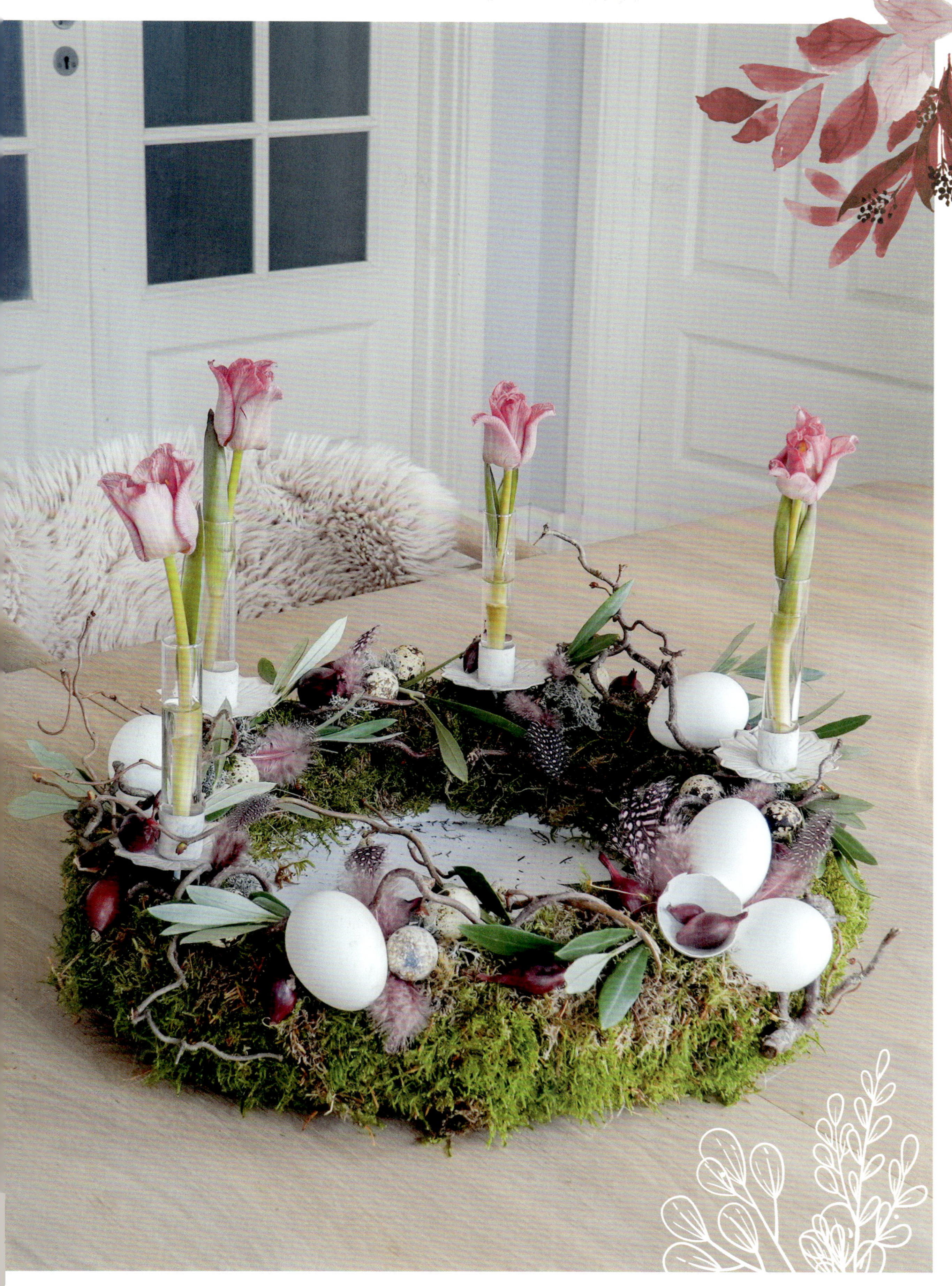

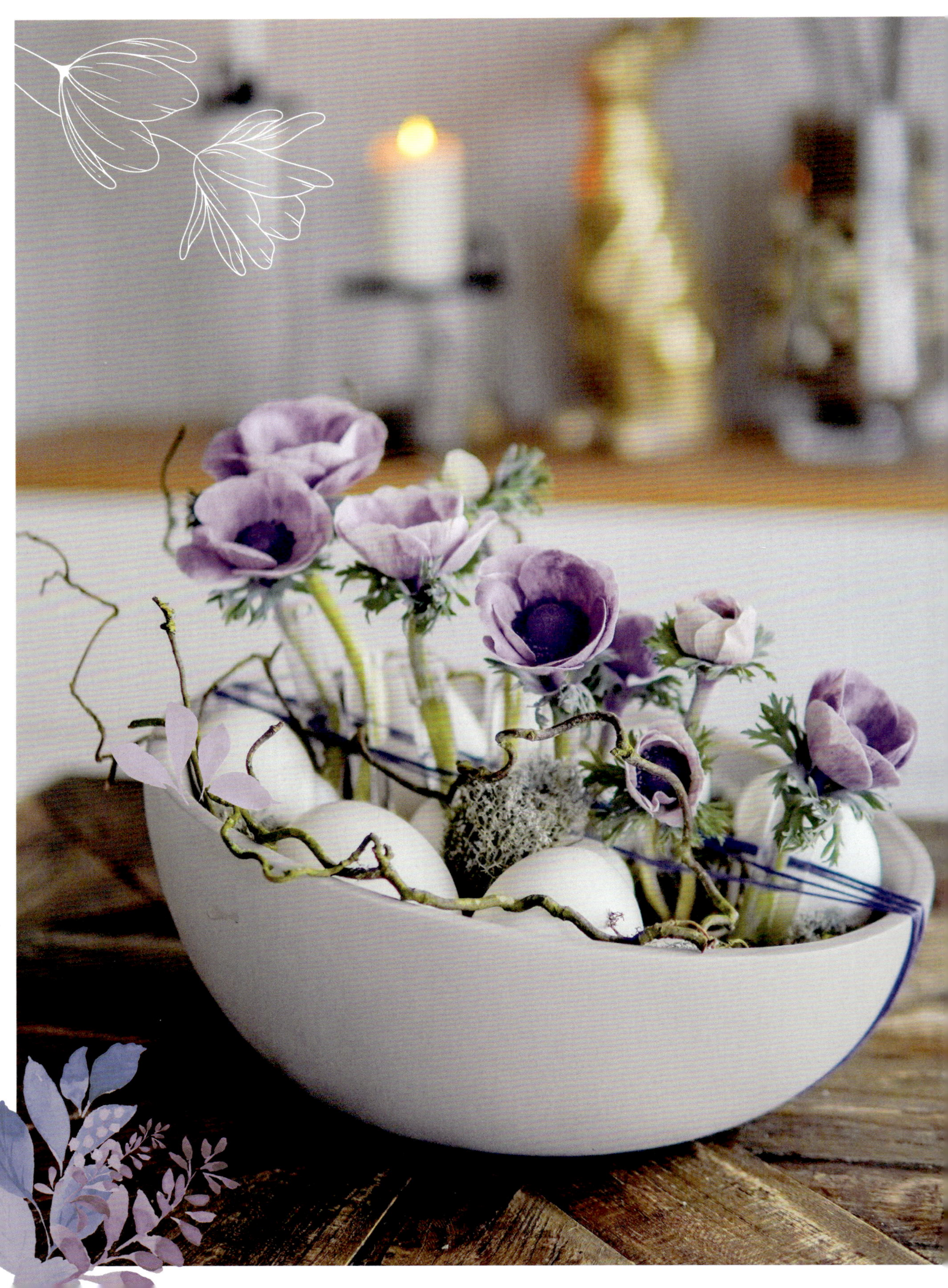

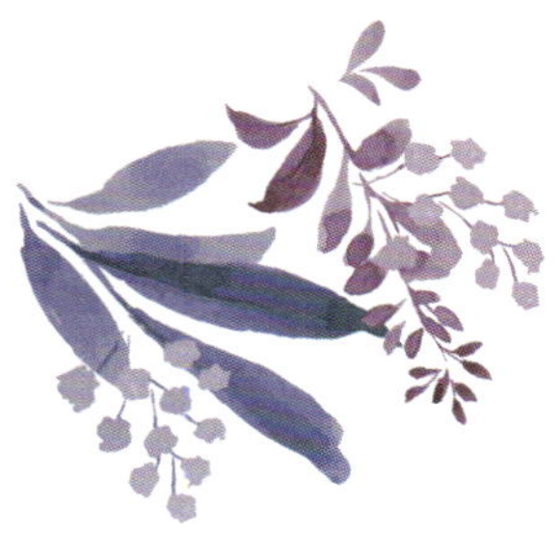

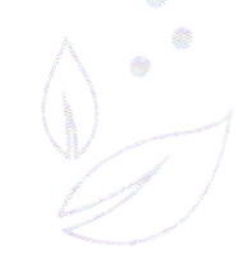

ANEMONEN IN ASYMMETRISCHER BETONSCHALE

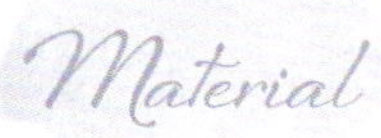

Material

- eine asymmetrische Betonschale
- ausgepustete Eier in verschiedenen Größen
- farbige Wolle
- Reagenzgläser
- Schnittblumen (z. B. Anemonen)
- Kreppklebeband

In diesem DIY habe ich mich für eine asymmetrisch geformte Betonschale entschieden. Ich mag besonders den Kontrast zwischen dem harten Material des Betons und den filigranen und zarten Anemonen. Natürlich kannst du die Fadentechnik aber auch mit einer Keramik- oder Glasschale anwenden.

Anleitung

1. Befestige das Garn zuerst mit etwas Kreppklebeband unter der Schale, um es zu fixieren. Wähle für dein DIY eine passende Farbe, zum Beispiel lilafarbenes Stickgarn, das gut zu den Anemonen passt.
2. Wickele das Garn dann mehrmals straff um die Schale und befestige das Ende des Garns wieder an der Unterseite der Schale.
3. Stecke die Reagenzgläser zwischen die gespannten Wollfäden.
4. Fülle die Schale mit den weißen Eiern und gib den Reagenzgläsern dadurch zusätzlichen Halt.
5. Befülle die Gläschen zum Abschluss mit ein wenig Wasser und den schönen Schnittblumen.

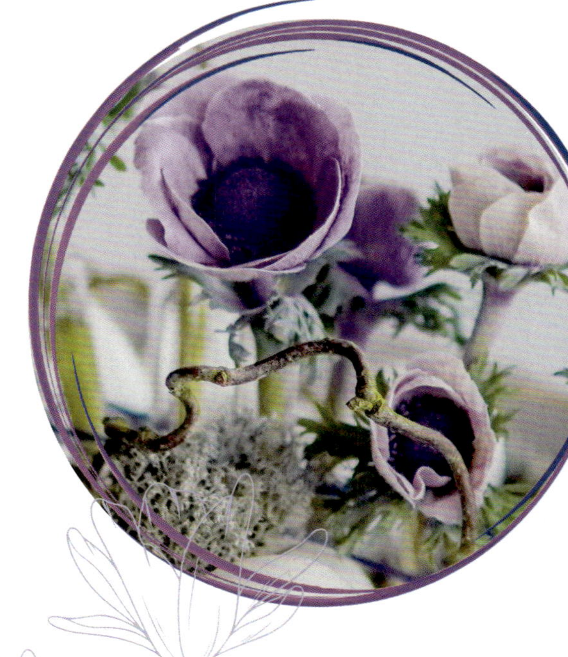

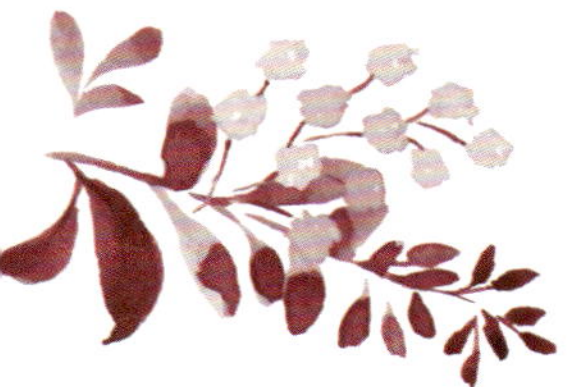

DEKORATIVER EIERKRANZ

Ich präsentiere meinen all-time Favoriten, den Eierkranz! 2018 habe ich ihn das erste Mal gebastelt und seitdem ist diese Deko ein Must-have zu Ostern.

Material

- Ausgeblasene Gänseeier
- Heißklebepistole
- Windlicht
- Tortenplatte oder ein rundes Tablett
- Schnittblumen (z. B. Ranunkeln, Polyrose, Schleierkraut, Asparagusblüte)
- Tortenring

Anleitung

1. Vergrößere zunächst das obere Loch der ausgeblasenen Eier, sodass kleine Schnittblumen hineingestellt werden können. Die Eier dienen in diesem DIY als Vasen.
2. Lege die Eier nun in einen Kreis. Du kannst sie entweder um ein Windlicht herum oder an den inneren Rand eines Tortenrings legen. Überlege, wie viele Eier du jeweils benötigst.
3. Beginne nun damit, die Eier mit Heißkleber aneinander zu kleben.
4. Wenn der Kleber getrocknet ist, können die Eier mit Wasser befüllt werden. Achte darauf, dass du die Eier nicht zu sehr befüllst, da sie sonst brechen können.
5. Fülle die Eier vorsichtig mit den Schnittblumen auf.
6. Optional kannst du in der Mitte ein Windlicht mit Kerze platzieren.

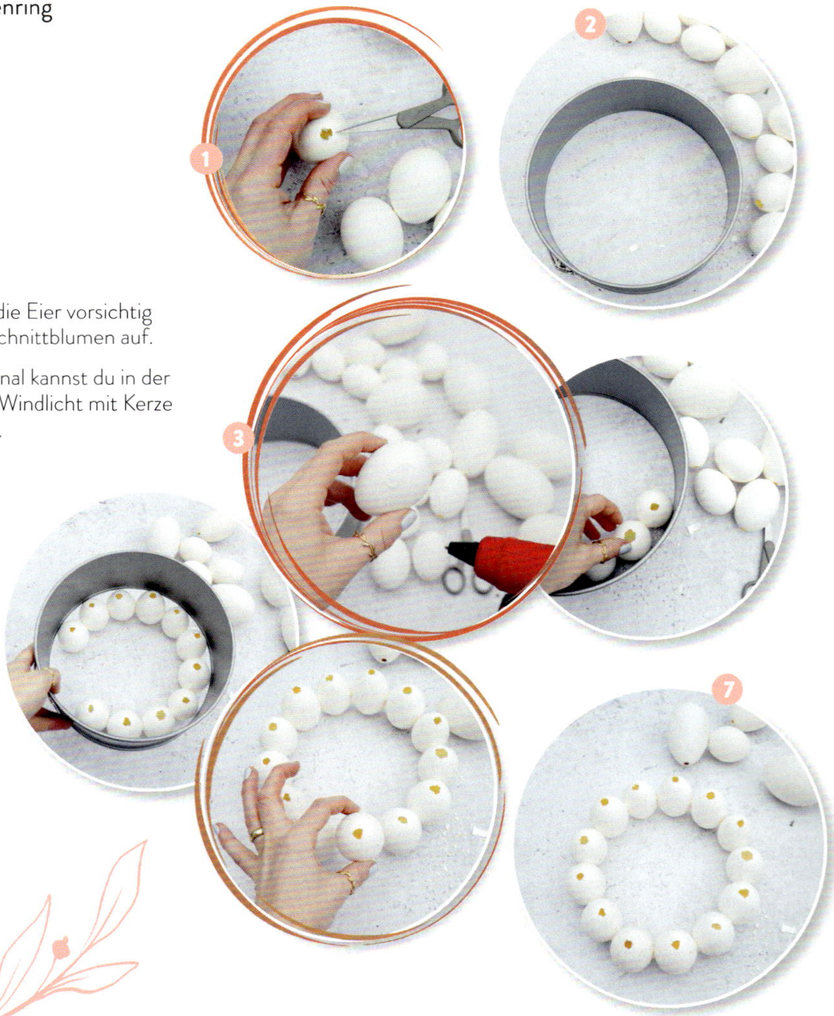

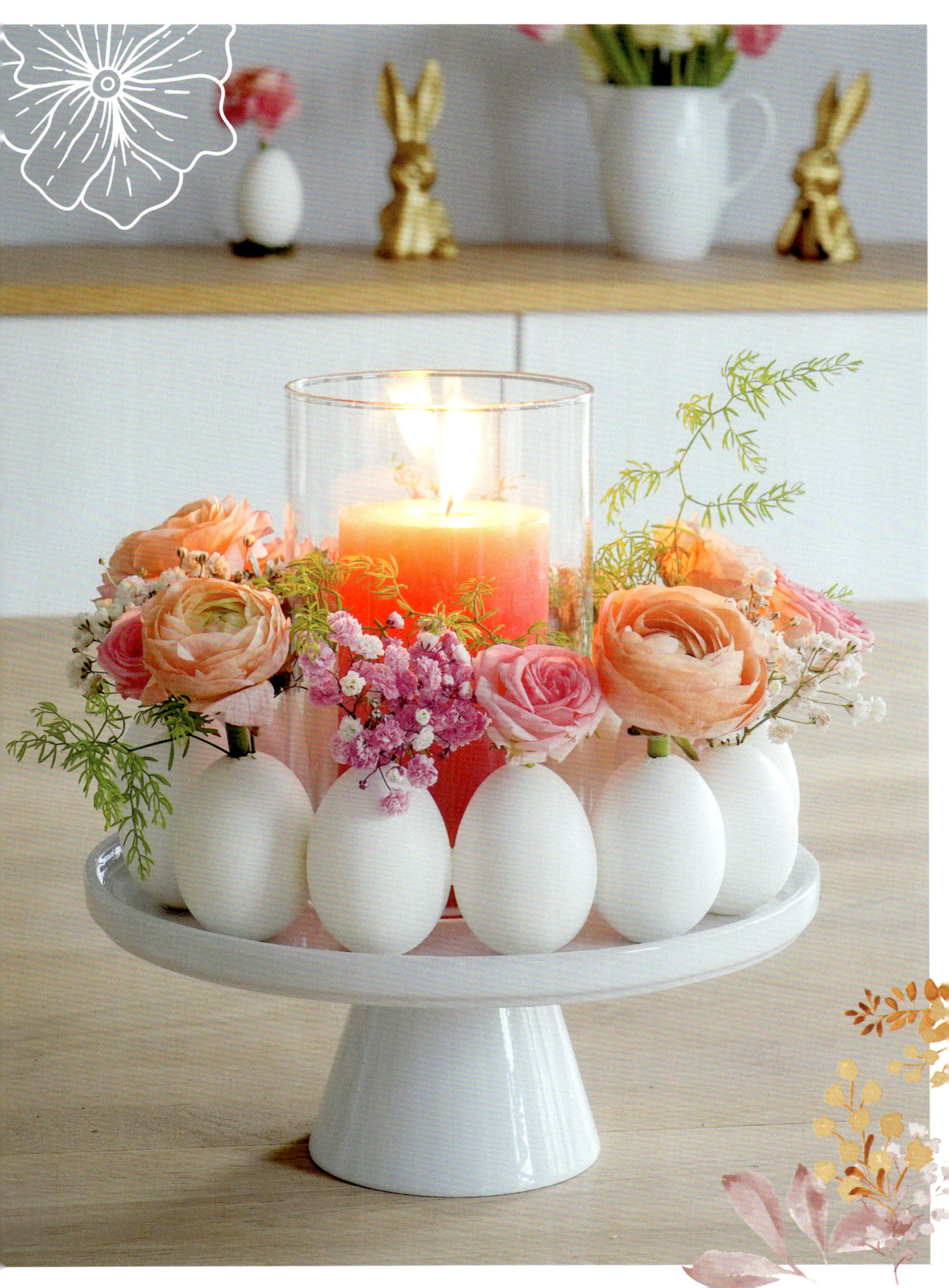

OSTERHASENBILD AUS SCHLEIERKRAUT

- buntes Schleierkraut
- Kranzrohling aus Metall
- ein dickerer Blumendraht
- ein dünner Blumendraht
- Schere
- ein Bilderrahmen
- ein durchsichtiger Klebehaken oder ein Saughaken

Wer das erste Mal einen Kranz bindet, sollte es unbedingt mit Schleierkraut machen. Durch seine Fülle „verzeiht" es einem, wenn man nicht ganz so sauber bindet. Wichtig ist, die Bündel eng aneinander zu binden, damit man auch im getrockneten Zustand ein schönes Endergebnis hat. Hier zeige ich dir ein hübsches Osterprojekt. Du kannst aber natürlich auch mit einfacheren Formen, wie einem Ei, beginnen.

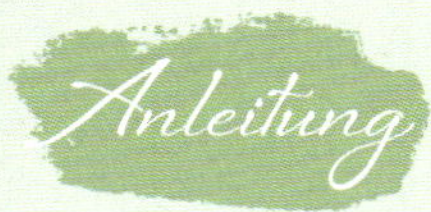

1. Schneide das Schleierkraut zurecht und binde daraus kleine Sträuße.
2. Nun bin ich einen Kranz aus Schleierkraut (Siehe Grundtechniken „Kranz binden"). Den oberen Teil lasse ich für einen Moment frei. Dort werden die Ohren befestigt.
3. Für die Ohren nimmst du den dickeren Blumendraht. Achte auf die Länge. Der Draht wird später zu einer Schlaufe gelegt, um das Ohr darzustellen. Zusätzlich brauchst du etwas Zugabe, da die Ohren am Kranzrohling festgewickelt werden.
4. Sind die Ohrenschlaufen befestigt? Dann kann der Kranz zu Ende gebunden werden.
5. Als nächstes werden beide „Ohren" werden mit den kleinen Schleierkraut-Sträußen umwickelt. Dabei gehst du wie bei dem Kranzrohling vor.
6. Im nächsten Schritt nimmst du Dir einen Bilderrahmen, der etwas größer als der Schleierkraut-Hase ist.
7. In den Rahmen legst du ein einfarbiges Blatt Papier. Ich habe mich für ein schlichtes grau entschieden.
8. Ist der Rahmen wieder zusammengesetzt, klebst du den durchsichtigen Haken auf das obere Drittel des Glases. An diesem kann nun der Hase befestigt werden.

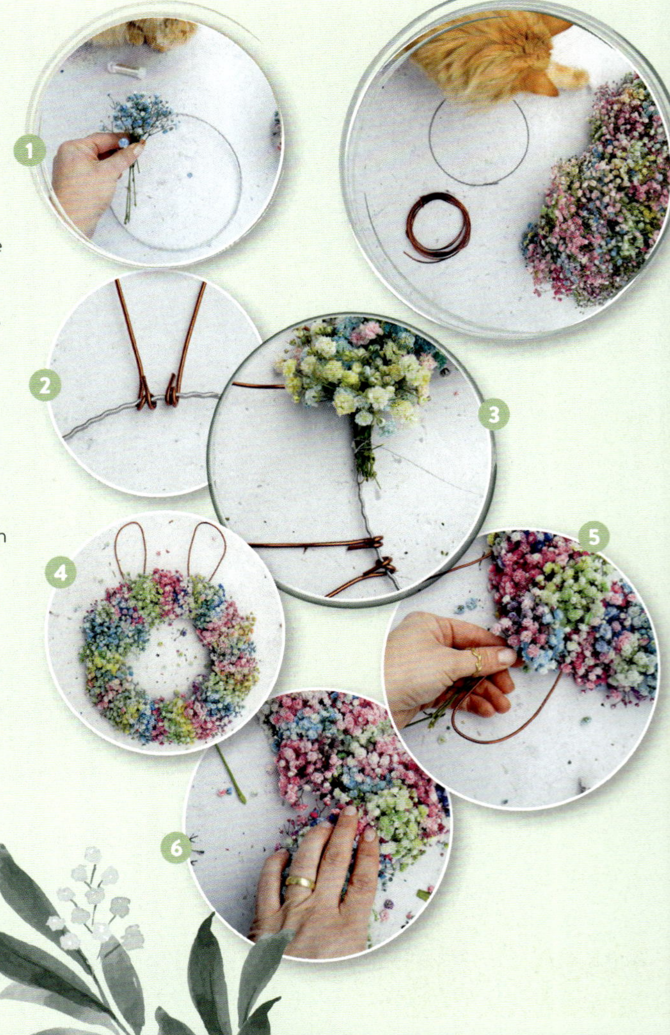

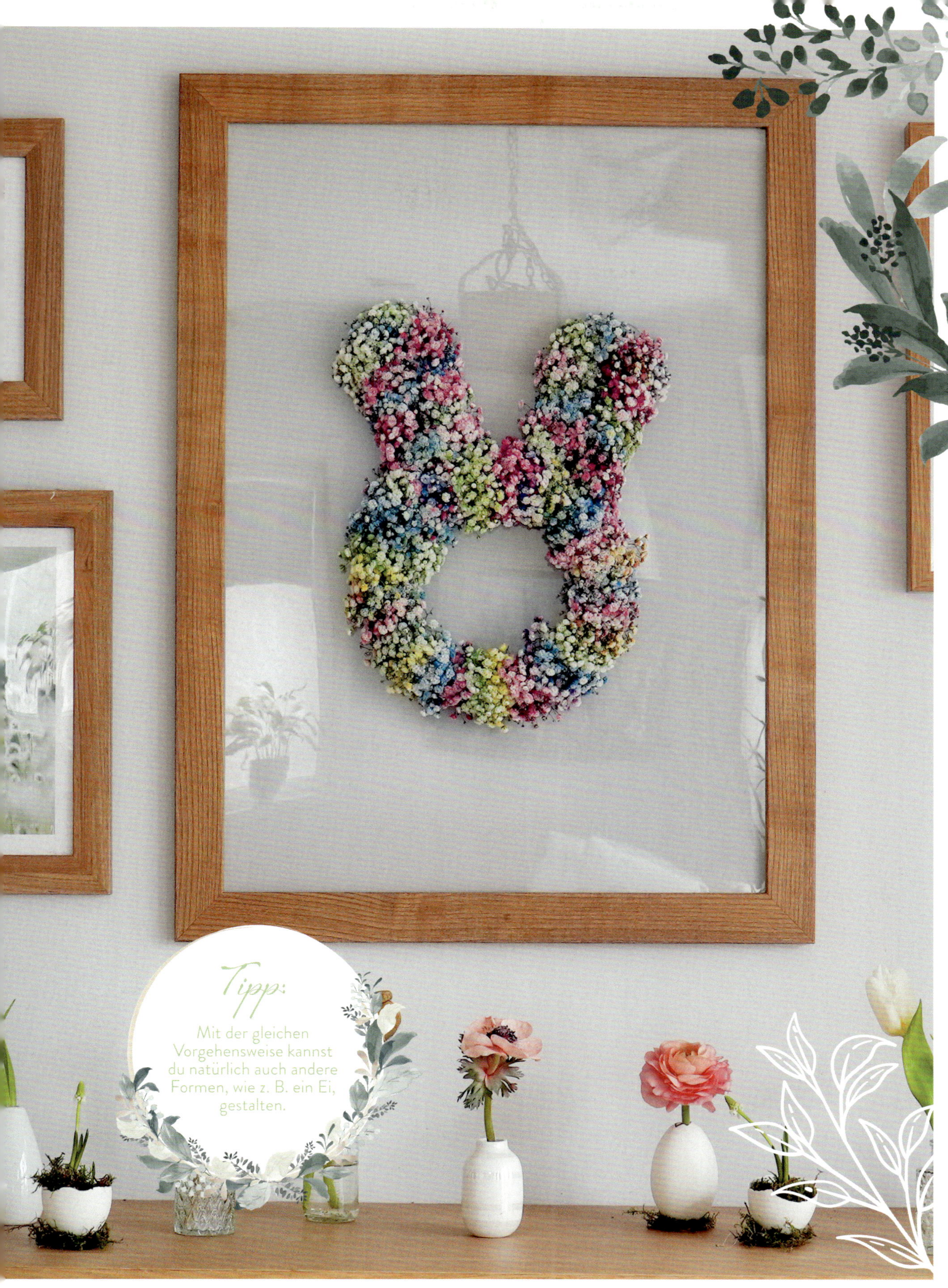
Tipp:
Mit der gleichen Vorgehensweise kannst du natürlich auch andere Formen, wie z. B. ein Ei, gestalten.

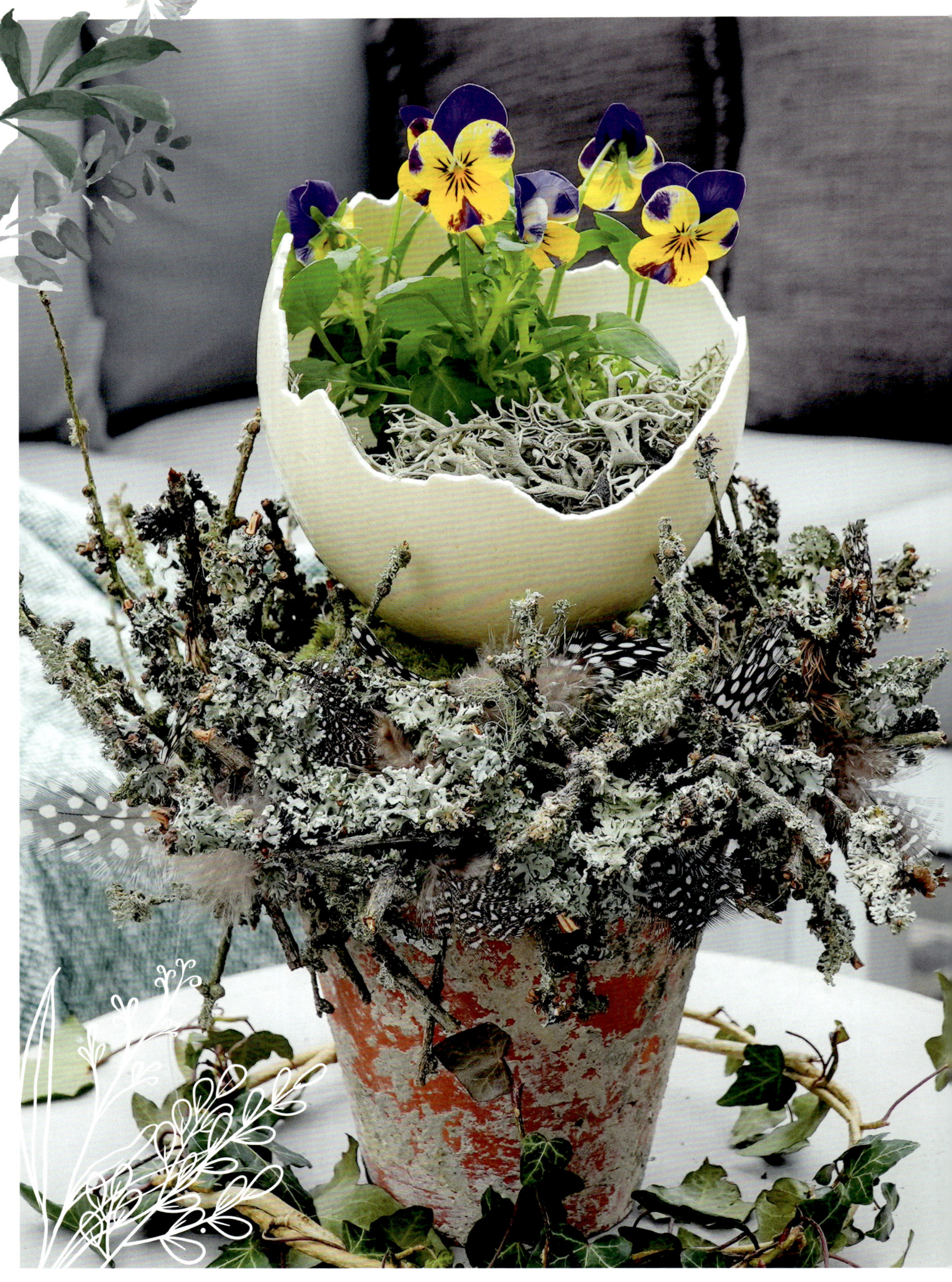

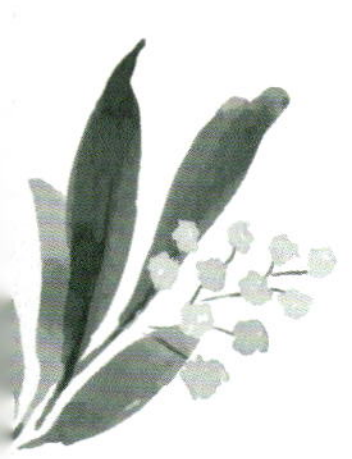

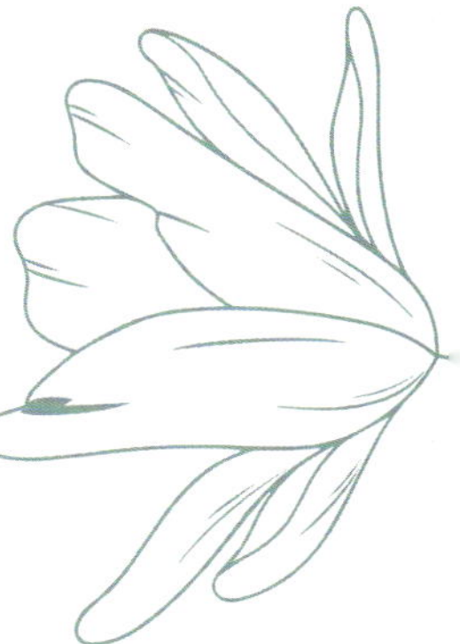

TISCH-NEST MIT STRAUSSENEI

Material

- Übertopf
- Steckschaum
- Kaninchendraht
- Straußenei
- Lärchenzweige mit Flechte
- Schaschlikspieße
- Heißkleber
- Bollenmoos / Kugelmoos
- Drahtschere
- Patenthaften
- Frühblüher (z. B. Veilchen)

Für dieses Gesteck habe ich nicht extra ein Straußenei zerstört. Mir war im letzten Jahr ein Ei zerbrochen und ich habe die Reste daraufhin aufbewahrt. Für meine Arbeit verfolge ich das grundsätzliche Prinzip: Schmeiße so wenig wie möglich weg, und verwende so viel wie möglich wieder!

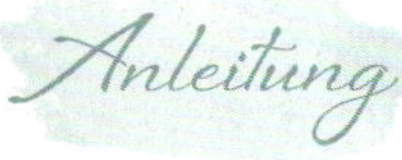

Anleitung

1. Schneide den Steckschaum zu und lege ihn in den Übertopf.

2. Lege das Moos auf den Steckschaum.

3. Miss den Kaninchendraht aus, sodass er einmal um den Übertopf passt. Er sollte ca. 3-4 cm breit sein.

4. Forme den Kaninchendraht zu einer Röhre und stecke ihn mit Patenthaften am Rand des Übertopfs fest.

5. Stecke die Lärchenäste nach Belieben in den Kaninchendraht, bis dieser nicht mehr sichtbar ist.

6. Klebe Schaschlikspieße mit Heißkleber an die Unterseite des Eis. Du kannst die Spieße vorher halbieren.

7. Sobald der Kleber getrocknet ist, kannst du das Ei mittig in den Übertopf platzieren.

8. Fülle das Ei zum Schluss entweder mit einer Kerze oder Frühblühern.

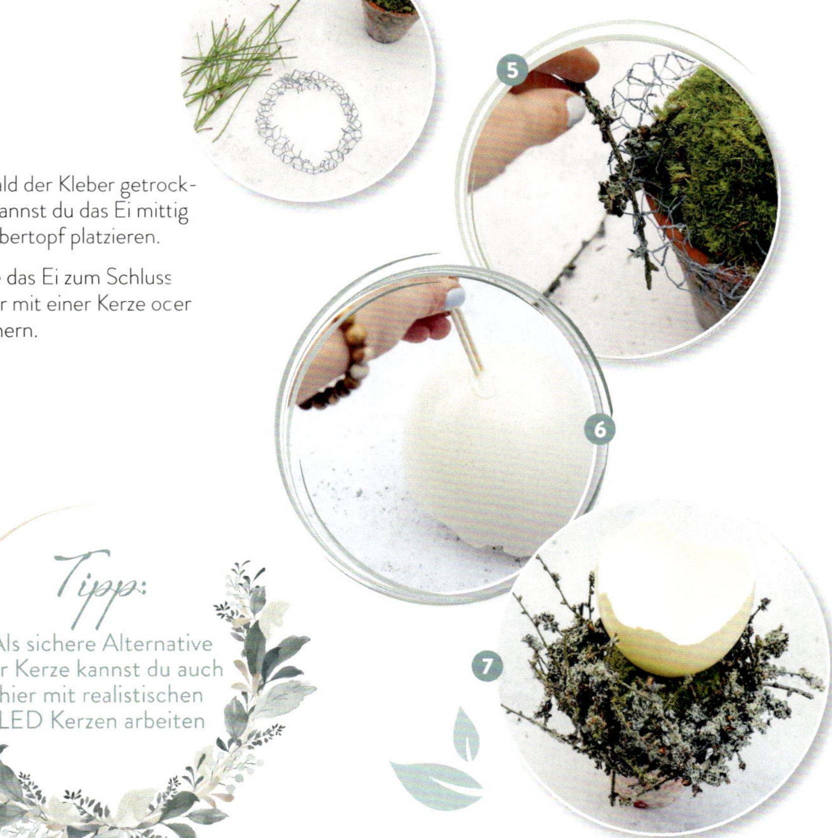

Tipp: Als sichere Alternative zur Kerze kannst du auch hier mit realistischen LED Kerzen arbeiten

ANEMONEN-SYMPHONIE IM GLAS

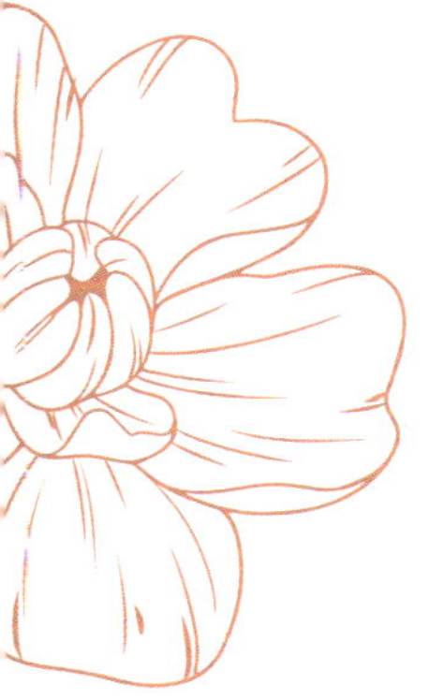

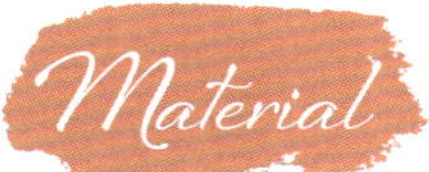

Material

- Magnolienzweig
- Zwei Vasen unterschiedlicher Größe
- Moos
- ausgepustete Eier
- Federn
- Dekohase aus Holz
- Schnittblumen (z. B. Anemonen)
- farbiges Garn

Die Glas-in-Glas-Technik lässt sich nicht nur mit gleich hohen Vasen umsetzen. Genauso ist es möglich, eine viel kleinere Vase in eine sehr große Vase zu platzieren, um dann den restlichen Platz mit Deko auszufüllen. Hier habe ich mich für einen zuckersüßen Keramikhasen entschieden, der nun sogar sicher vor meinen neugierigen Katzen ist.

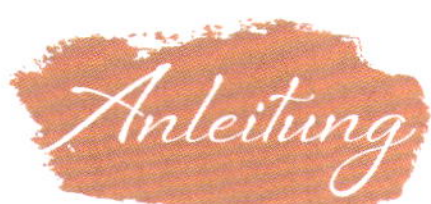

Anleitung

1. Hier habe ich wieder mit dem „Glas im Glas" (siehe Grundtechniken, S. 21) Prinzip dekoriert. Stelle dafür die kleine Vase in die große Vase.

2. Fülle den Zwischenraum zwischen den Vasen mit Moos, Eiern, Federn und einem Dekohasen deiner Wahl.

3. Befülle die kleine Vase mit Wasser und Schnittblumen.

4. Lege einen Magnolienzweig in die Öffnung der großen Vase (achte darauf, die Schnittblumen nicht zu beschädigen) und hänge Eier am Band daran auf.

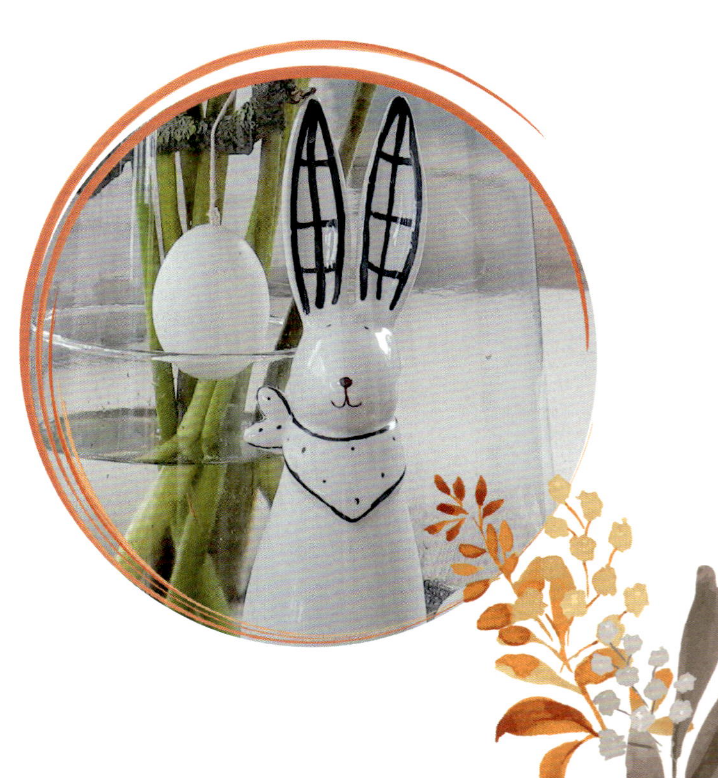

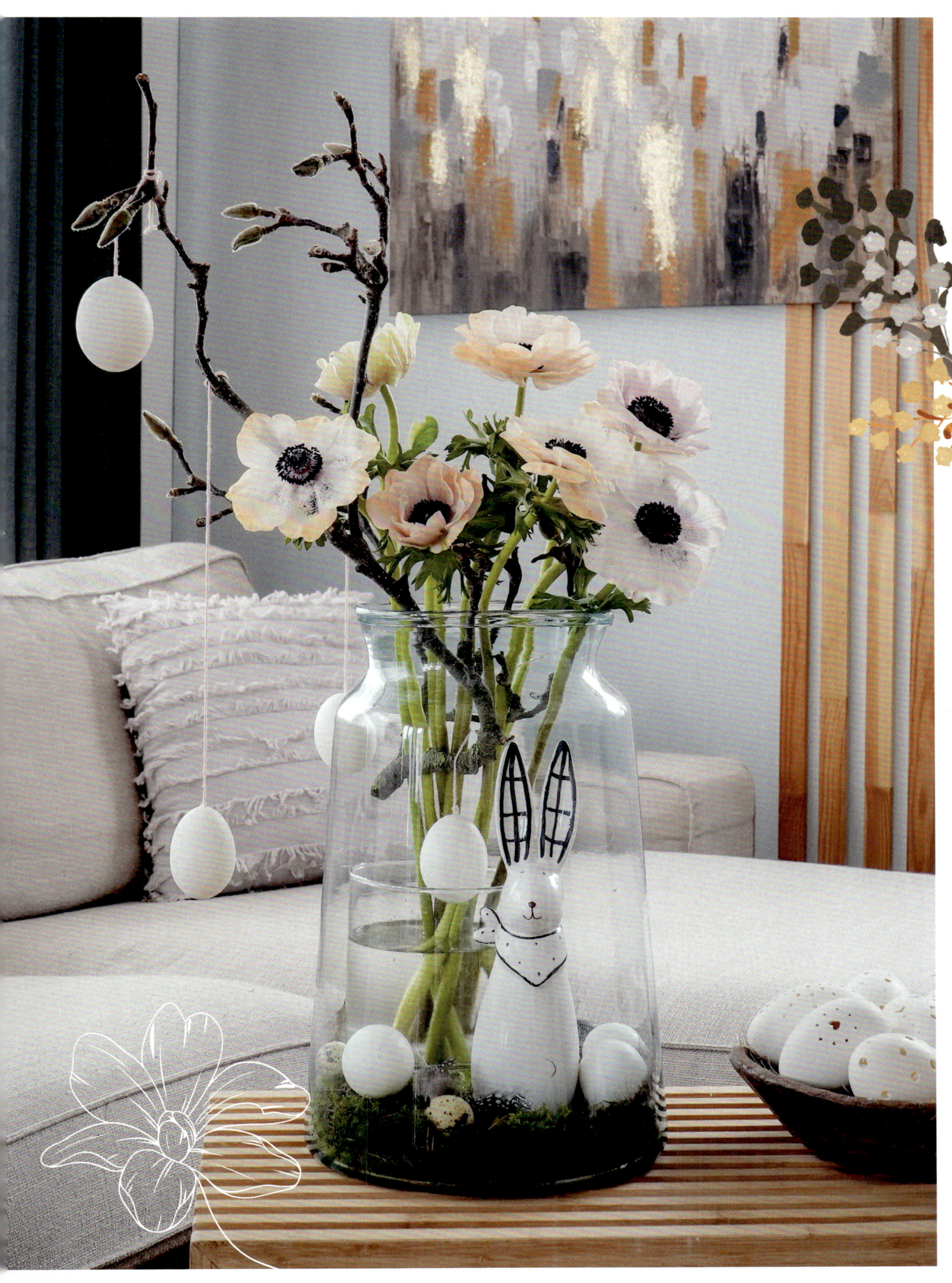

RUSTIKALE OSTERDEKORATION

Material

- eine Baumrinde, die möglichst flach liegt
- Gänseeier
- Hühnereier
- Heißkleber
- Efeu
- Moos
- Federn
- Schnittblumen (z. B. Ranunkel)
- Kerzen in Eierform (optional)

Dass Eier eine super Vase abgeben, habe ich ja schon beim Eierkranz gezeigt. Dies mache ich mir auch bei dieser Frühlingsdeko zunutze.

Tipp:

Um das Ganze zu säubern, können alle lose verteilten Gegenstände entfernt werden. So gehst du vor: das Wasser aus den Eiern abgießen, alles mit klarem Wasser ab- und ausspülen, trocknen lassen und dann wieder neu dekorieren.

Anleitung

1. Befestige die Eier mit etwas Heißkleber auf der Rinde.
2. Verteile nun das Moos, den Efeu und die Federn auf der Rinde.
3. Befülle die Eier mit etwas Wasser und stelle die Blumen hinein. Falls das untere Loch der Eier zu groß sein sollte. kannst du es mit etwas Heißkleber schließen
4. Stelle abschließend Kerzen auf das Gesteck.

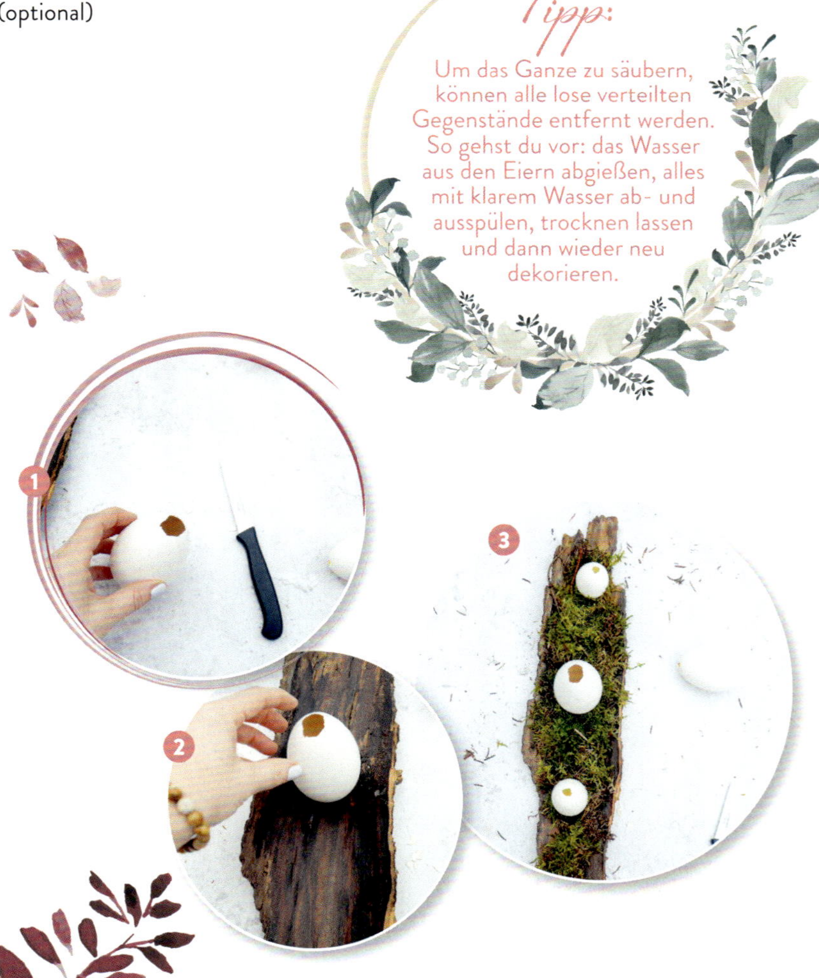

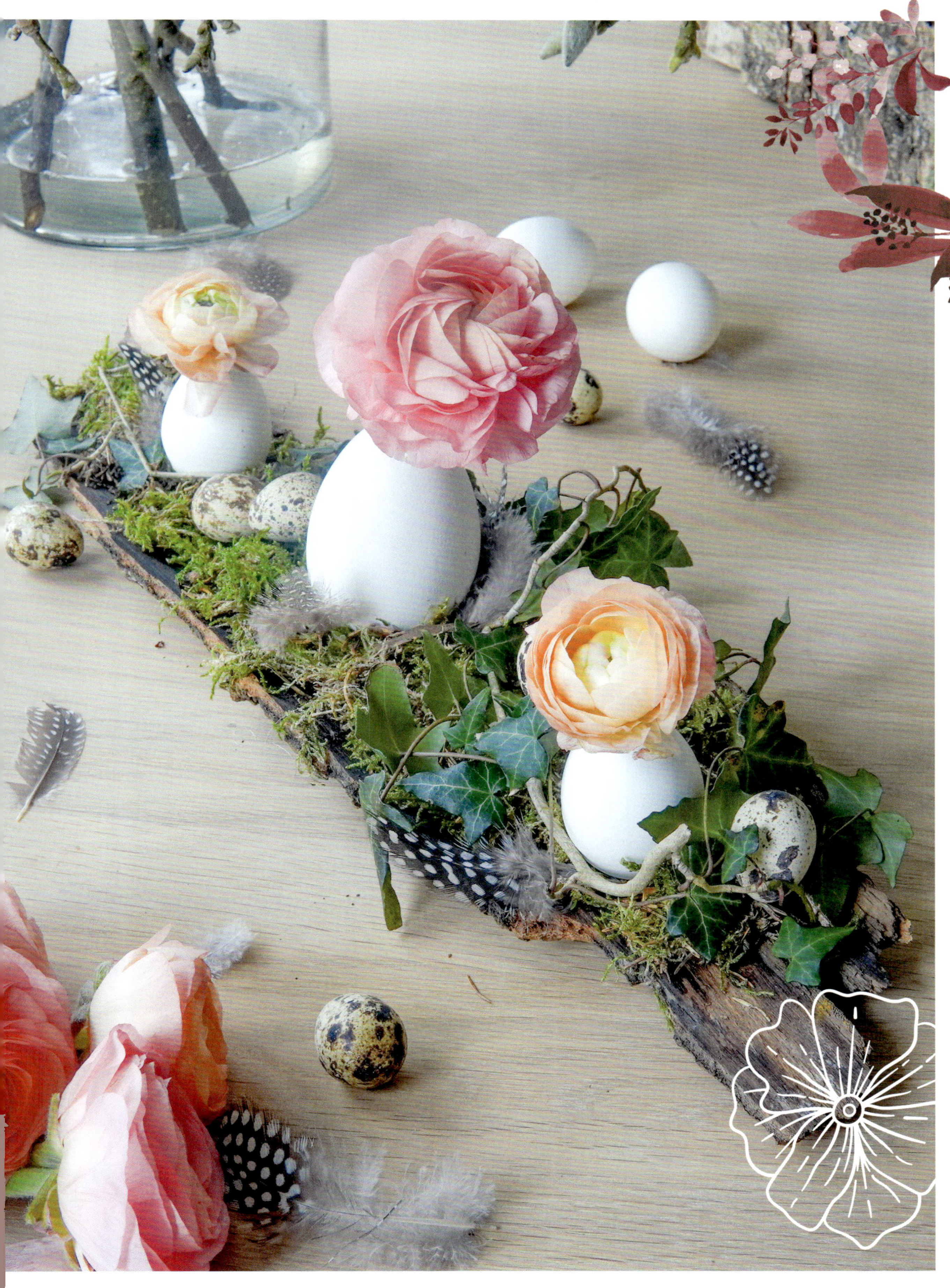

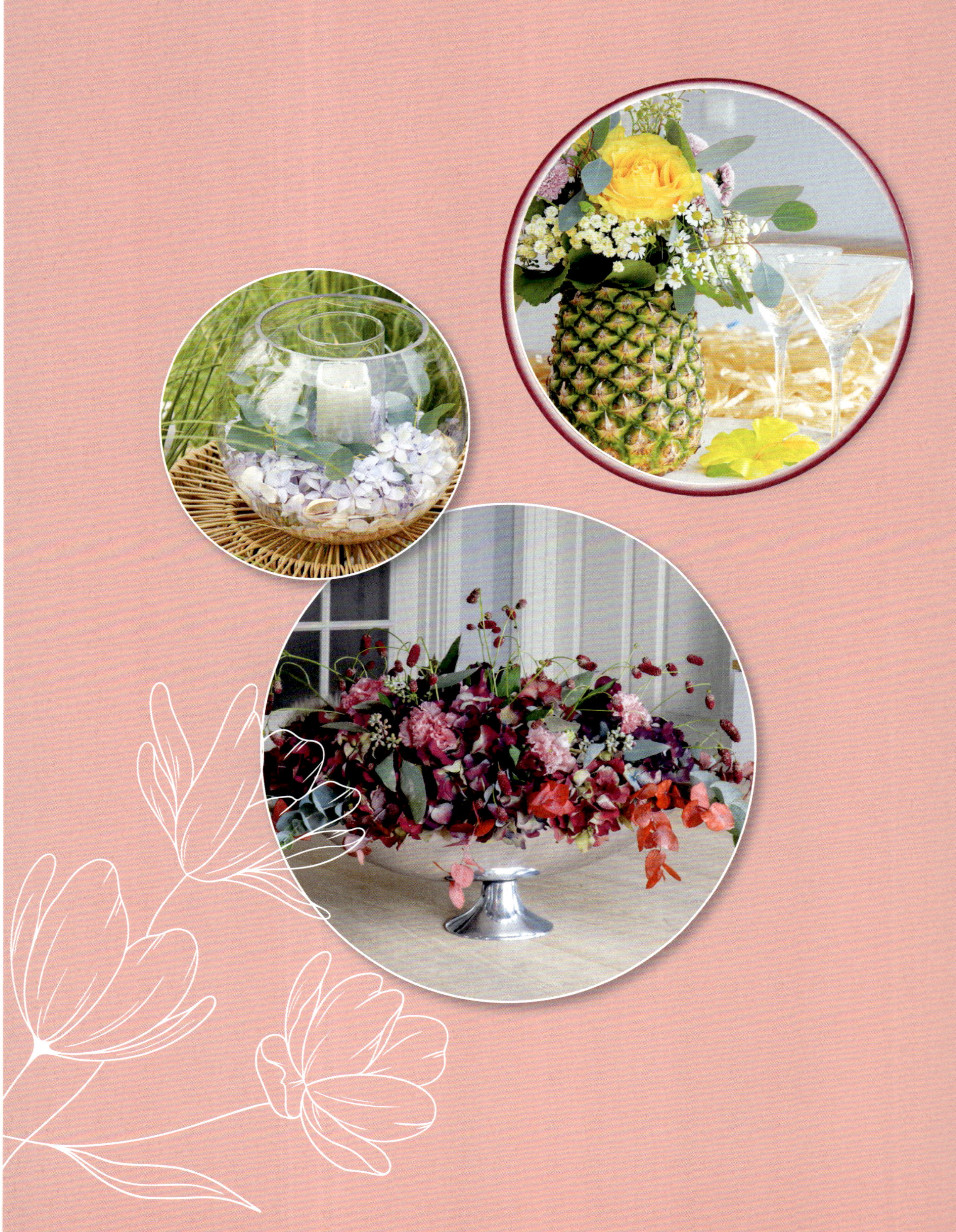

Sommerträume

Wenn ich durch meinen Blog und Instagram Account durchscrolle, merke ich immer wieder: im Herbst und Winter bin ich kreativer/produktiver. Da wir unseren Lebensmittelpunkt im Sommer nach draußen verlagern, bastele ich relativ wenig Deko. Für dich und mein erstes Buch habe ich allerdings einfache und schnelle DIYs zusammengetragen. Dabei wirst du feststellen, dass ich auch im Sommer viel mit Kerzen arbeite. Ich finde, gerade an lauen Sommerabenden sitzt es sich mit Kerzenschein gleich noch schöner.

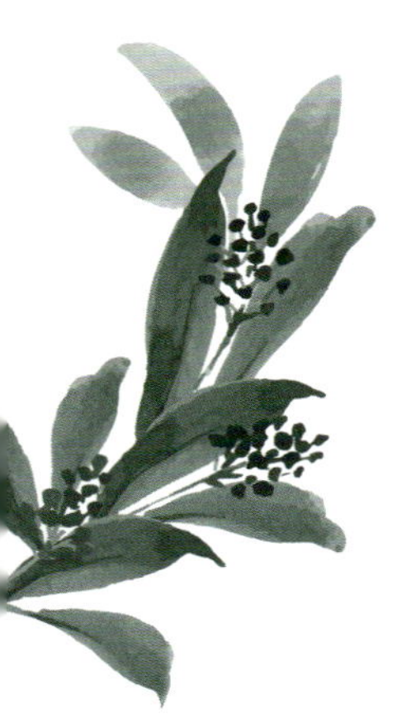

GLAS-IN-GLAS MIT ZITRUSDUFT

Material

- zwei unterschiedlich große zylindrische Vasen
- weiße Dekosteine
- Limetten und Zitronen
- eine Stumpenkerze
- gelbes oder grünes Dekoband (optional)
- destilliertes Wasser

Vor allem im Sommer gibt es überall Zitronen und Limetten im Angebot. Warum also nicht mal fröhliche, duftende Zitrusfrüchte auf den Tisch statt einem Blumenstrauß?

Anleitung

1. Fülle die größere Vase zuerst etwa 3 cm hoch mit weißen Dekosteinen auf (oder eben so hoch, dass die kleine Vase auf gleicher Höhe der großen Vase sitzt).
2. Setze dann die kleinere Vase mittig in die größere Vase. Achte darauf, dass die zweite Vase nicht über die erste hinausragt, wenn Du sie auf die Steine stellst. Falls nötig, entferne einige Steine oder verwende eine niedrigere Vase. Der Abstand zwischen den zwei Vasen sollte relativ klein sein, damit die Zitrusscheiben gut haften.
3. Schneide nun die Zitronen und Limetten in ca. 0,5 cm dicke Schreiben.
4. Fülle nun den Zwischenraum zwischen den Vasen mit in Scheiben geschnittenen Zitronen und Limetten auf.
5. Um zu verhindern, dass die Zitrus-Scheiben schnell schrumpeln, kannst du, wie ich, den Zwischenraum zusätzlich mit destilliertem Wasser auffüllen.
6. Platziere eine Kerze in der kleinen Vase. Wenn das Glas zu leicht ist, füge auch hier Dekosteine hinzu.
7. Wenn du magst, kannst du noch ein Dekoband in passender Farbe um die äußere Vase binden.

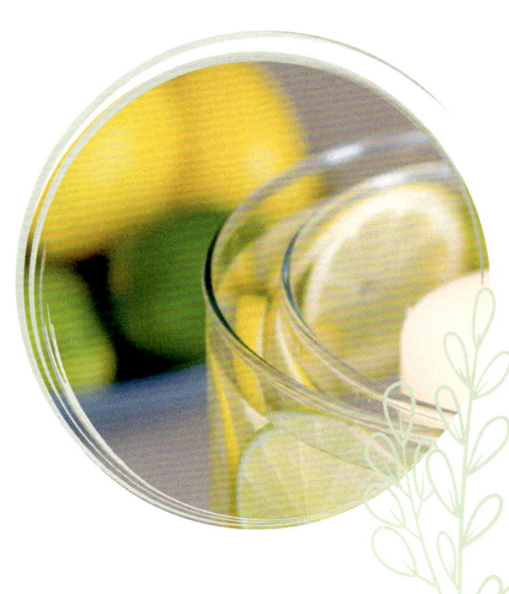

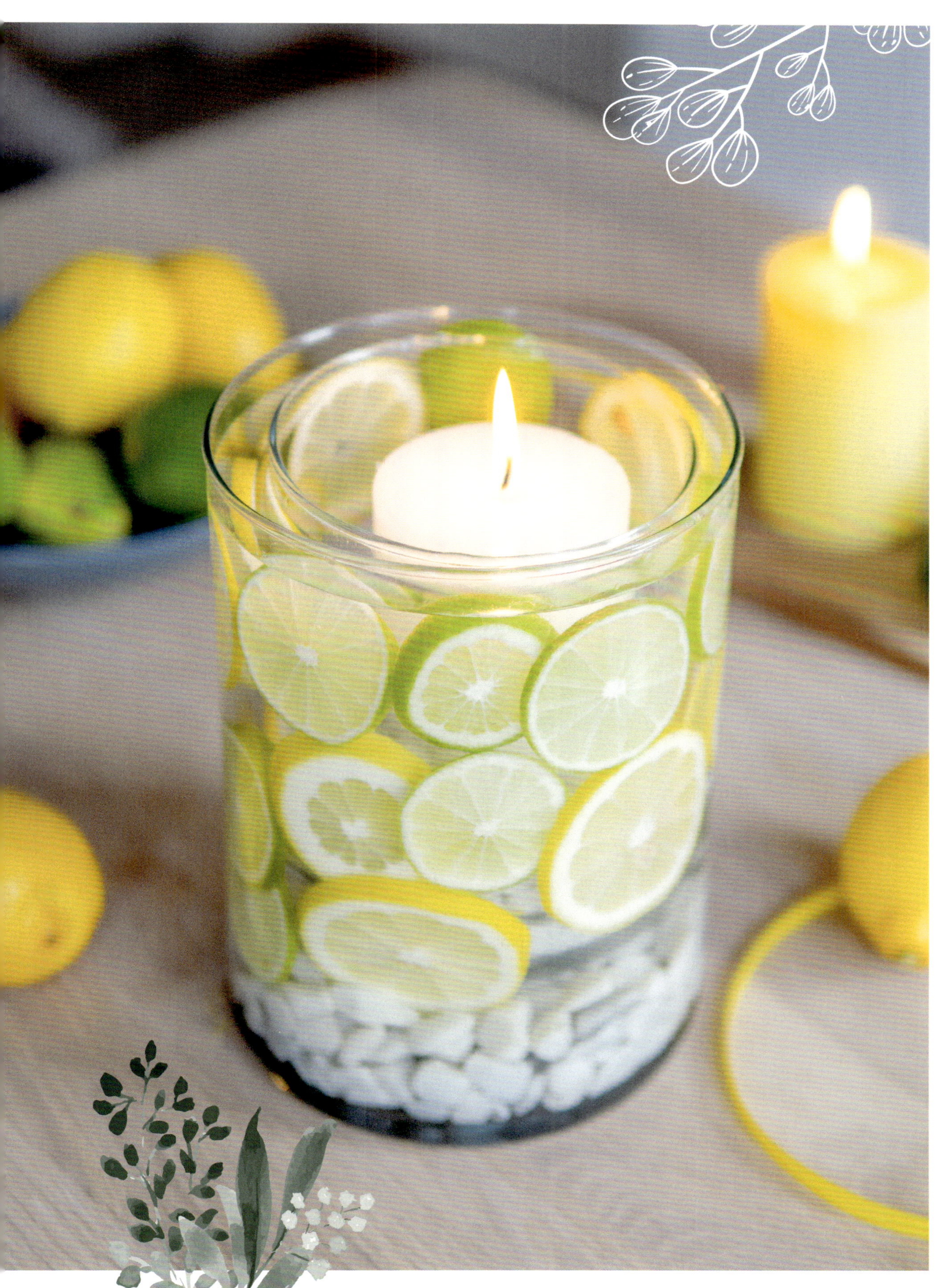

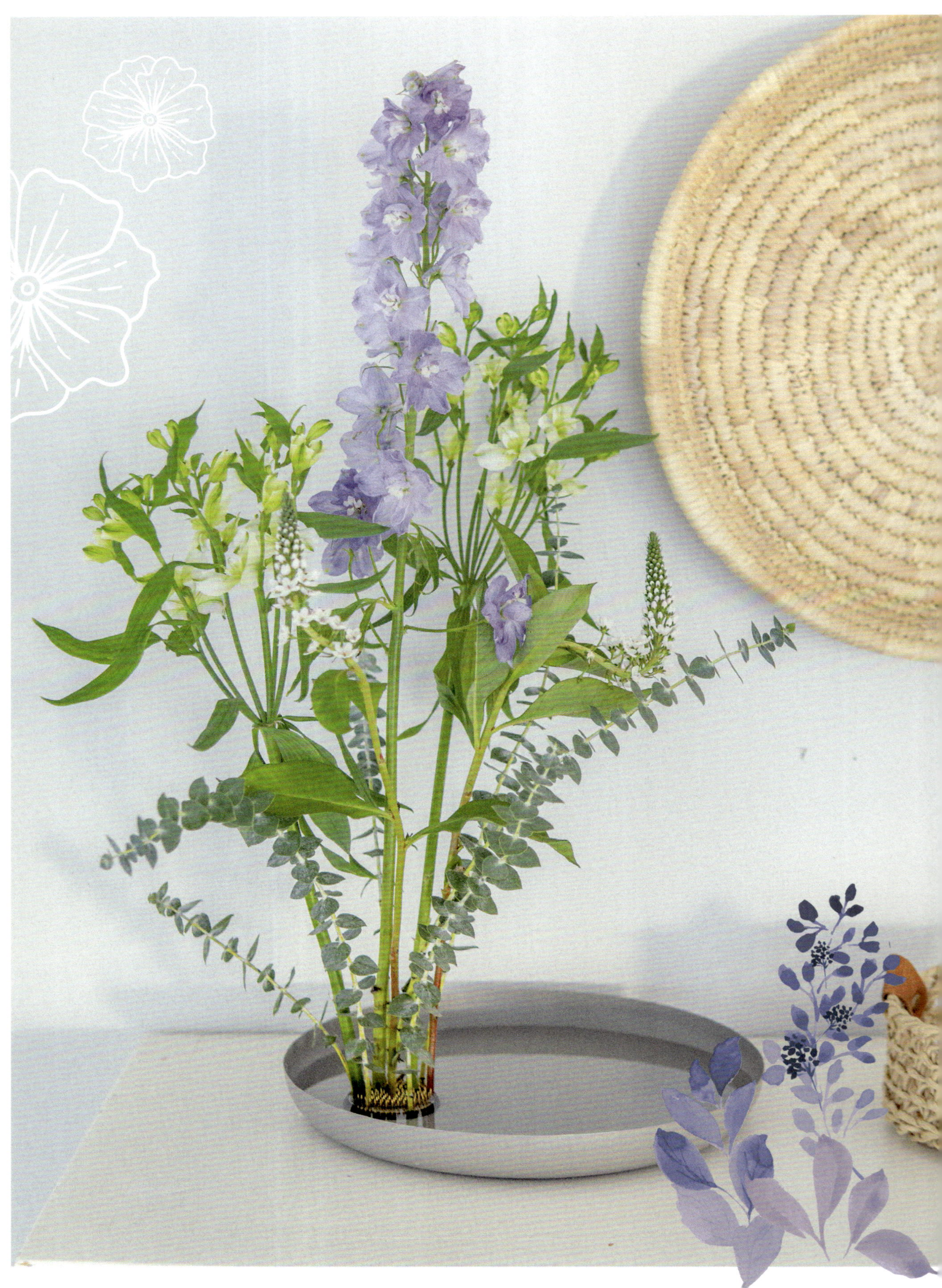

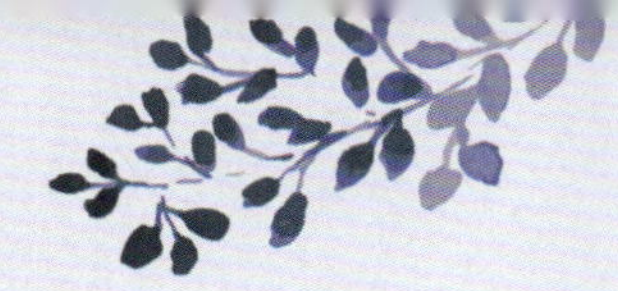

STECKIGEL ALS SOMMERDEKO

So ein Steckigel eignet sich hervorragend, um einzelne Schnittblumen oder ein kleines Arrangement von Blumen in Szene zu setzten und ist deutlich nachhaltiger als Steckschaum, da du ihn immer wieder verwenden kannst.

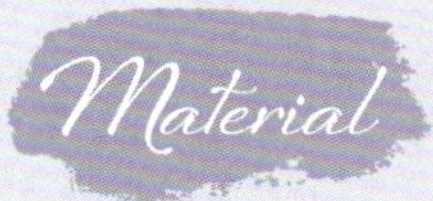

Material

- Steckigel
- Schnittblumen (z. B. Mohnkapseln, Rittersporn, Eukalyptus, Alstromerien, Scarbiose,Veronika)
- eine Schale

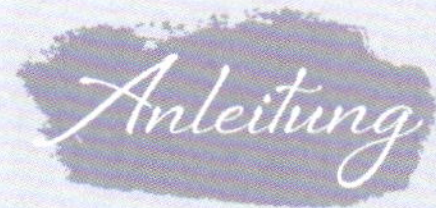

Anleitung

1. Stecke die Schnittblumen auf den Steckigel. Die Stifte des Igels eignen sich sowohl für holziges Material als auch für weiche Stängel.
2. Stelle den Steckigel samt Blumen in eine Schale
3. Befülle die Schale mit etwas Wasser, damit die Blumen versorgt sind.

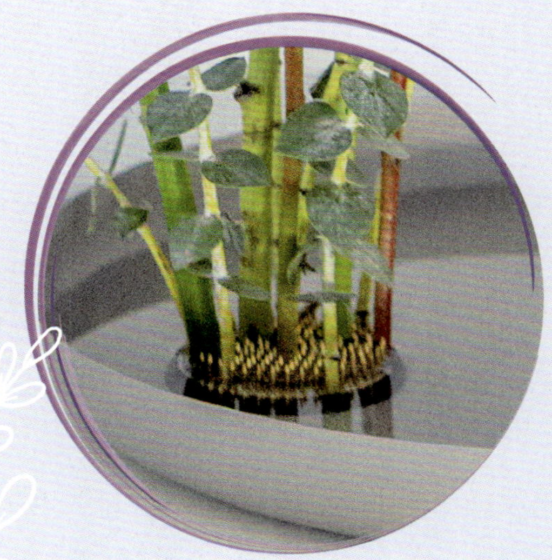

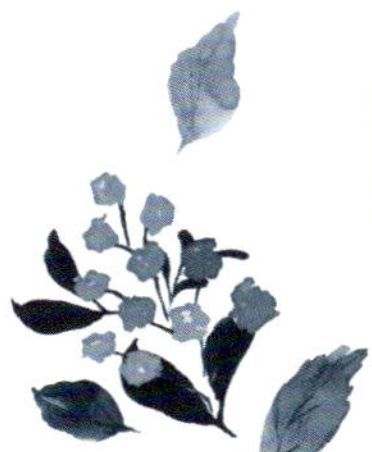

KUGEL-WINDLICHT MIT HORTENSIEN

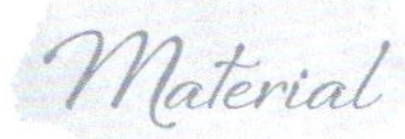

- Kugelvase
- eine kleine zylindrische Vase
- Muscheln
- Eukalyptuszweige
- Hortensienblüten (oder andere Sommerblumen)
- Stumpenkerze

Erinnerst du dich noch an den letzten Strandurlaub? Stell dir vor, du könntest ein Stück davon für immer bei dir behalten. Mit Muscheln aus meinem letzten Urlaub, duftendem Eukalyptus und zartlilanen Hortensien habe ich dieses wunderschöne Glas-in-Glas-Windlicht zusammengestellt, das in lauen Sommernächten schummeriges Kerzenlicht schenkt.

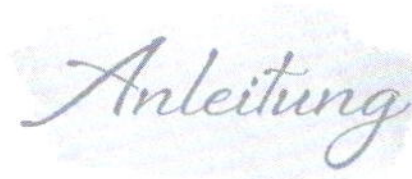

1. Stelle zuerst die Zylindervase in die Kugelvase.
2. Fülle die Kugelvase zu 1/4 mit Muscheln auf.
3. Danach kannst Du den Zwischenraum der Vasen schon mit etwas Wasser befüllen.
4. Als nächstes kannst du die Blumen und Eukalyptuszweige in die Vase stecken. Hierbei „verstecke" ich die Stiele der Pflanzen gerne in den Muscheln.
5. Lege nun noch eine Kerze in die Mitte der Vase, um den Look abzurunden.

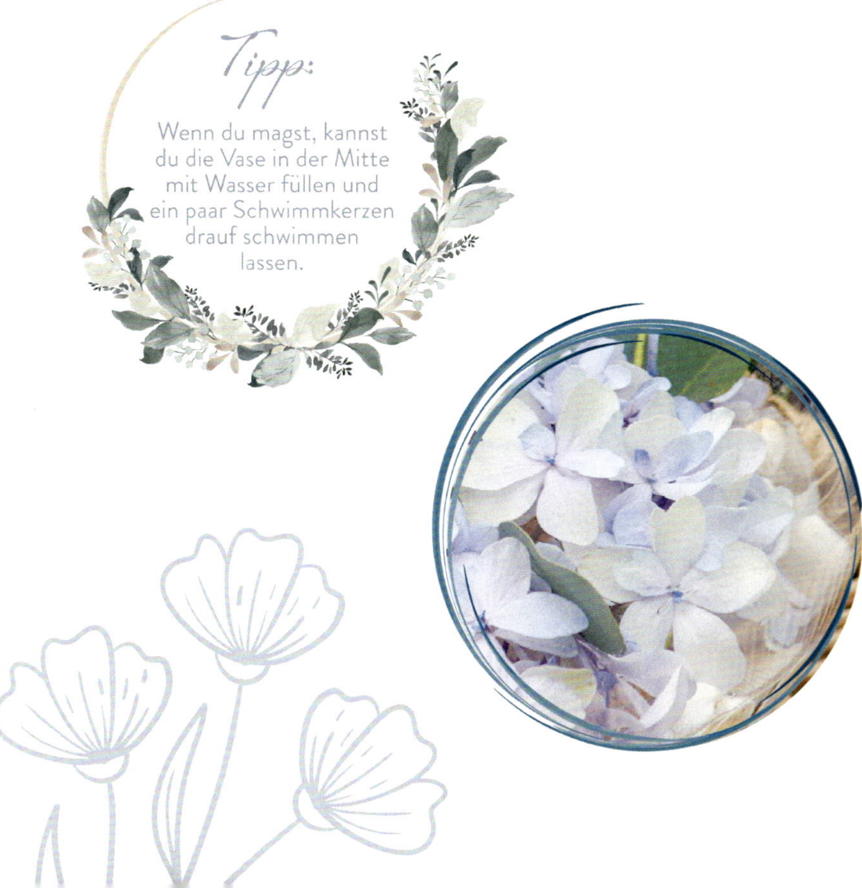

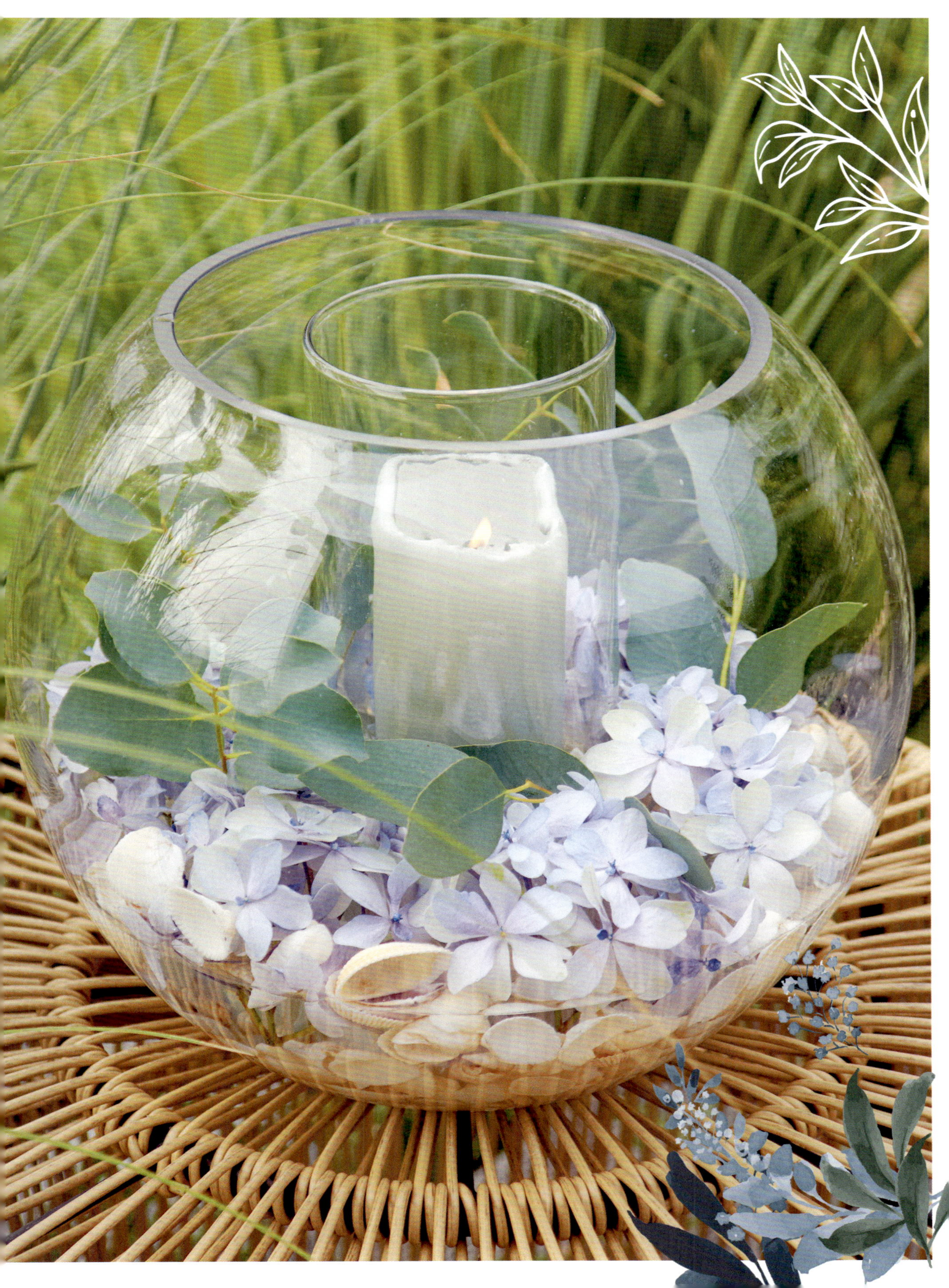

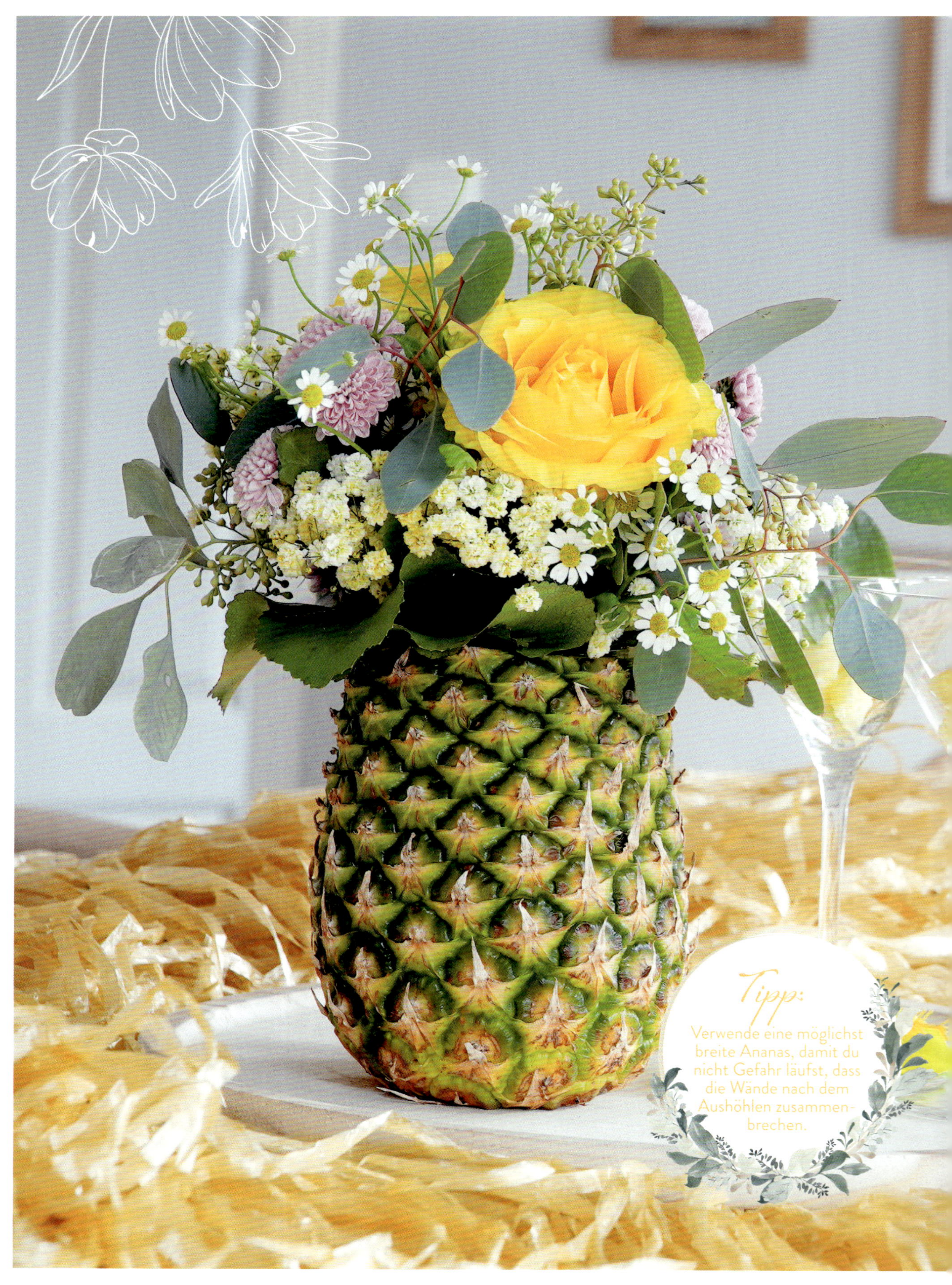
Tipp:
Verwende eine möglichst breite Ananas, damit du nicht Gefahr läufst, dass die Wände nach dem Aushöhlen zusammenbrechen.

FRÖHLICH-FRUCHTIGE ANANAS-VASE

Die folgende Idee ist durch einen Zufall entstanden. Ich hatte im Sommer eine Ananas ausgehöhlt und die Schale liegen gelassen. Als unsere Kinder nach Hause gekommen sind, haben sie die Schale als Vase für ihren gesammelten Wiesenblumen verwendet. Kinder sind so herrlich erfinderisch und probierfreudig. So haben sie mich damit zu folgendem DIY inspiriert.

Material

- Ananas
- Ananasschneider (geht aber auch mit einem Messer)
- kleines Windlicht oder Folie
- Sommerblumen und -zweige (z. B. Eukalyptus, gelbe Rosen, Kamille und Chrysanthemen)

Anleitung

1. Schneide im ersten Schritt den Deckel der Ananas ab.
2. Entferne dann mit dem Ananasschneider oder einem Messer das Fruchtfleisch. Der Ananasschneider ist dabei die einfachere Option.
3. Schneide nun den Strunk aus der Ananas heraus.
4. Besprühe das Innere der Frucht mit Desinfektionsmittel, um sie länger haltbar zu machen.
5. Stelle dann eine Vase in die Ananas und befülle sie mit Wasser und frischen Schnittblumen, die farblich zur Ananas passen Alternativ zur Vase kannst du auch eine Folie verwenden.

1

2

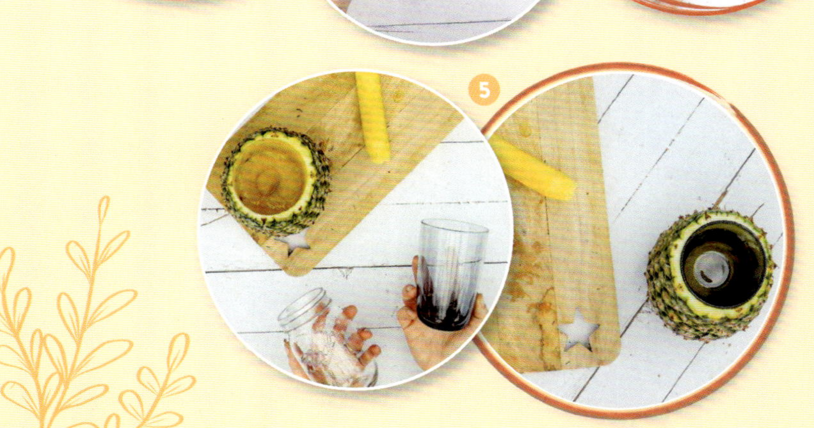

5

ACHATSCHNECKE MIT SUKKULENTEN

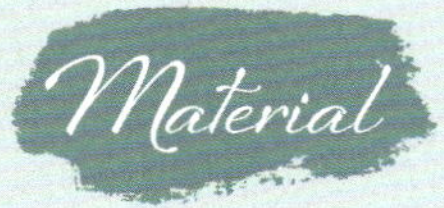

- Achatschnecke
- Mini-Sukkulenten (z. B. Echeveria)
- Moos
- Euphorbia Spinosa

Sukkulenten sind für mich aus der Sommerdekoration nicht wegzudenken. Sie sind sehr dankbare Pflanzen, die wenig Wasser und Pflege benötigen. Da sie auch mit wenig Erde auskommen, sind sie für DIYs wie die folgende super einzusetzen.

Anleitung

1. Befülle die Schnecke mit etwas Erde.
2. Anschließend kannst duauch schon die Sukkulenten einpflanzen.
3. Bedecke zuletzt die Erde mit Moos und Euphorbia Spinosa.

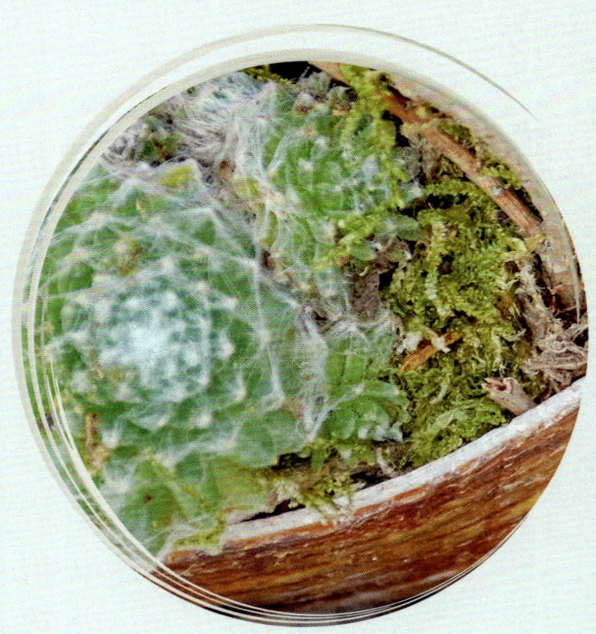

Tipp:

Ob im Garten als kleiner Hingucker verteilt oder auf einem Tablett mit Sommeraccessoires wie Sand, Treibholz etc. – diese Deko macht immer was her!

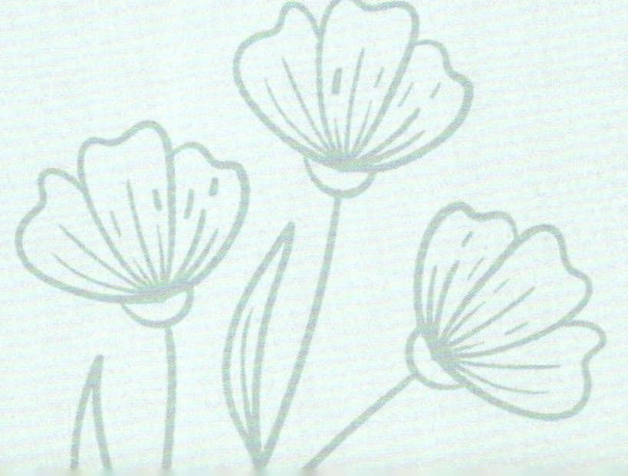

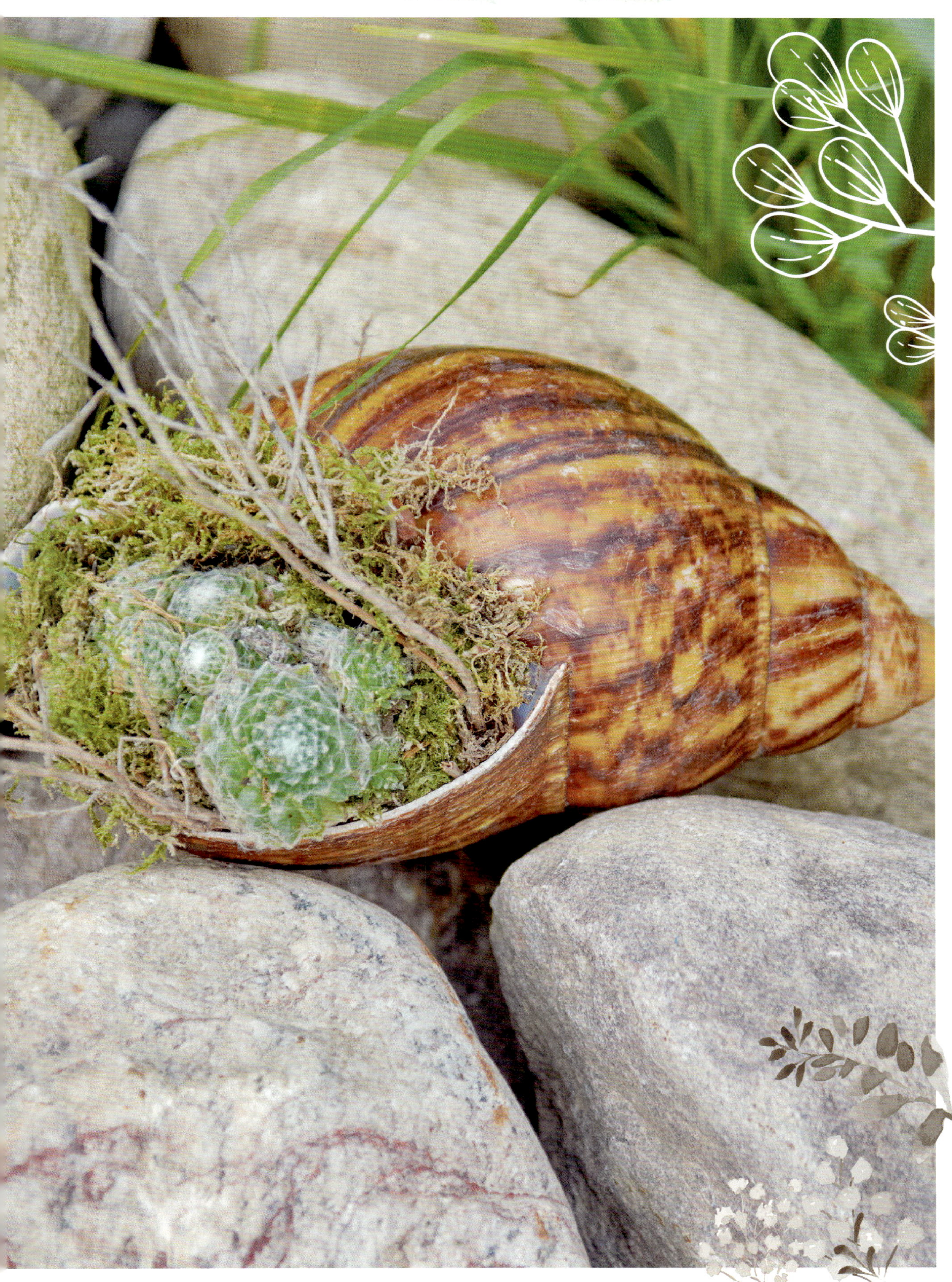

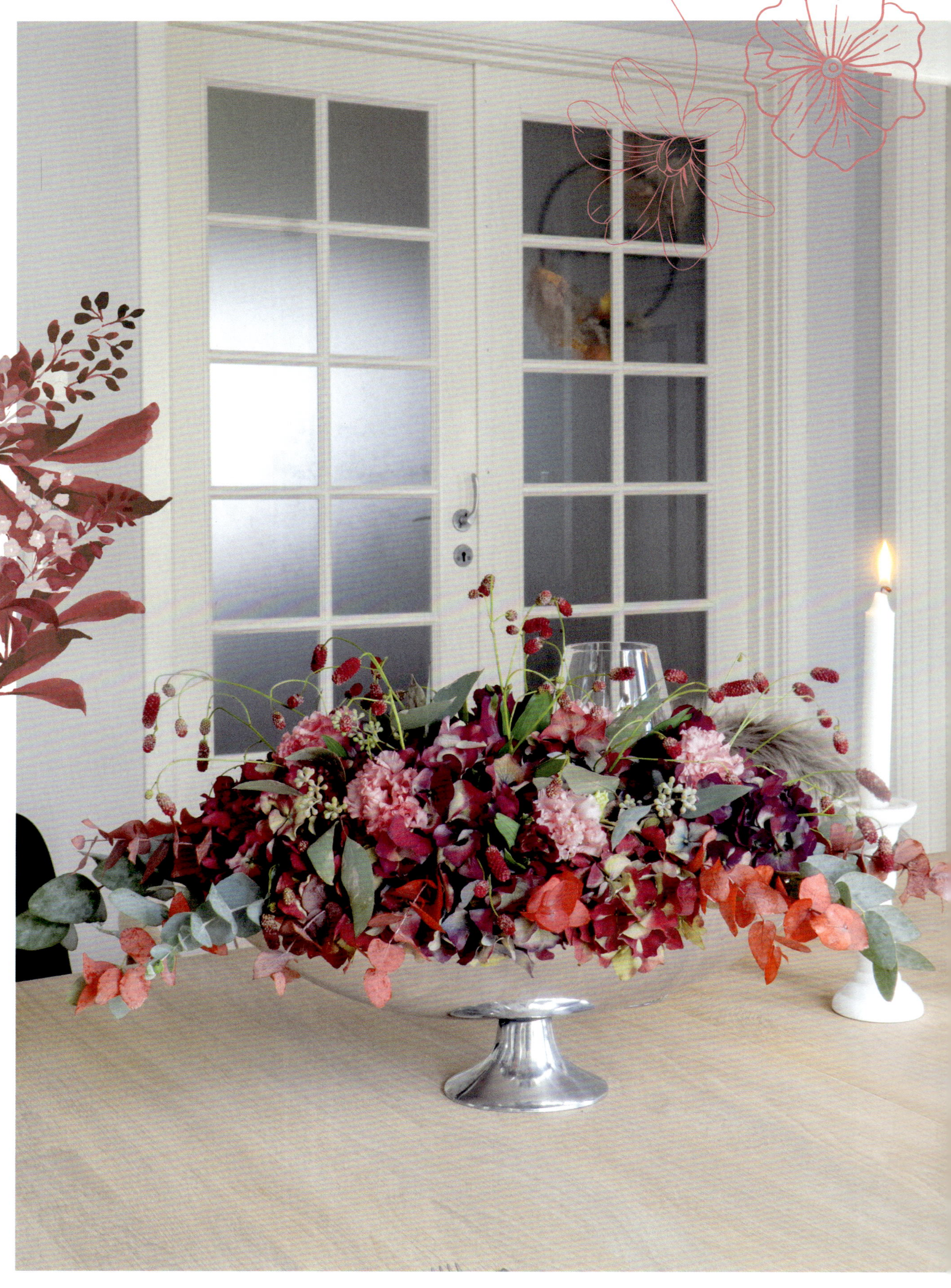

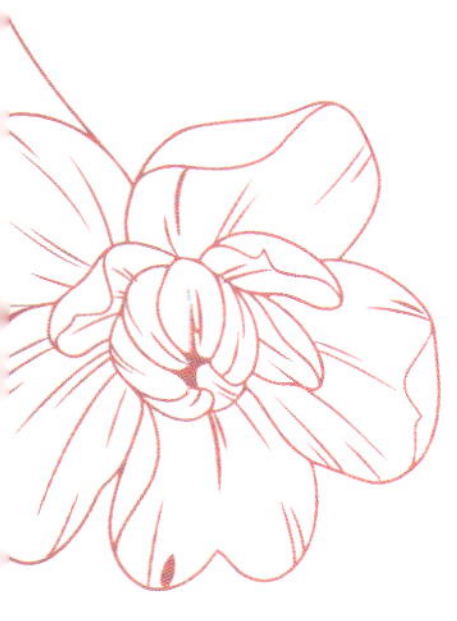

TISCHGESTECK IN AMPHORE

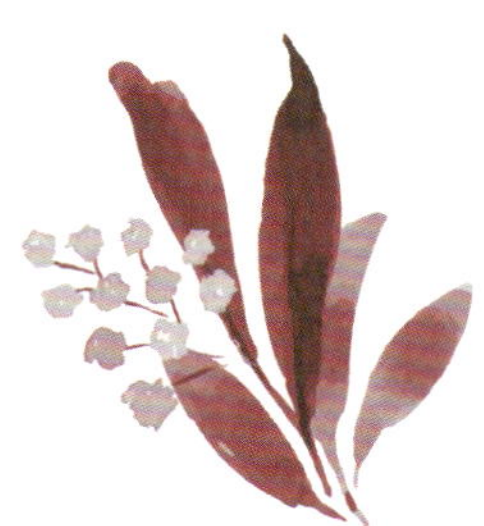

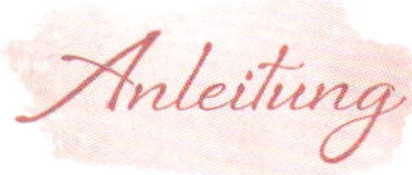

Material

- breite Amphore oder eine hohe Schale
- Steckschaum
- Tüte
- Hortensien
- Eukalyptus in rot und grün
- Eustoma / Lisianthus
- Wiesenknopf

Hier zeige ich dir ein Gesteck, das ewig hält und immer edel wirkt. Solche „Amphoren“ bekommt man entweder auf dem Flohmarkt oder im „1-Euro-Laden“ Kaum zu glauben, dass ich früher einfach nur daran vorbei gelaufen bin. Schließlich leben wir nicht im antiken Griechenland, dachte ich mir. Dann habe ich aber diese hübschen Hortensien entdeckt und es war mir egal - Ich wollte unbedingt ein Gesteck in einer Amphore machen und teile diese moderne Version nun auch mit dir.

Anleitung

1. Lege zuerst die Amphore mit einer alten Tüte aus.
2. Lege dann den zuvor in Wasser getränkten Steckschaum darauf.
3. Schneide nun die verschiedenen Schnittblumen schräg an und stecke sie in den Schaum. Arbeite dich dabei am besten von außen nach innen vor. Die Blumen im äußeren Bereich kannst du ruhig schräg, fast waagerecht in den Schaum stecken. Je weiter du dich nach innen vorarbeitest, desto gerader kannst du stecken.
4. Verwende nun Hortensien als Füllmaterial zwischen den anderen Schnittblumen.
5. Verteile zuletzt die Wiesenknopf zwischen den anderen Blumen.

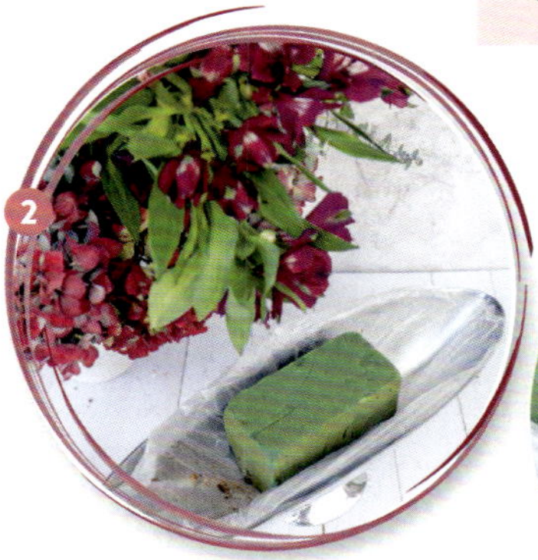

2

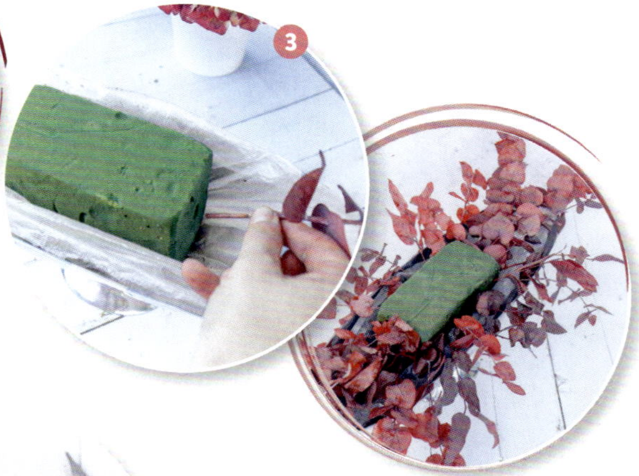

3

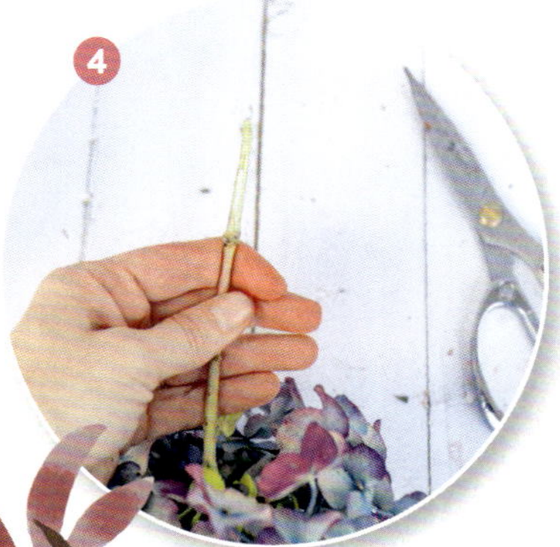

4

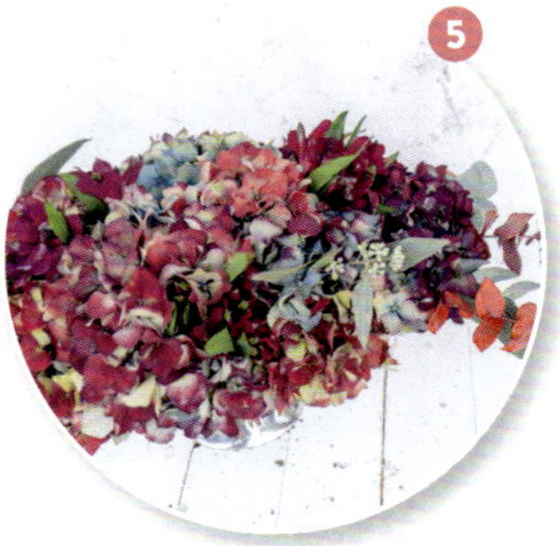

5

MINIMALISTISCHER SALBEIKRANZ

Material

- Rohling aus Styropor®
- Salbeiblätter
- Nadeln

Sommerzeit ist Kräuterzeit. Meistens wuchern die Kräuter, vor allem der Salbei wie verrückt. Also wurde mal Zeit, mit den Blättern was Schönes anzustellen. nach dem Trocknen ergrauen die Blätter übrigens, was mich allerdings nicht stört. Dieser schöne, minimalistische Kranz sieht sowohl frisch als auch trocken super aus, finde ich.

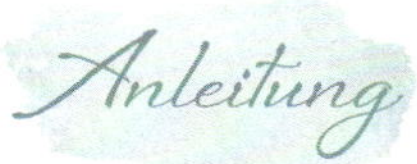

Anleitung

1. Befestige die Salbeiblätter vorsichtig mithilfe der Stecknadeln am Rohling.
2. Gehe nun auf diese Weise Schicht für Schicht vor und verstecke die schon gesteckten Nadeln mit den nächsten Salbeiblättern.
3. Hebe zum Schluss die ersten Blätter an und stecke die letzten Blätter darunter.

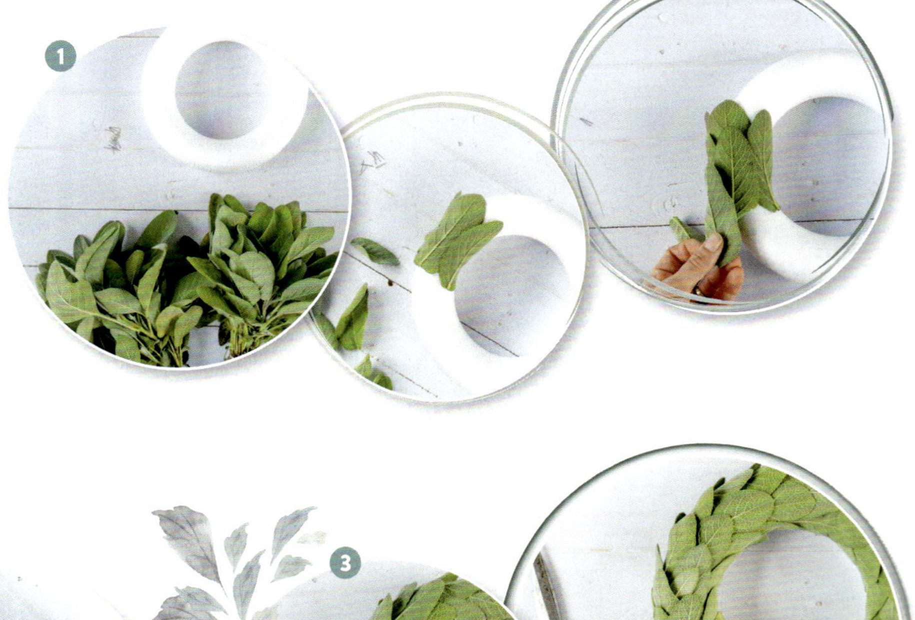

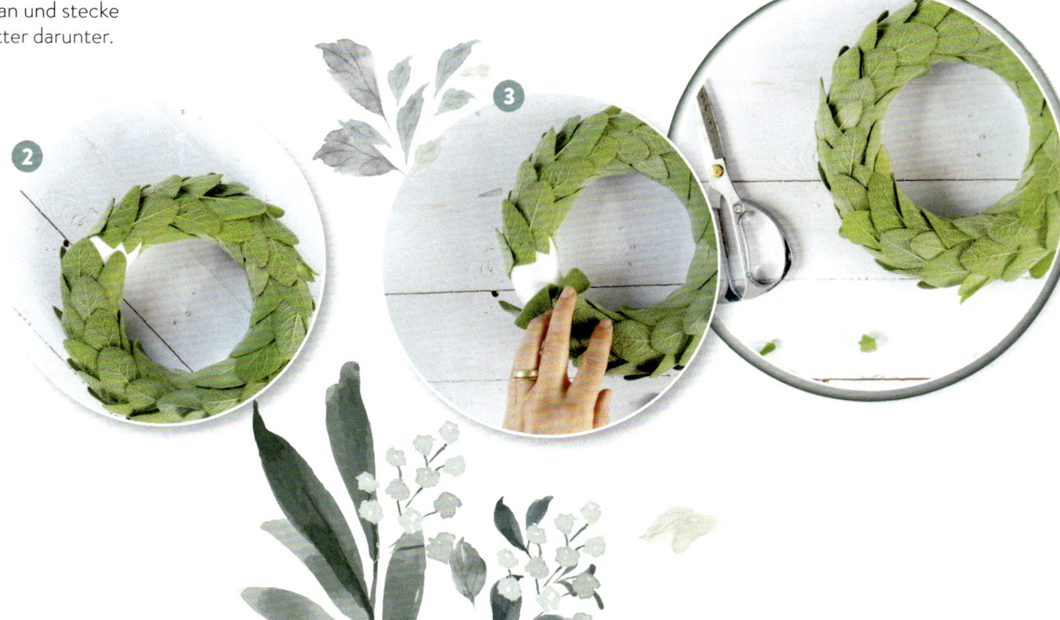

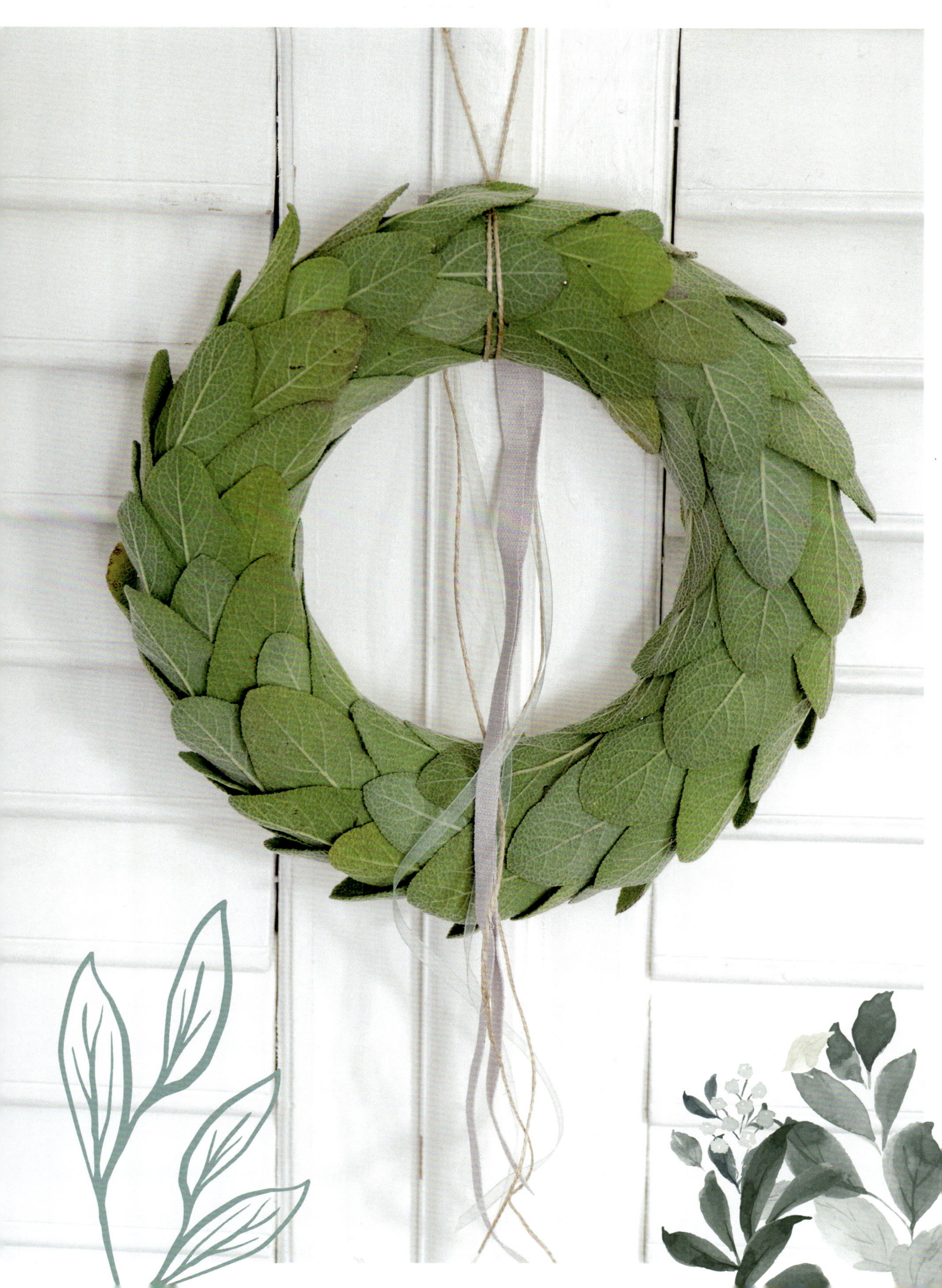

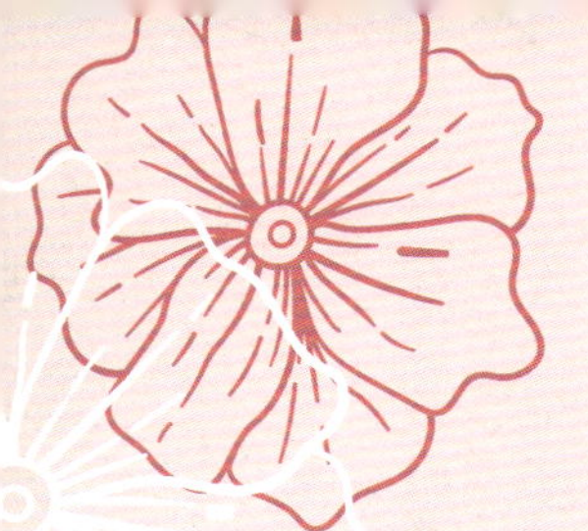

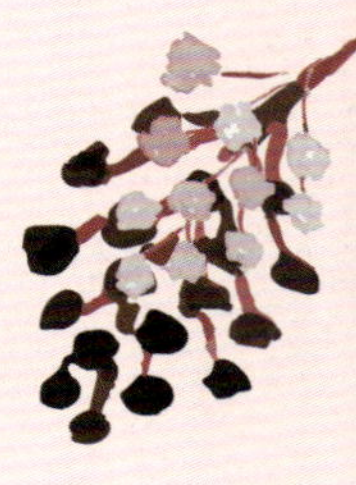

SUKKULENTEN-TÖRTCHEN

Sukkulenten sind dankbare Gewächse. Einmal eingepflanzt, brauchen sie kaum Pflege und gedeihen trotzdem vor sich hin. Somit eignen sich Sukkulenten super, um damit alte Backformen zu bestücken. Aber auch die alten Arbeitsschuhe meines Mannes , Basti, mussten schon mal als Blumentopf herhalten.

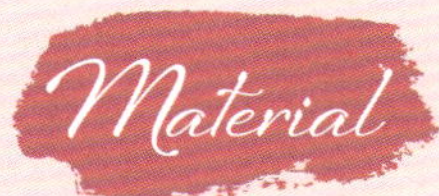

- Törtchenform aus Blech
- (Sukkulenten-) Erde
- Mini-Sukkulenten (z. B. Echeveria)
- Sand
- Strandflieder
- Euphorbia Spinosa
- kleine Muscheln
- kleine Steine
- Akkubohrer mit Metallbohrkopf

Anleitung

1. Bohre im ersten Schritt ein Loch für die Entwässerung in den Boden der Backform. Verwende dafür einen Bohrer mit Metallbohrkopf. Bitte trage bei diesen Arbeiten immer eine Schutzbrille.

2. Lege die Form nun mit genügend Sukkulentenerde aus und bepflanze sie mit den Sukkulenten.

3. Bedecke die Erde danach mit Sand, kleinen Steinen und Muscheln, damit die Dekoration so richtig sommerlich wird.

4. Stecke zuletzt noch Strandflieder und Euphorbia Spinosa in die Backform.

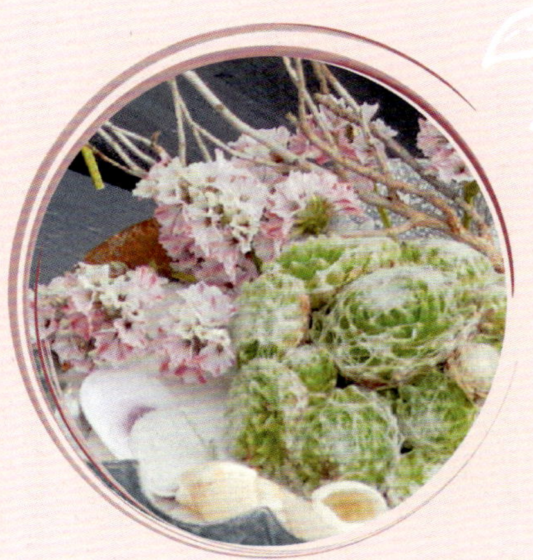

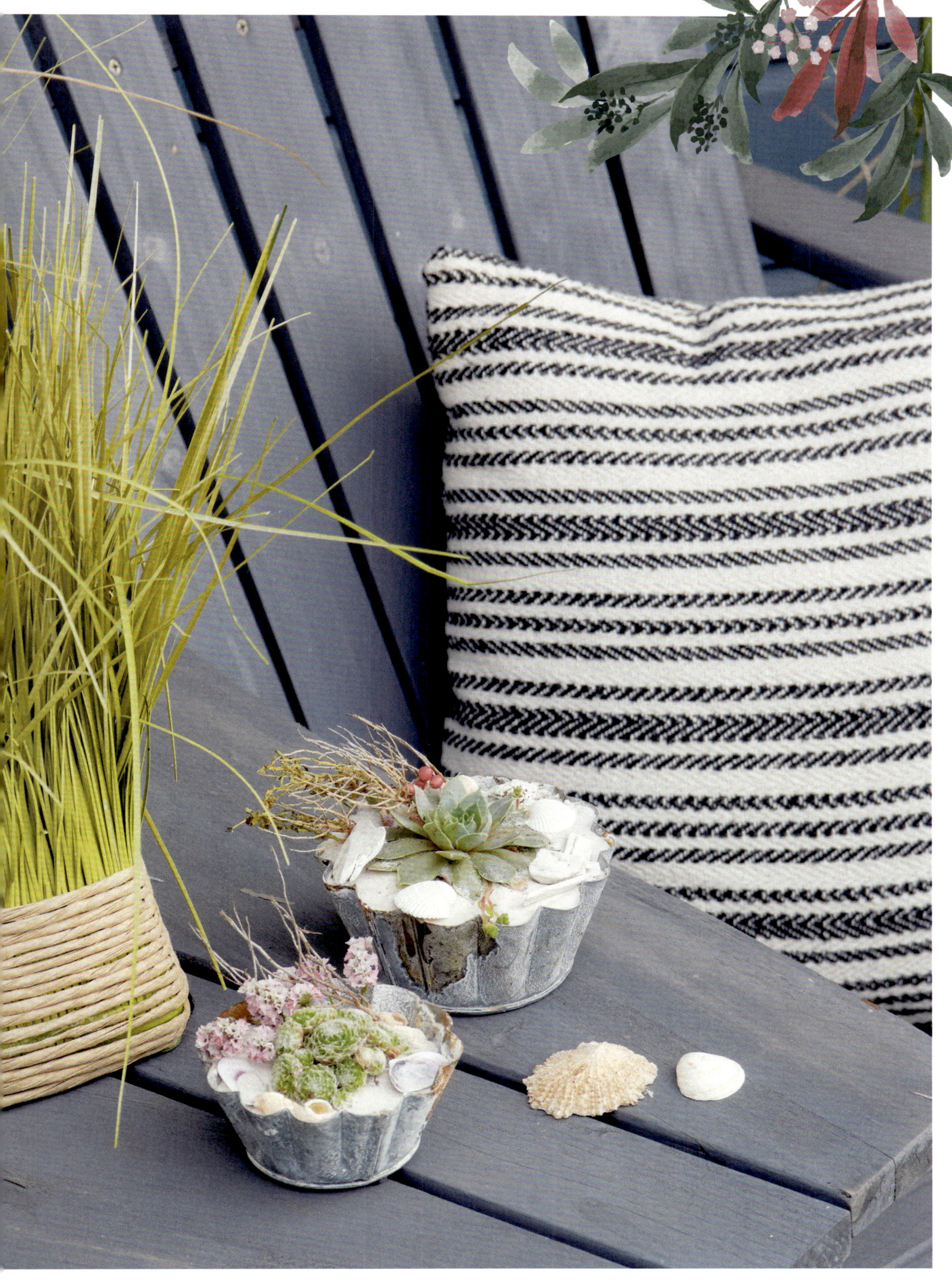

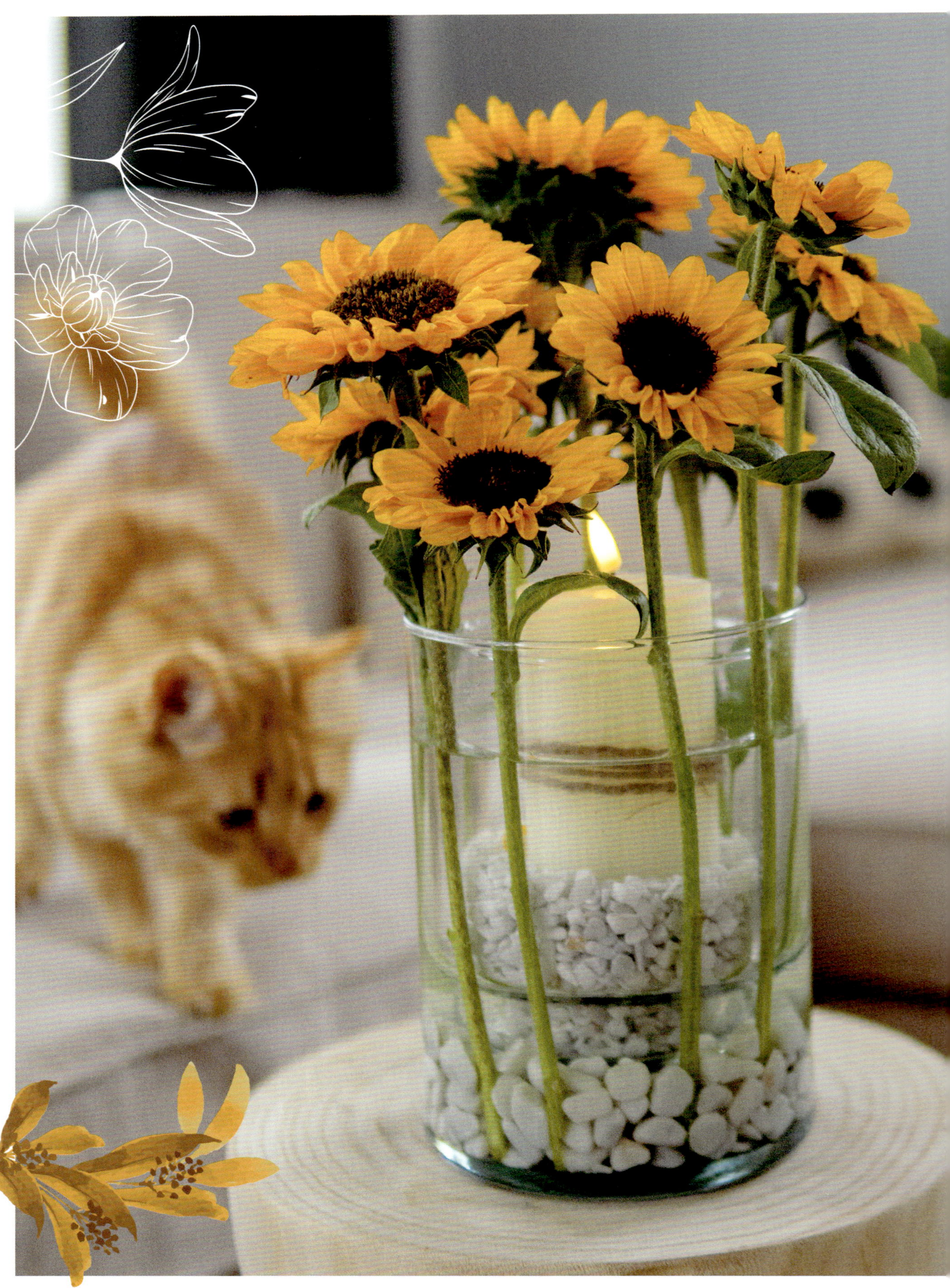

SONNENBLUMEN-SYMPHONIE

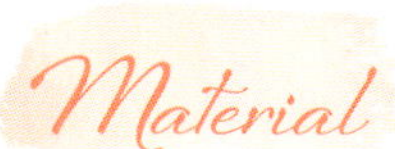

Material

- zwei unterschiedlich große zylindrische Vasen
- weiße Dekosteine und Deko-Kies
- Sonnenblumen (oder andere Sommerblumen)
- Gartenschere
- Stumpenkerze (LED oder Wachs)

Ich liebe Sonnenblumen! Alleine durch die Farbe lockern Sonnenblumen die Stimmung auf. Kombiniert mit Holz, wie z. B. einem Holzhocker oder einer Baumscheibe als Tablett, wirkt das Ganze schön rustikal.

Anleitung

1. Fülle zuerst den Boden beider Vasen mit einigen Steinen auf und achte darauf, dass die kleine Vase nicht über den Rand der großen Vase hinaus ragt.

2. Stelle die kleinere Vase mittig in die große Vase.

3. Setze nun eine Stumpenkerze in die kleine Vase. Ob du eine LED-Kerze oder eine Kerze mit echter Flamme verwenden möchtest, bleibt wieder dir überlassen.

4. Befülle den Zwischenraum der Vasen mit Wasser und setze die angeschnittenen Sommerblumen hinein.

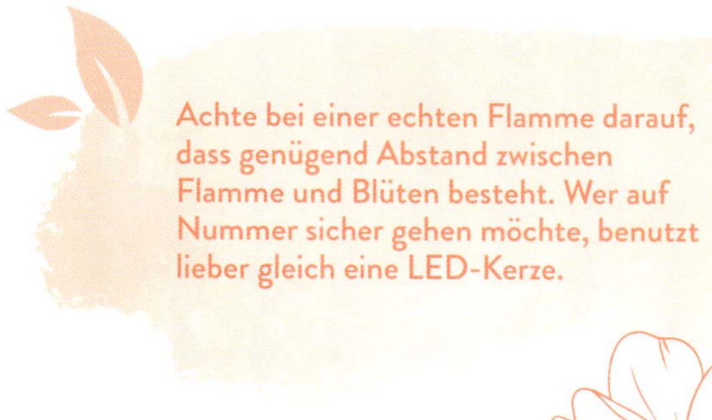

Achte bei einer echten Flamme darauf, dass genügend Abstand zwischen Flamme und Blüten besteht. Wer auf Nummer sicher gehen möchte, benutzt lieber gleich eine LED-Kerze.

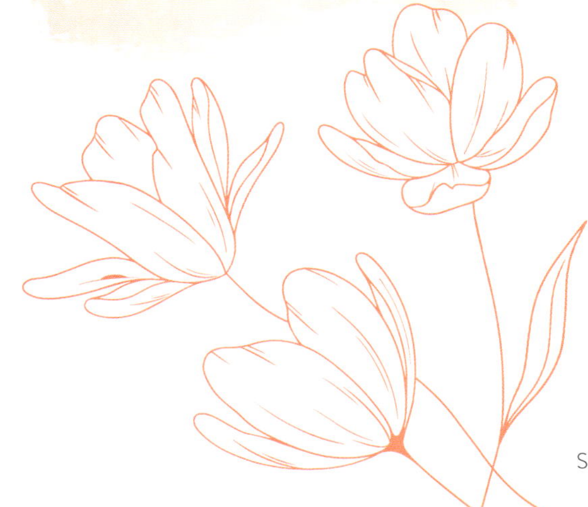

GROSSER EICHELBLÄTTERKRANZ

Material

- frische Zweige von der Eiche
- einen alten Hula-Hoop-Reifen (möglichst aus Holz)
- Bindedraht
- Tillandsia Moos
- Euphorbia Spinosa
- eine Gartenschere
- Dekoband in Wunschfarbe

Dieses DIY gehört in den Spätsommer, weshalb es als letztes auftaucht. Der Kranz bildet einen schönen Übergang in die Herbstzeit und kann auch getrocknet den gesamten Herbst als Dekoration hängen bleiben.

Anleitung

Das Binden von Kränzen habe ich bereits in den Grundtechniken auf S. 24 ausführlich beschrieben, deshalb hier nur kurz und knapp:

1. Schneide zuerst die Zweige der Euphorbia Spinosa und der Eiche zurecht und lege sie zu kleinen Bündeln zusammen.
2. Binde dann nach und nach die Bündel mit Blumendraht am Reifen fest, bis du wieder am Ausgangspunkt angekommen bist.
3. Schiebe den letzten Bund unter den ersten.
4. Den Kranz kannst du dann mit einem Dekoband als Aufhängung an Tür oder Wand platzieren.

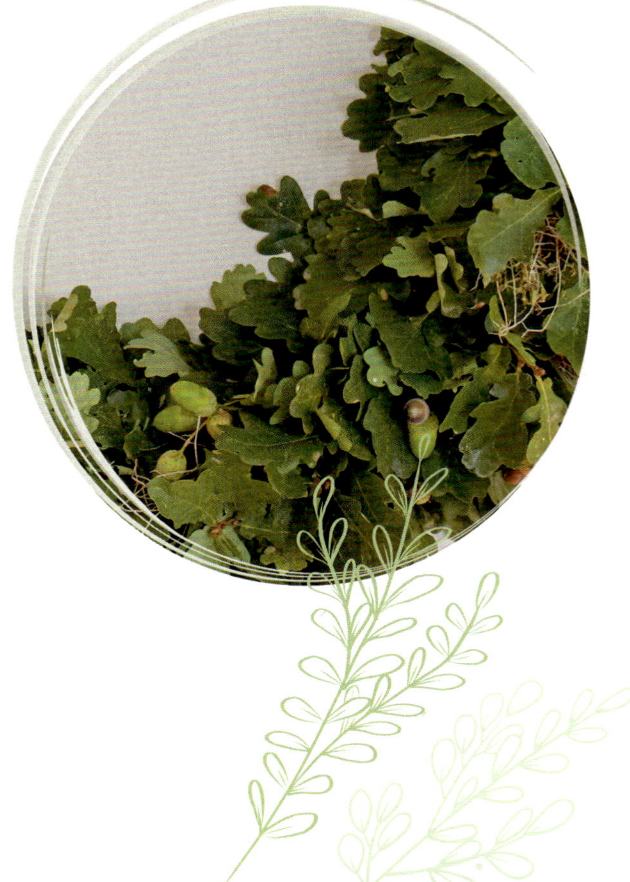

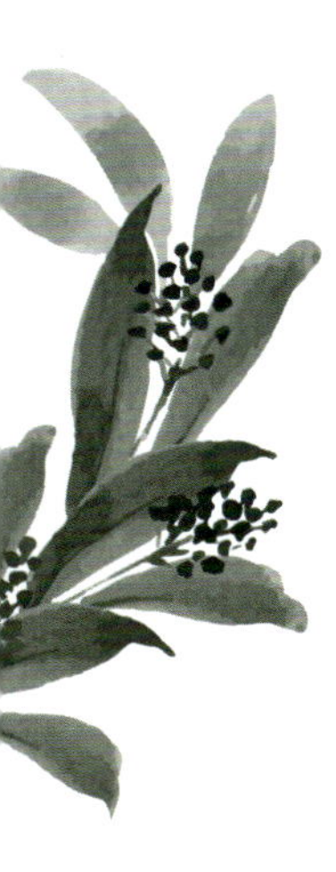

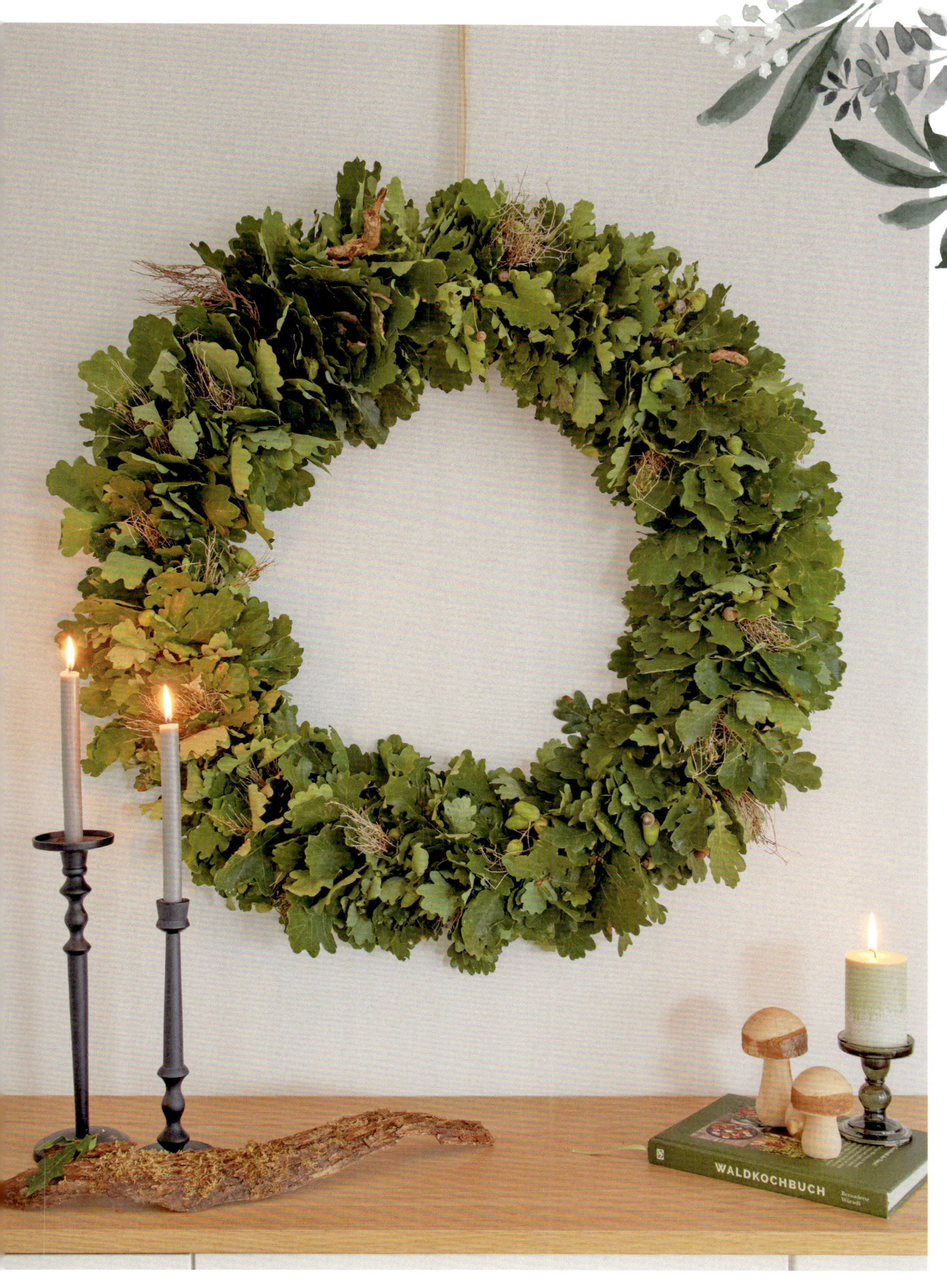
WALDKOCHBUCH
Bernadette

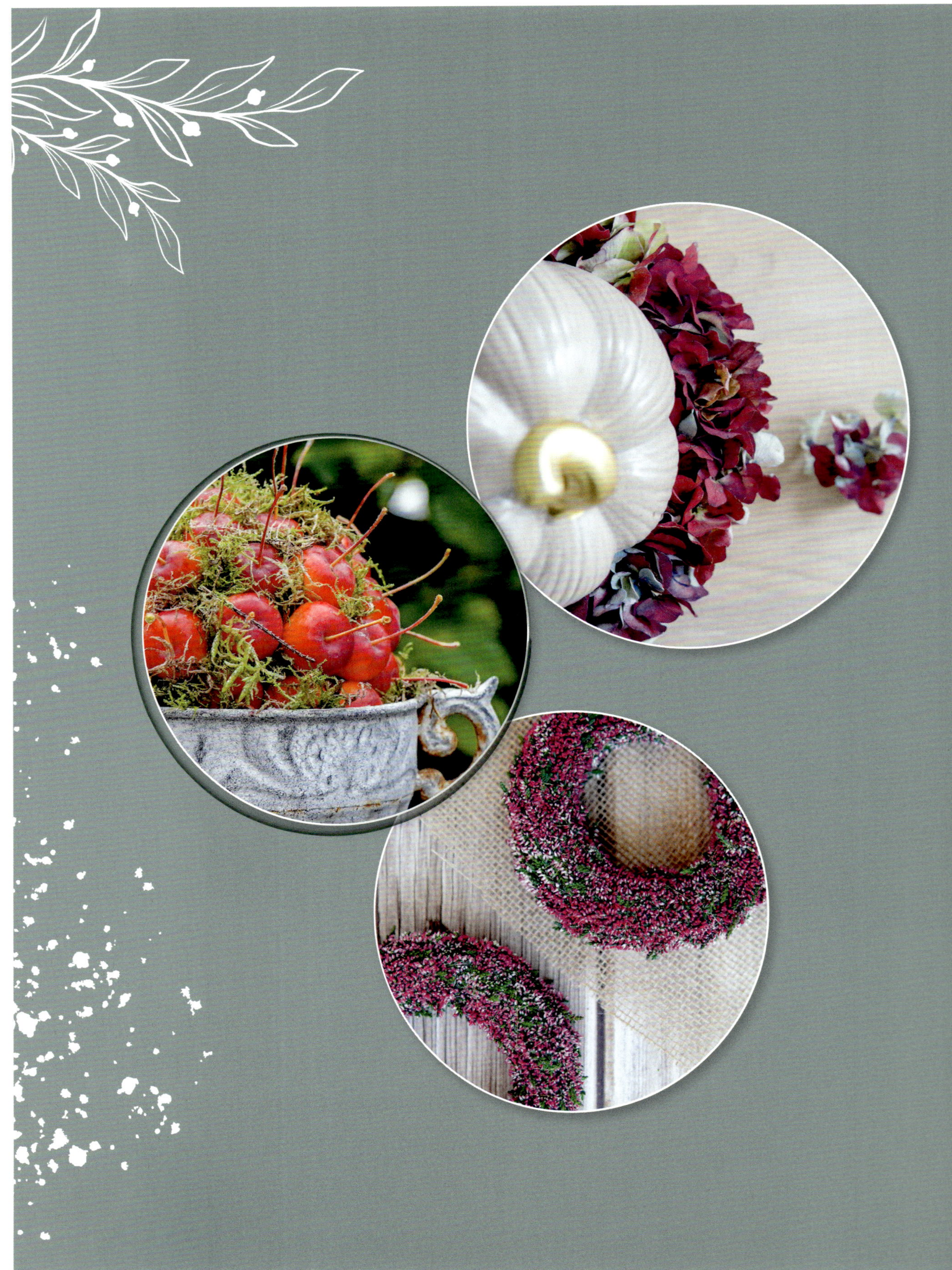

Herbstflüstern

Während uns am Anfang des Herbstes noch der eine oder andere warme Tag vergönnt ist, wird es mit der Zeit draußen immer ungemütlicher. Machen wir uns nichts vor, nach und nach verlagert sich der Lebensmittelpunkt in die Innenräume. Und während es draußen stürmt und regnet, machen wir es uns drinnen heimelig. Mit einem leckerem Tee und ein paar Kerzen lässt es sich doch ganz gut aushalten.
Tatsächlich bin ich auch dankbar für die Herbststürme, denn so fällt mir die Deko förmlich vor die Füße. Unter anderem finde ich Folgendes auf den Herbstspaziergängen: moosbedeckte Stöcke, interessant geformte Äste, Lärchenzweige und vieles mehr. All diese Schätze mache unsere Herbst- und auch die spätere Winterdeko zum Hingucker! Aber bevor wir zur Winterdeko kommen, starten wir erst einmal mit dem Herbst. Dafür greife ich auf die typischen Herbstpflanzen zurück wie Kürbisse, Heidekraut und Hortensien.

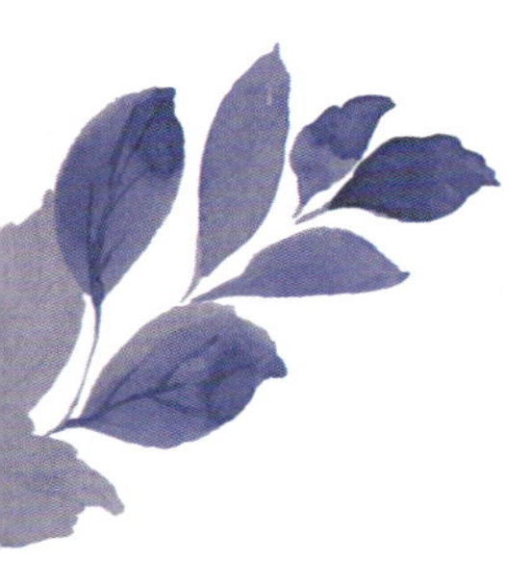

BLÜHENDER BLUMENKÜRBIS

Material

- Kürbis
- Steckschaum
- Schaschlikspieße
- robuste Blumen (z. B. Hortensien, fette Henne etc.)
- Messer
- Melonenausstecher oder Kugelportionierer
- Folie (z. B. von Brottüten)
- optional noch einen weiteren kleine Kürbis

Kürbisse gehören so zum Herbst wie Tulpen zum Frühling. Deswegen greife ich im Herbst auch gerne zu Dekorationen, mit denen ich die Kürbisse schön in Szene setzen kann. Bei der Auswahl des Kürbisses sollte man unbedingt darauf achten, dass er keine faule Stellen hat. Das würde der Freude sehr schnell ein Ende bereiten. Was die Farbe des Kürbisses angeht, entscheidet jeder für sich. Heutzutage haben wir zum Glück eine Riesenauswahl, was Farben und Formen angeht.

Anleitung

1. Höhle zuerst den Kürbis aus. Nutze dafür gerne einen Melonenausstecher für kleinere Kürbisse.
2. Schneide den Steckschaumblock zurecht und wässere ihn, indem du ihn einfach in eine Schüssel mit Wasser legst. Er saugt sich von selbst voll, drücke ihn also nicht ins Wasser
3. Nimm eine Folie und lege sie in den Kürbis. Verwende hier wieder gerne eine Tüte, die sonst im Müll gelandet wäre.
4. Hole den Steckschaumblock aus dem Wasser und lege ihn in die Tüte im Kürbis.
5. Kürze und schräge die Blumen an und beginne mit dem Stecken. Fange mit den Grundlagen, wie zum Beispiel den Hortensien, an.
6. Stecke nach und nach die weiteren Blumen in den Schaum, bis du mit dem Ergebnis zufrieden bist.
7. Stecke nun die Schaschlikspieße vorsichtig in den Kürbisdeckel. Passe die Länge entsprechend an.
8. Setze den Kürbisdeckel schräg auf den Blumenkürbis und lasse zwischen den Blumen und dem Deckel etwas Platz (0,5-1 cm).

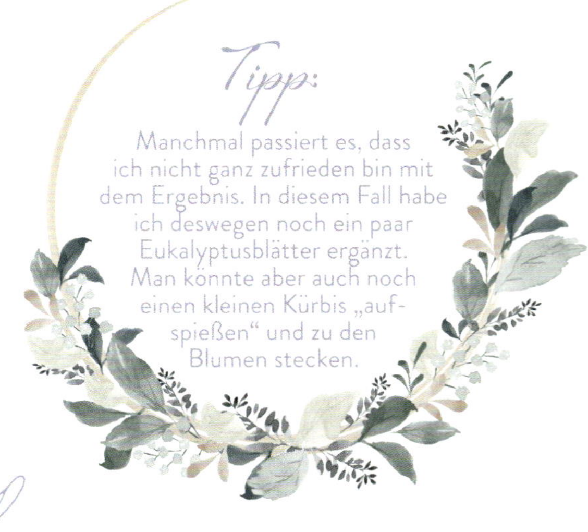

Tipp:

Manchmal passiert es, dass ich nicht ganz zufrieden bin mit dem Ergebnis. In diesem Fall habe ich deswegen noch ein paar Eukalyptusblätter ergänzt. Man könnte aber auch noch einen kleinen Kürbis „aufspießen“ und zu den Blumen stecken.

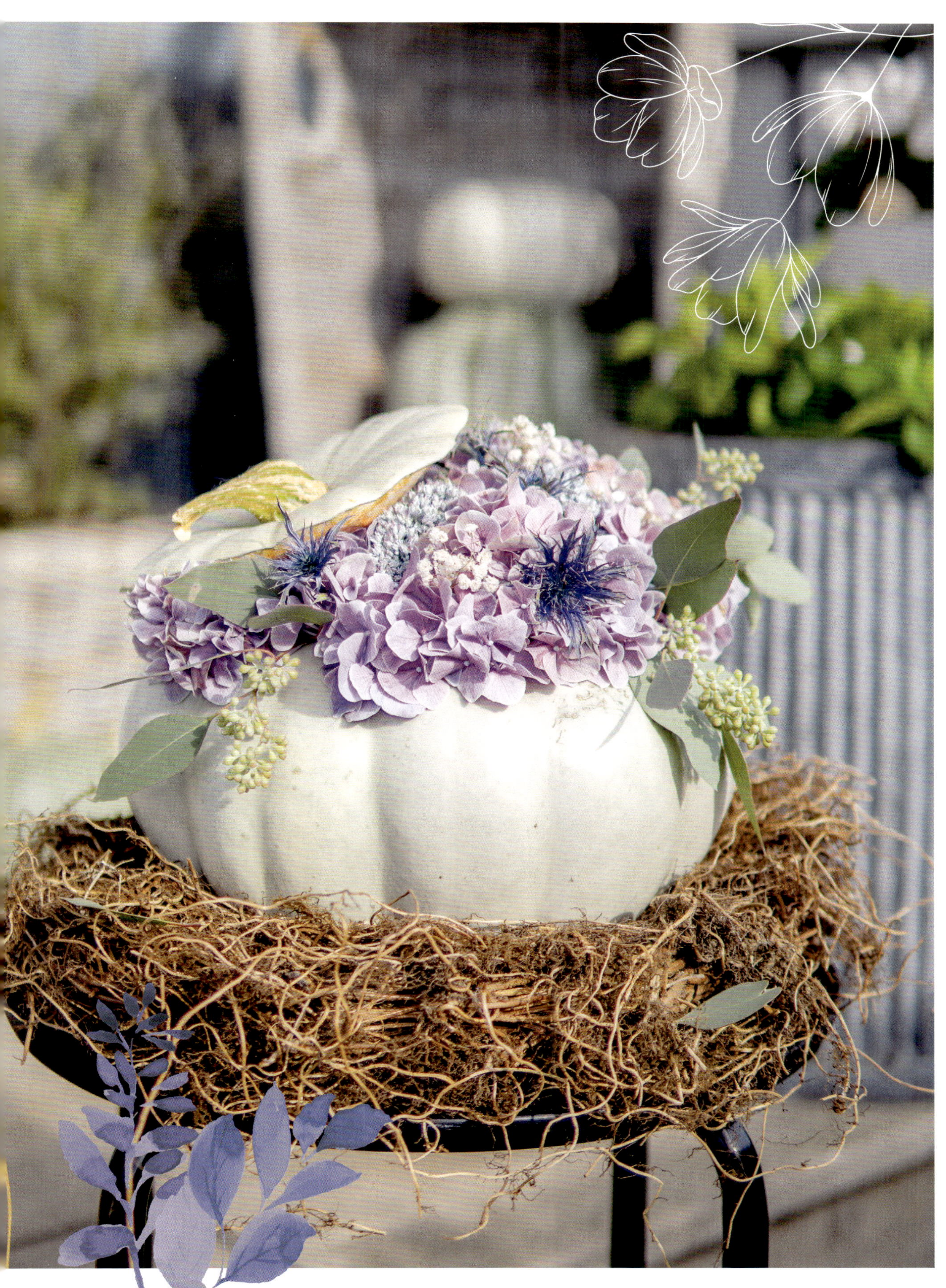

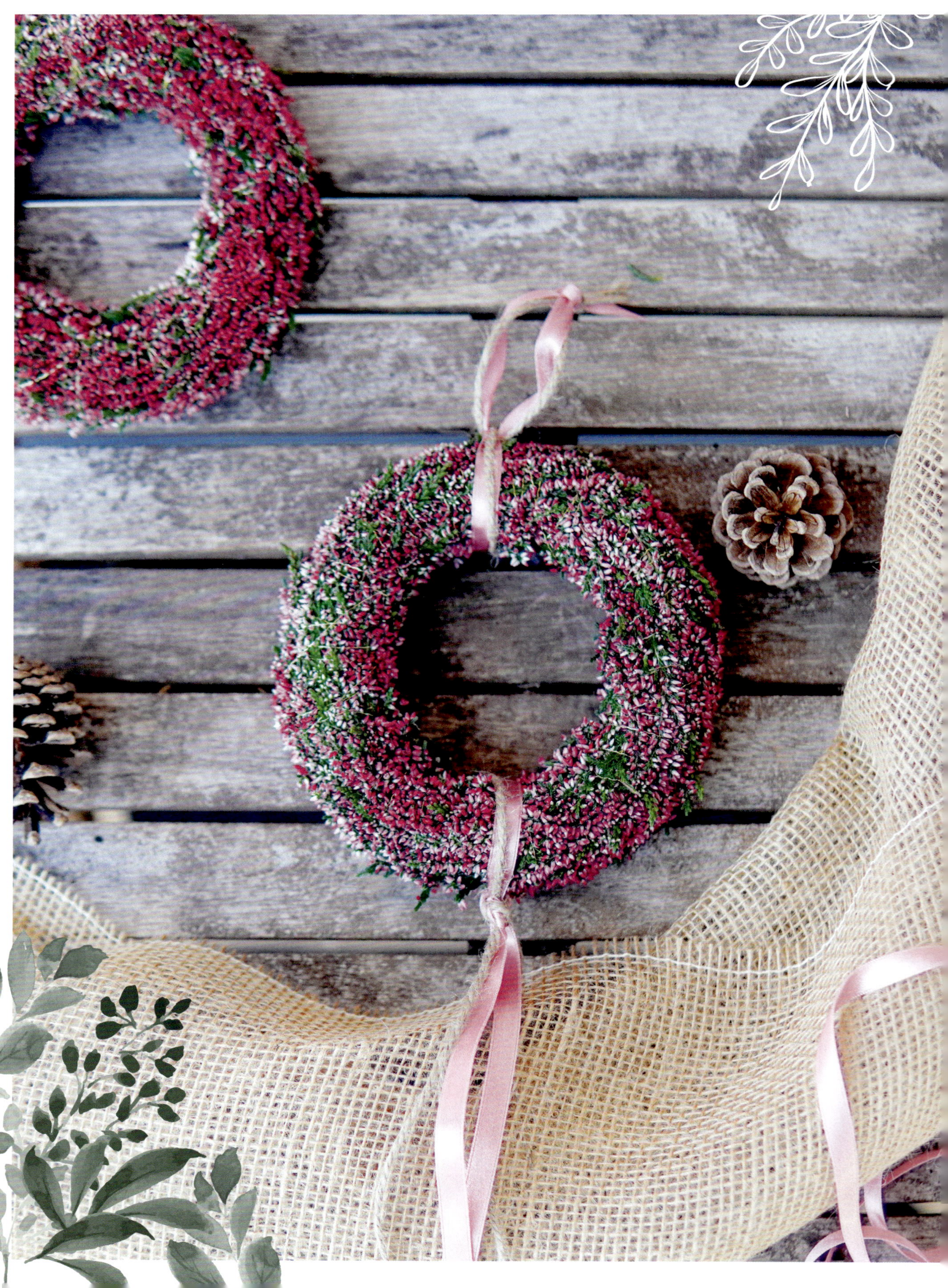

KLEINER HEIDEKRAUTKRANZ

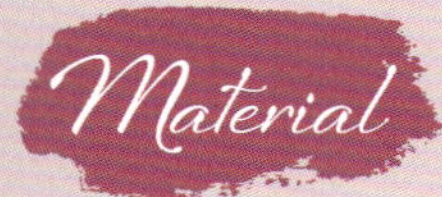

- einen Kranzrohling mit ca. 15 cm Durchmesser
- 3 üppige Töpfe Heidekraut
- dünner Messingdraht aus dem Bastelbedarf

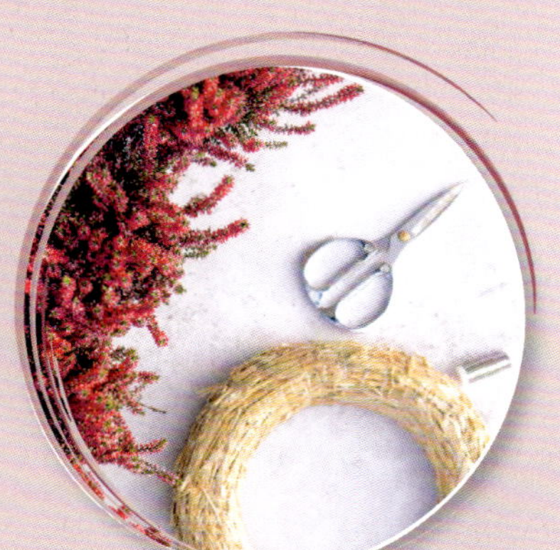

Heidekraut gibt es mittlerweile in vielen Farbvariationen, ob grau wie die Fluffy-Sorte oder die neue Sorte in Lila; es ist für jeden Geschmack etwas dabei. Für diesen Herbstkranz habe ich mich für klassische Heidekraut entschieden.

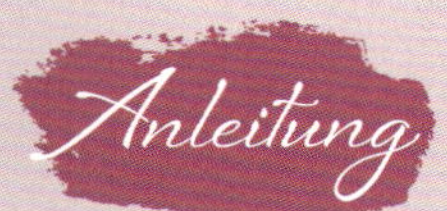

1. Schneide das Heidekraut möglichst tief ab und achte darauf, dass nichts Braunes am Ende des Zweiges vorhanden ist.

2. Nimm nun ein paar Zweige und lege sie im Bündel auf den Kranzrohling. Binde die Zweige mit dem Messingdraht fest an den Rohling. Wickel den Draht dafür um das gesamte Heidekraut und den Kranzrohling, sodass keine Zweige mehr abstehen und alles eng am Kranz anliegt.

3. Lege den nächsten Bund Heidekrautzweige mit den Blüten auf das grüne Ende des ersten Bunds und umwickle die Zweige wieder mit Draht.

4. Wiederhole diesen Schritt, bis der Kranz vollständig bedeckt ist.

5. Suche am Ende nach eventuell vorhandenen Lücken und fülle diese mit einzelnen Zweigen auf.

6. Im letzten Step umwickelst du den gesamten Kranz noch einmal mit dem Messingdraht. So kannst du eventuell noch abstehende Zweige erwischen und sichergehen, dass alles eng am Kranz anliegt.

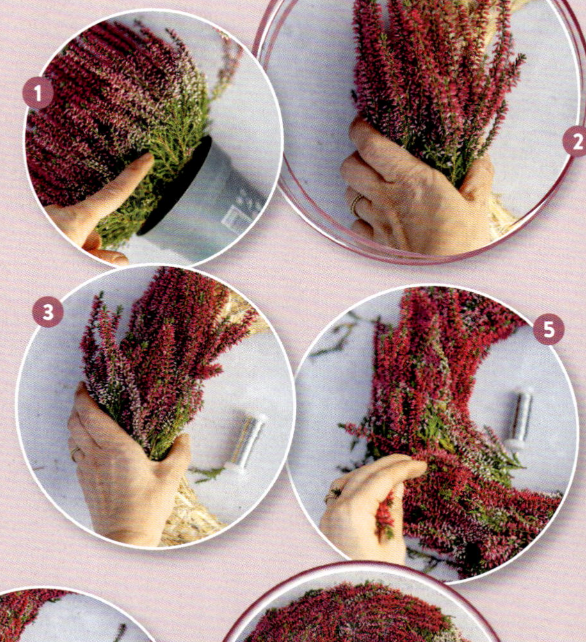

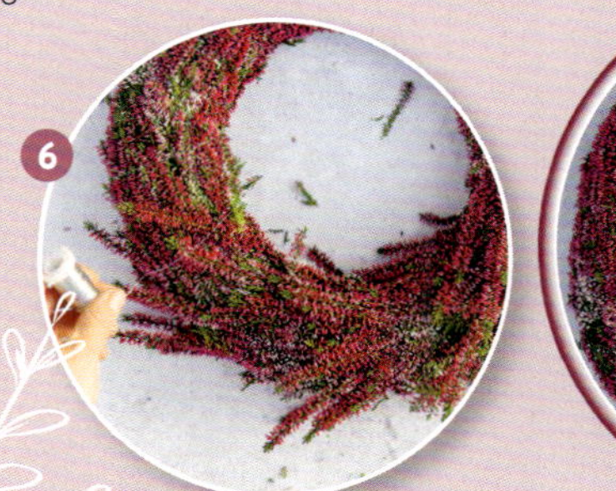

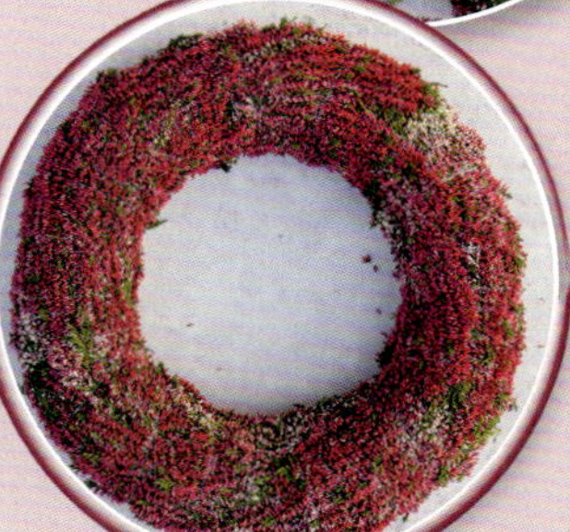

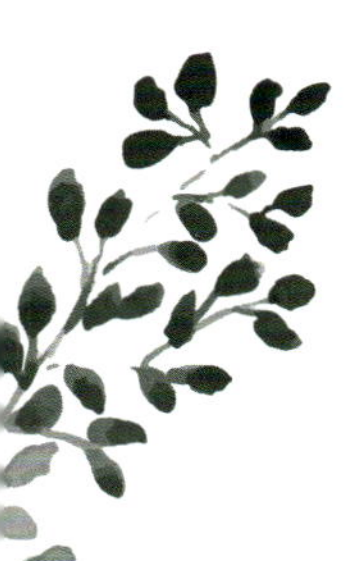

HEIDEKRAUT-KUGEL

Material

Ob als Bäumchen oder einfach als Deko-Kugel; diese Heidekraut-Kugeln sind super vielseitig, schnell gemacht und verpassen jeder Herbstdeko einen kleinen Farbtupfer.

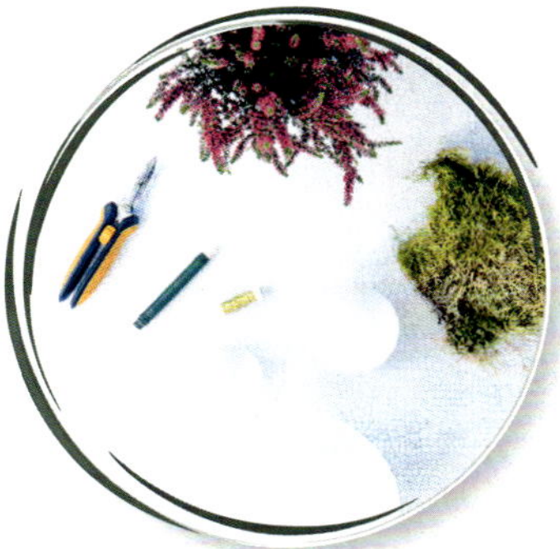

- Styropor®- Kugel
- Heidekraut
- Blumendraht
- Schere
- Plattenmoos

Anleitung

1. Umwickle die Kugel zuerst in eine Moosplatte, damit das Styropor® später nicht durchscheint.

2. Schneide als nächsten Schritt die Heidekrautzweige möglichst tief vom Topf ab, aber achte darauf, keine braunen Stellen mit abzuschneiden.

3. Nimm dann den Blumendraht, wickle ihn ein- oder zweimal um die Mooskugel und binde den Draht fest.

4. Lege nun ein paar Heidekrautzweige auf die Kugel und binde den Draht um sie herum.

5. Wiederhole dies so lange, bis nichts mehr von dem Moos zu sehen ist.

6. Zum Abschluss kannst du leicht abstehende Zweige noch mithilfe des Drahtes fester an die Kugel binden.

1

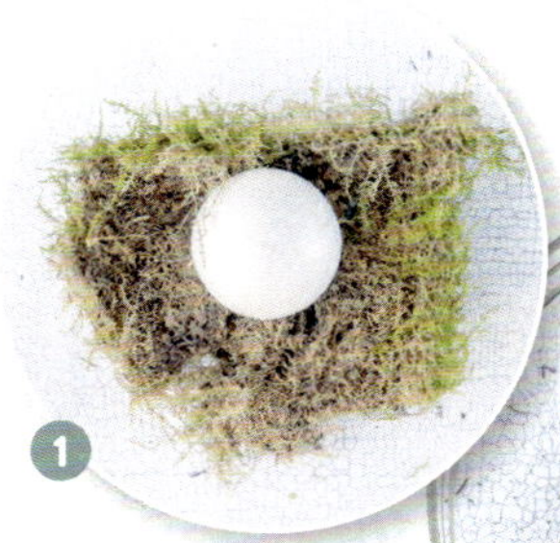

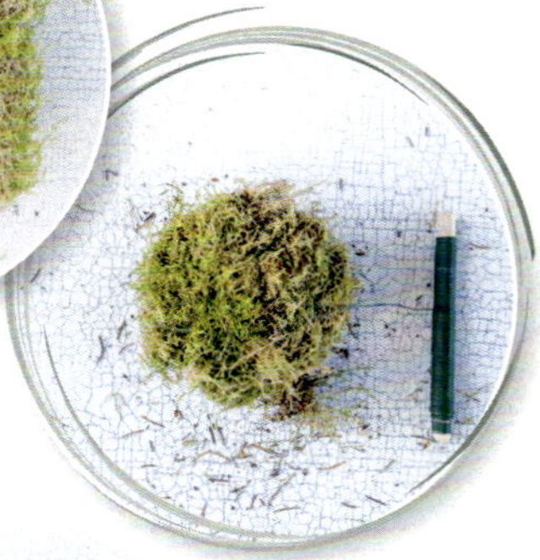

2

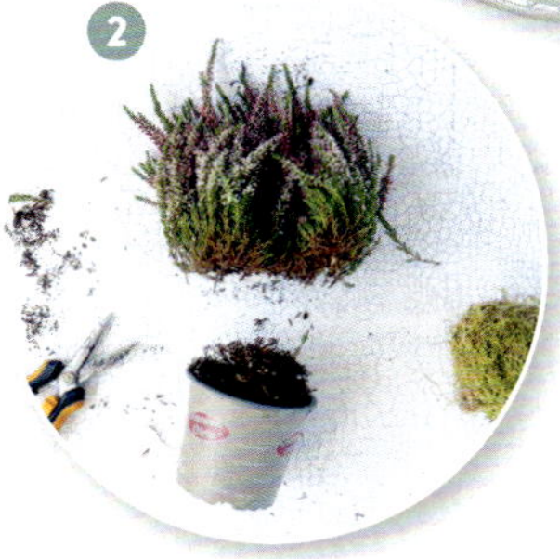

3

6

Tipp:

Diese Kugeln eignen sich super als Dekoelemente. Man kann sie auch aufspießen und bekommt ein Heidekrautkugelbäumchen. Ähnlich wie bei den Moosbäumchen.

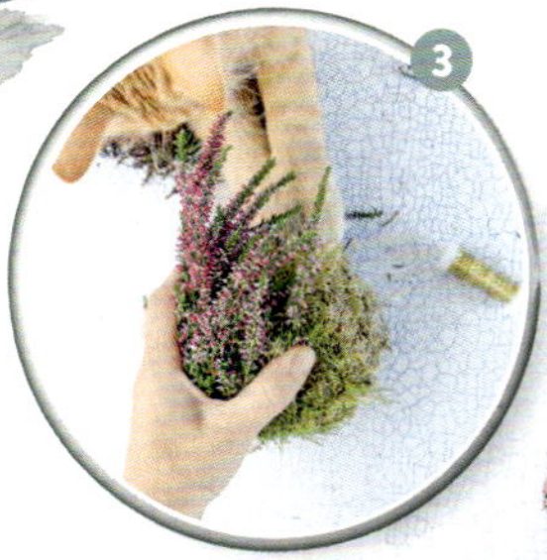

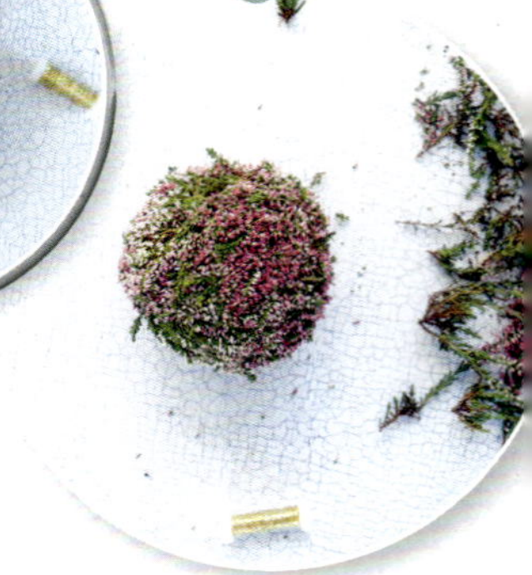

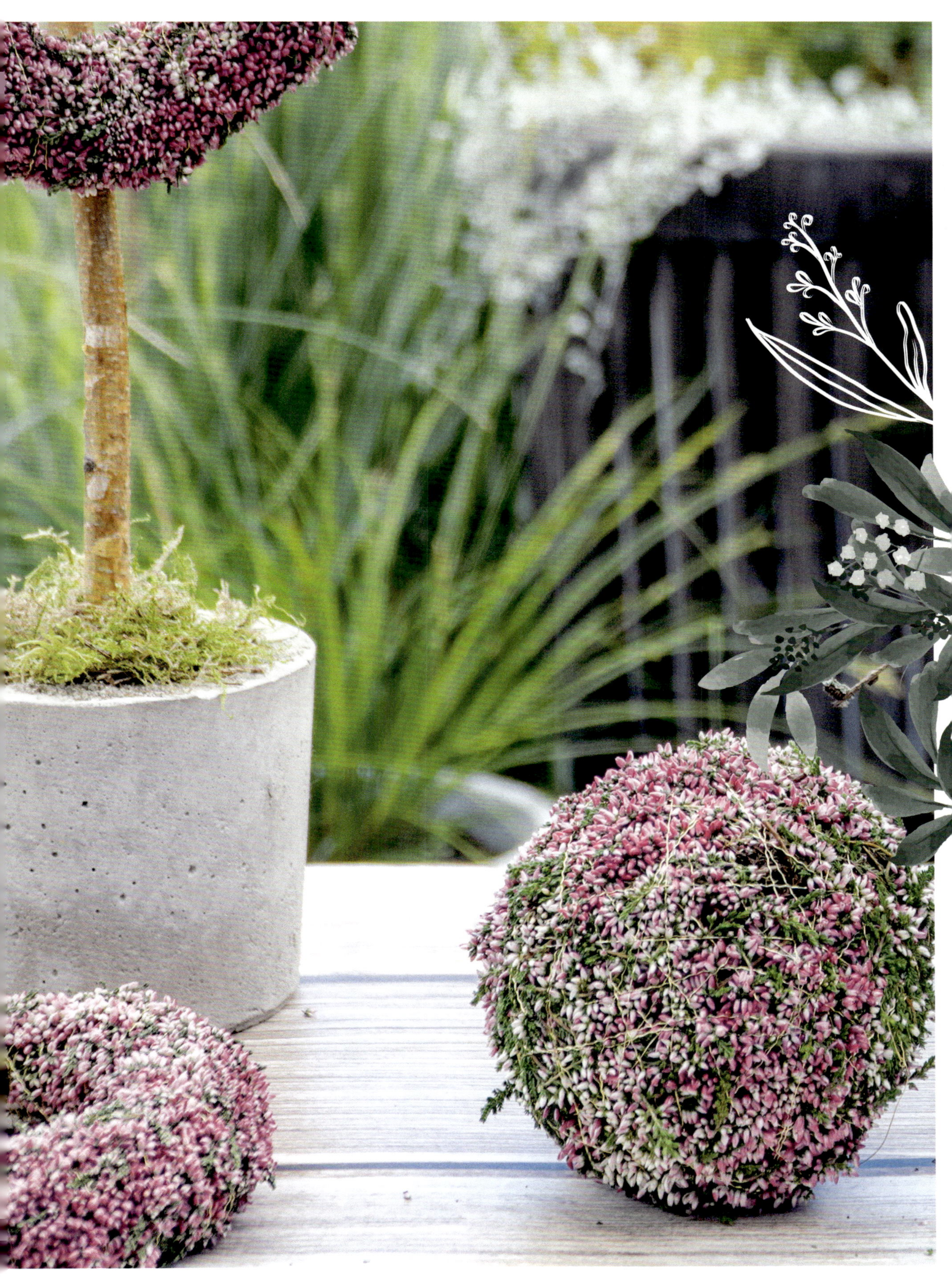

HERBSTLICHES HORTENSIENGESTECK

Material

- Annabell in der Herbstfärbung
- Bauernhortensie in der Herbstfärbung
- Zweige vom Silberdraht
- rosa Strandflieder
- Steckschaum
- Übertopf in Weiß
- Sand
- Stumpenkerze
- Patenthaften
- Chiffon-Dekoband in Weiß

Ich liebe Hortensien in jeglicher Variation. Denn ob im Garten als Strauch oder im Haus als Kranz, diese kleinen Blüten an den Dolden sind wunderschön. Zusätzlich sind sie mega praktisch in der Handhabung.

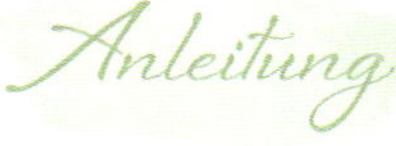

1. Beschwere zuerst den Übertopf mit etwas Sand, um seine Standfestigkeit zu erhöhen. Anschließend schneidest du den Steckschaum passend zurecht und legst ihn in den Übertopf.
2. Jetzt steckst du Patenschaften in den Boden der Kerze (siehe Grundtechniken, S. 22) und setzt die Kerze dann in den Steckschaum.
3. Im letzten Schritt steckst du die Zweige der Hortensien, des Silberdrahtes und des Strandflieders in den Schaum. Da alle diese Blumen hervorragend trocknen, ist kein Wässern des Steckschaums notwendig.

Es gibt auch einen zweiten Weg, diese Optik zu erhalten:

1. Binde mithilfe eines Rohlings und Hortensienzweigen einen Kranz (siehe Grundtechniken, S. 24).
2. Fülle den Topf ebenfalls mit Sand. In dieser Variante benötigst du den Steckschaum allerdings nicht.
3. Stelle die Kerze zuletzt in den Sand und lege den Kranz auf den Übertopf .

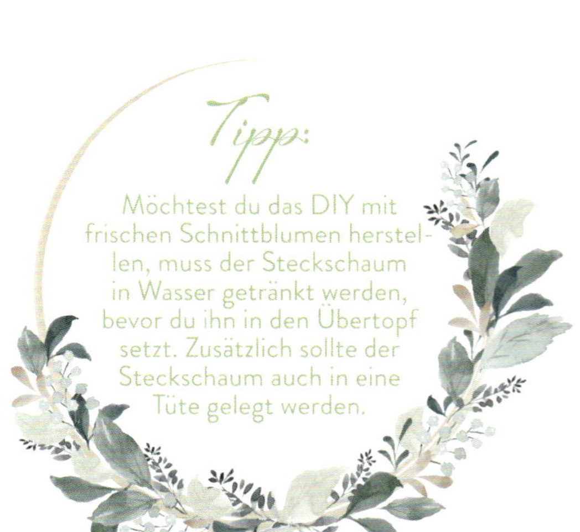

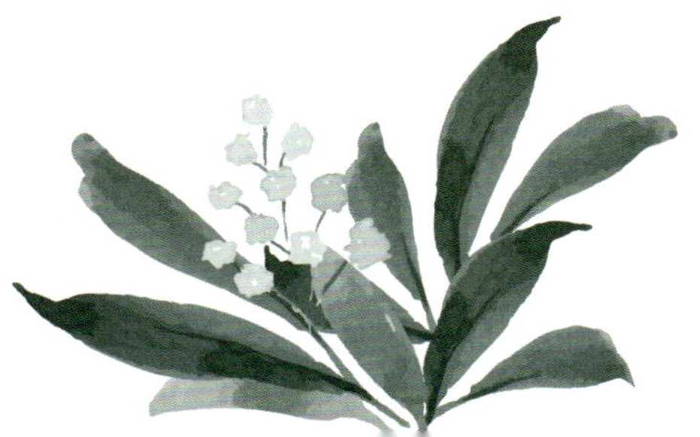

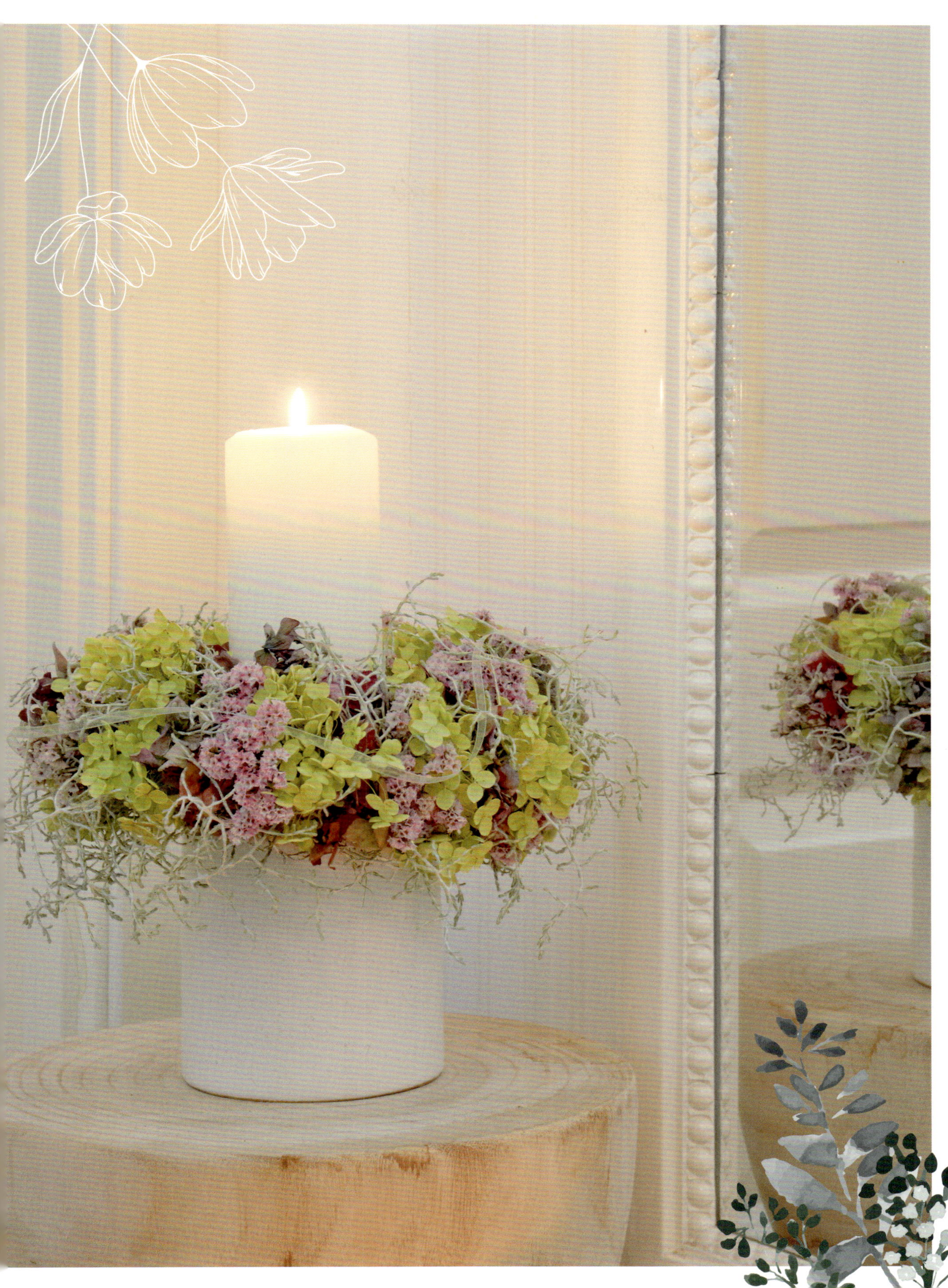

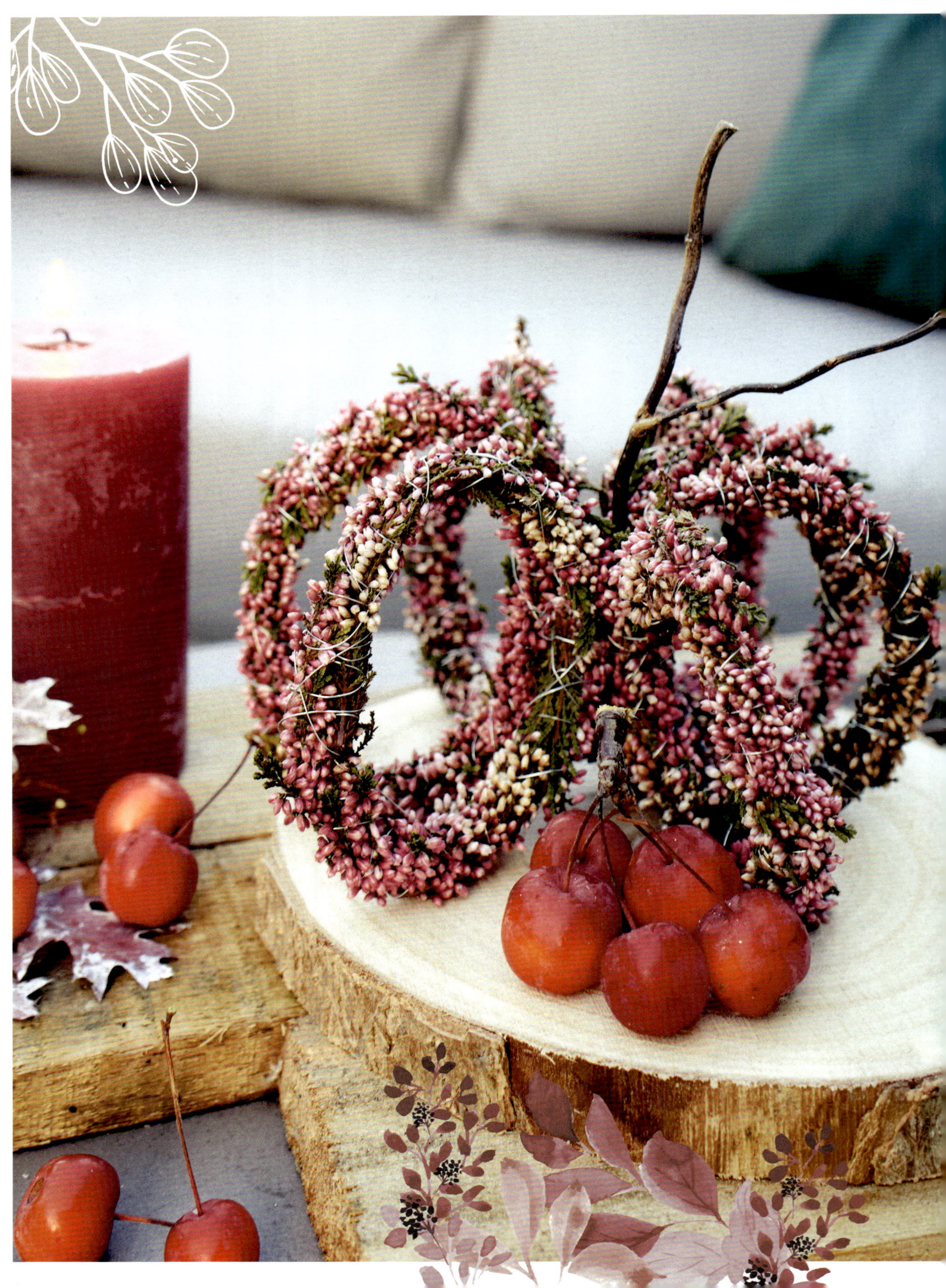

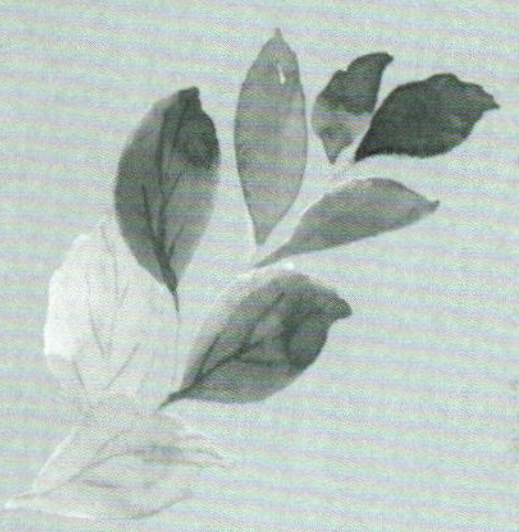

KRANZKÜRBIS

Die Idee hinter diesem DIY ist so simpel wie das DIY selbst. In wenigen Handgriffen hat man sich einen abstrakten Kürbis gezaubert. Das funktioniert im Übrigen mit allem! Ob mit Heu, Blumendraht, Moos oder wie hier mit Heidekraut.

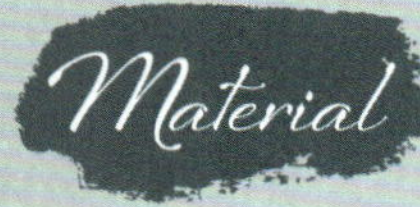

Material

- ca. 3 Töpfe Heidekraut
- einen kleinen Ast oder Stock
- Heißklebepistole
- Blumendraht
- Gartenschere

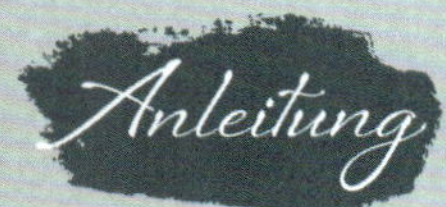

Anleitung

1. Zunächst schneidest du die Heidekrautzweige so tief wie möglich ab und legst jeweils 3 Zweige zu 8 schmalen Bündeln zusammen.

2. Dann umwickelst du die Bündel vollständig mit Blumendraht und fügst bei Bedarf weitere Zweige hinzu, bis du einen Strang aus Heidekraut hast. Diesen Strang sollte eine Länge von ca. 15 cm haben.

3. Damit aus dem Ganzen auch ein Kürbis wird, bindest du zum Schluss den Strang zu einem Ring. Dafür verbindest du das Ende und den Anfang des Strang miteinander.

4. Als Nächstes formst du die Ringe zu einem Kürbis. Das klappt am besten, wenn du die Heidekrautringe nach und nach mit der Heißklebepistole an den Ast klebst.

5. Der Ast dient als Stiel des Kürbisses. Wenn du möchtest, kannst du nun noch ein Blatt aus dem Garten oben in den Kürbis stecken.

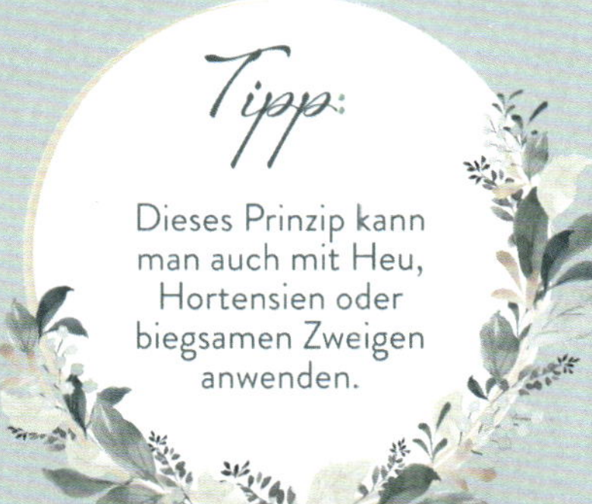

Tipp:

Dieses Prinzip kann man auch mit Heu, Hortensien oder biegsamen Zweigen anwenden.

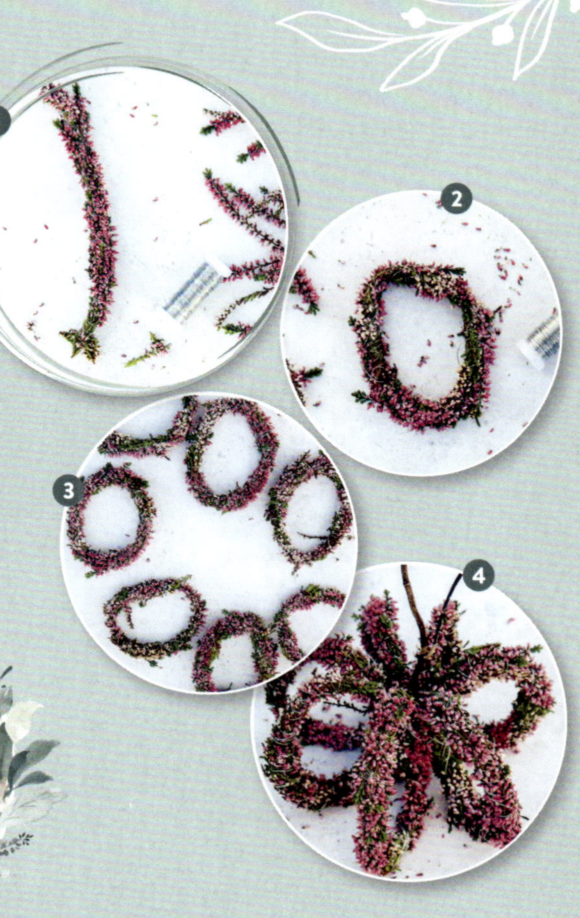

ELEGANTER KARTONKRANZ

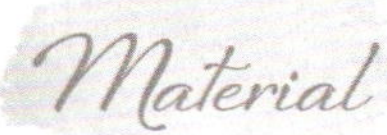

Für alle, die zwei linke Hände in Sachen Kranzbinden haben, eignet sich diese Technik super, um im Handumdrehen einen Hingucker zu zaubern.

- Karton
- Bleistift
- Schere
- Schale (nicht zu flach)
- Hortensien in der Herbstfärbung
- Keramik-Kürbis (optional)

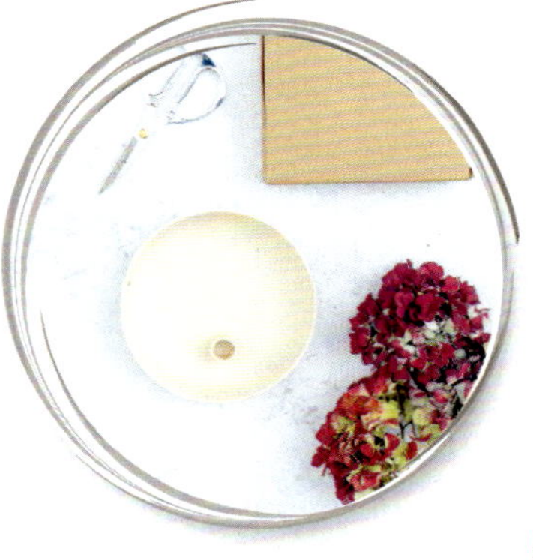

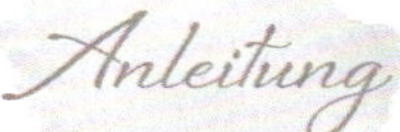

1. Lege zuerst deine Schale umgedreht auf ein Stück Karton (ich verwende dafür z. B. alte Verpackungen) und zeichne den Umriss mit einem Bleistift nach.

2. Nun geht es ans Ausschneiden! Schneide den aufgezeichneten Umriss nach, sodass du einen Kreis aus Karton erhältst.

3. Zeichne einen zweiten Kreis ca. 2-3 cm vom Rand entfernt (je nach Größe deiner Schale/Kreis). Schneide auch diesen Umriss nach, so dass du einen Ring erhältst.

4. Steche nun mit einem spitzen Bleistift oder einer Schere kleine Löcher in den Ring. Achte darauf, dass die Löcher immer einen gleichen Abstand von ca. 1,5-2 cm haben.

5. Schneide deine Hortensienblüten in kleinere Zweige und stecke diese durch die Löcher. Verkeile die Blüten in den Löchern, so dass sie nicht herausfallen. Falls sie dennoch nicht halten, fixiere sie von unten mit der Heißklebepistole.

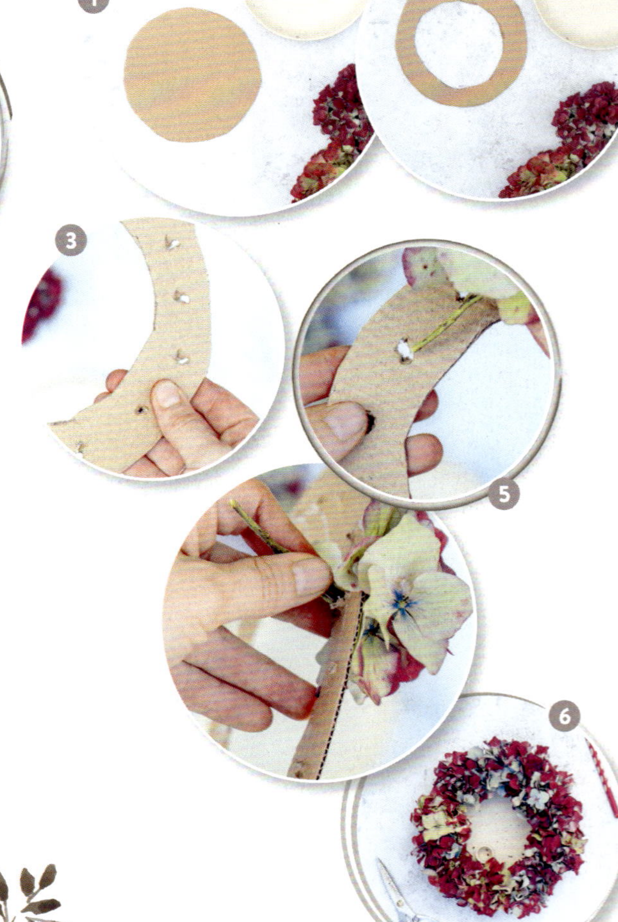

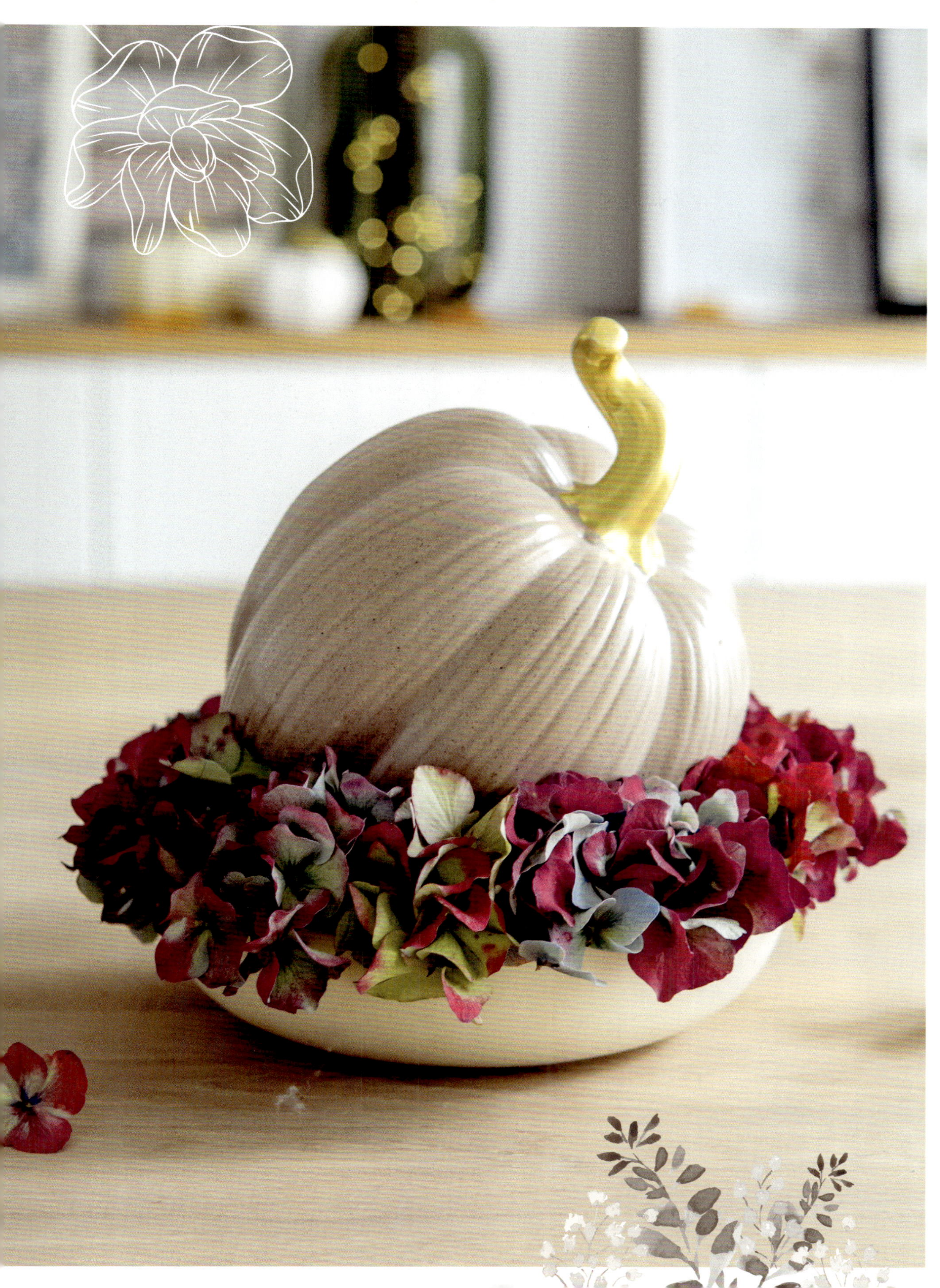

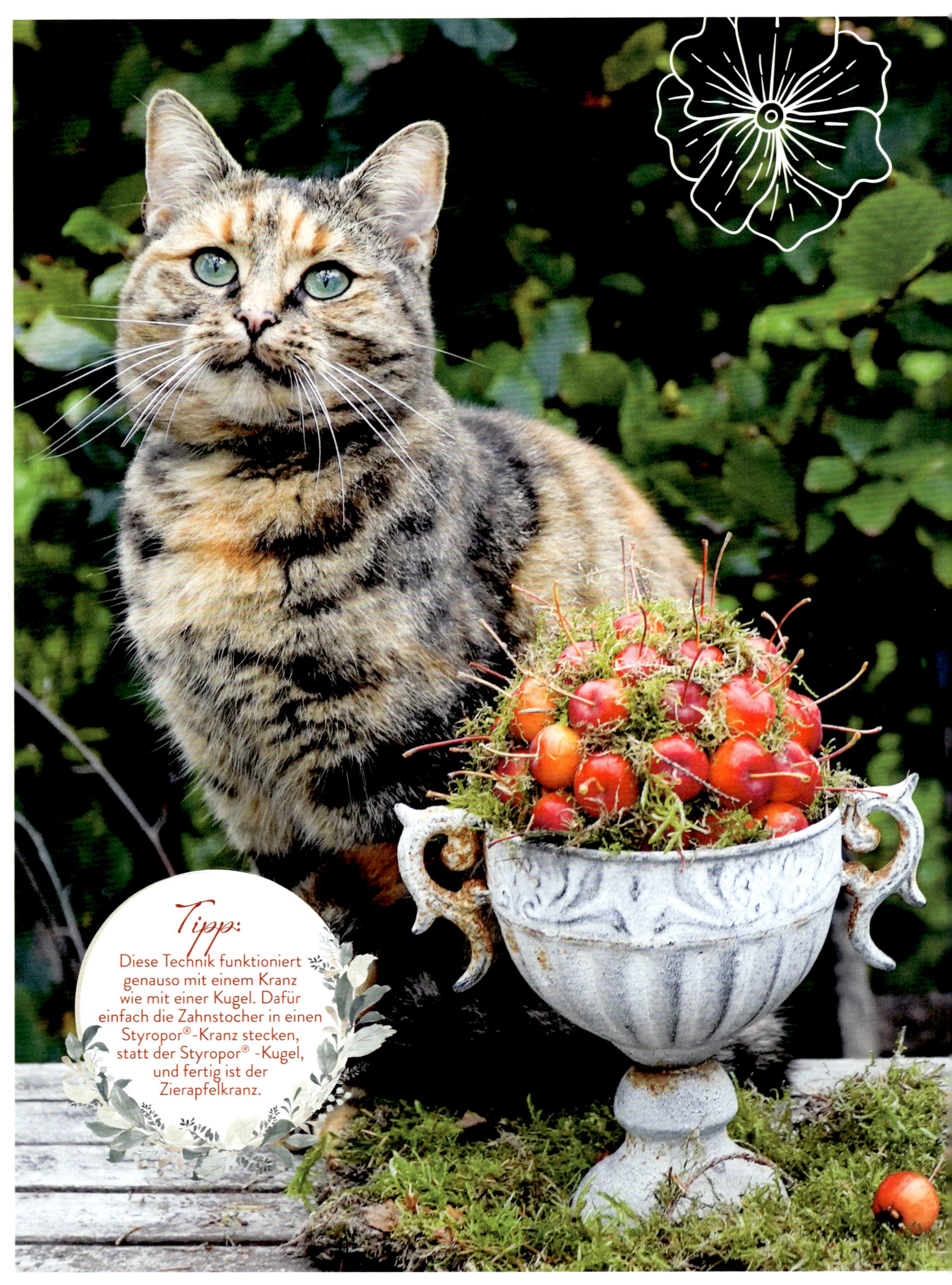

Tipp:

Diese Technik funktioniert genauso mit einem Kranz wie mit einer Kugel. Dafür einfach die Zahnstocher in einen Styropor®-Kranz stecken, statt der Styropor® -Kugel, und fertig ist der Zierapfelkranz.

ZIERAPFEL-DEKORATION

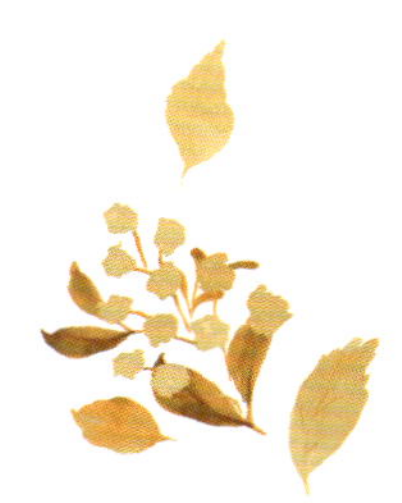

Wir haben einen Zierapfelbaum bei uns im Garten. Den haben wir seinerzeit eingepflanzt, damit wir im Winter etwas Farbe in den Beeten haben. Leider muss ich sagen, dass die Äpfel nicht bis zum Winter aushalten, denn schon im Herbst bedienen sich die Vögel am Strauch. Deshalb musste ich für dieses DIY meine Zieräpfel im Blumenladen holen.

Material

- Styropor® -Kugel (ca. 12 cm im Durchmesser)
- Zieräpfel (ca. 60-70 Zieräpfel genutzt)
- Zahnstocher
- Moosplatte
- Pokalvase

Anleitung

1. Schneide zuerst ca. 30-35 Zahnstocher (für 60-70 Zieräpfel) in der Mitte durch.
2. Stecke nun jeweils einen halben Zahnstocher in die Styropor®-Kugel und setze den Zierapfel darauf.
3. Variiere die Größen der Äpfel etwas, um ein harmonisches Bild und so wenig Lücken wie möglich zu erhalten.
4. Fülle abschließend die kleinen Lücken zwischen den Zieräpfeln mit Moos auf. Falls das Moos nicht hält, kannst du etwas Heißkleber verwenden, um es zu befestigen.
5. Nun kannst du deine Zierapfel-Kugel in eine Pokalvase der gleichen Breite setzen und sie z.B. im überdachten Außenbereich präsentieren.

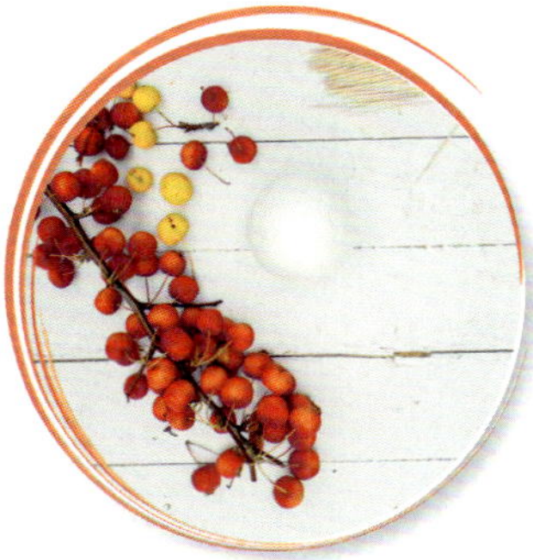

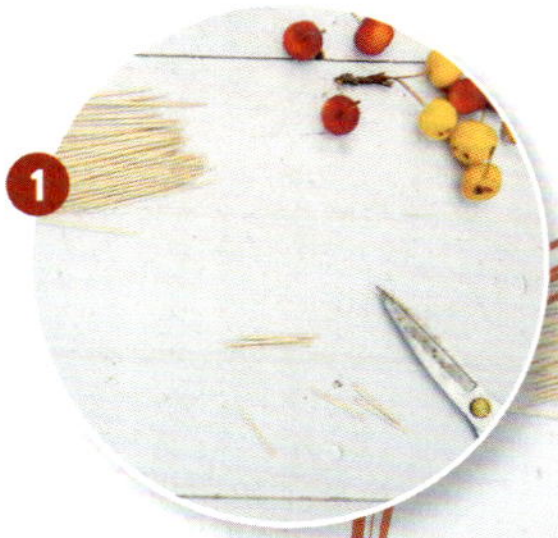

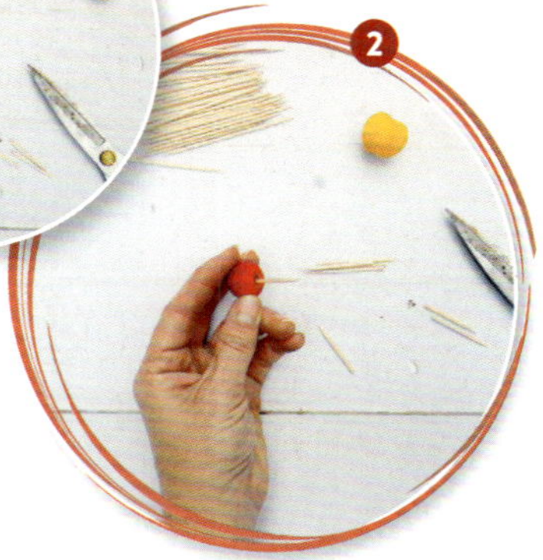

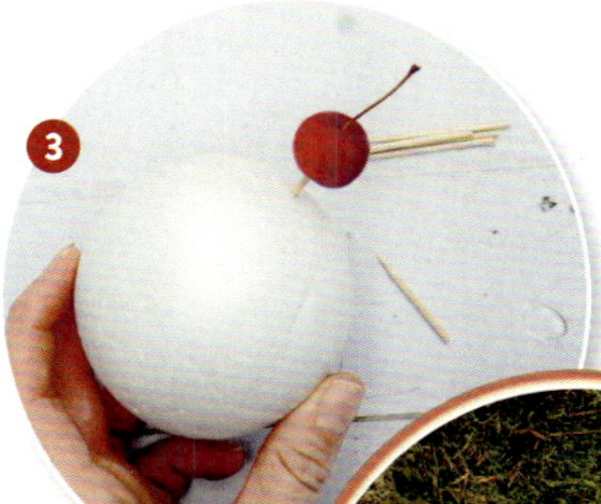

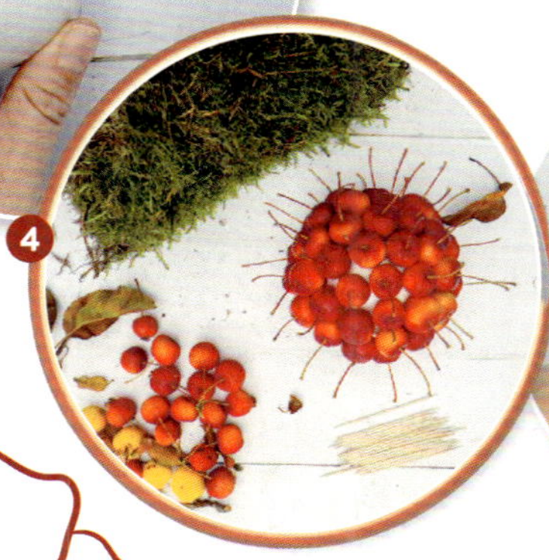

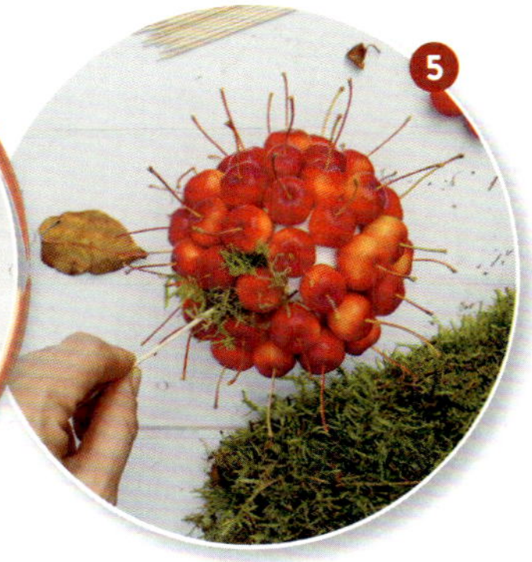

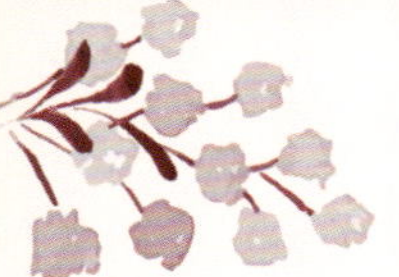

KÜRBIS-KERZENHALTER

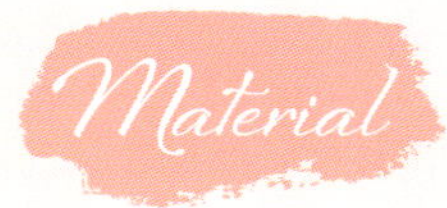

Material

- ein kleiner Kürbis
- Melonenausstecher
- Hammer
- Brettchen
- Messer
- Plastikfolie
- Kerzentülle
- Stabkerze
- Steckschaum getränkt
- Schnittblumen Hortensien und Holunderbeeren
- runder Ausstecher (kleiner als dein Kürbis)

Kürbisse sind nicht nur lecker, sondern eignen sich auch hervorragend als Herbstdeko. Ob klassisch in Orange, in Mintgrün oder wie hier in einem pastelligen Ton - sie sind vielseitig einsetzbar. Man kann einen Kürbis als Ganzes für die Herbstdeko verwenden oder ihn etwas abwandeln und daraus etwas Neues machen. Ich habe ihn hier als Vase verwendet.

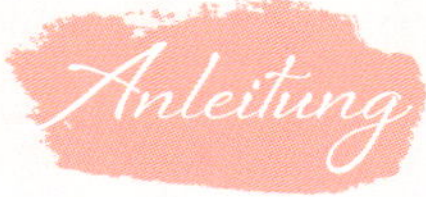

Anleitung

1. Lege den Kürbis auf ein Brettchen.

2. Stelle den Ausstecher mittig auf den Kürbis. Dann klopfst du den Ausstecher mit dem Hammer durch die dicke Kürbishaut.

3. Nun entfernst du den Ausstecher aus dem Kürbis. Nicht wundern, wenn der Kürbis nicht mit dem Ausstecher zusammen herauskommt. Mit einem Messer kannst du vorsichtig den ausgestochenen Kreis - im Kürbis - zerschneiden. Dieser Vorgang erleichtert das Herausholen.

4. Im nächstem Schritt kommt der Melonenausstecher zum Einsatz. Damit kannst du nicht nur den Deckel entfernen, sondern den gesamten Kürbis aushöhlen.

5. Tupfe den nun vollständig ausgehöhlten Kürbis mit Küchenpapier von innen gut ab. Umso mehr Flüssigkeit du dem Kürbis entziehst, umso länger hält er sich. du kannst den Kürbis dann zusätzlich auch noch an der Luft trocknen lassen.

6. Anschließend schneidest du eine Plastiktüte zurecht und legst damit den Kürbis aus.

7. Dann musst du nur noch der Steckschaum zurechtschneiden und in Wasser tränken.

8. Lege dann du den Steckschaum in den Kürbis und setzte eine Kerzentülle mittig darauf.

9. Zum Schluss steckst du die Schnittblumen um die Kerzentülle herum hinein.

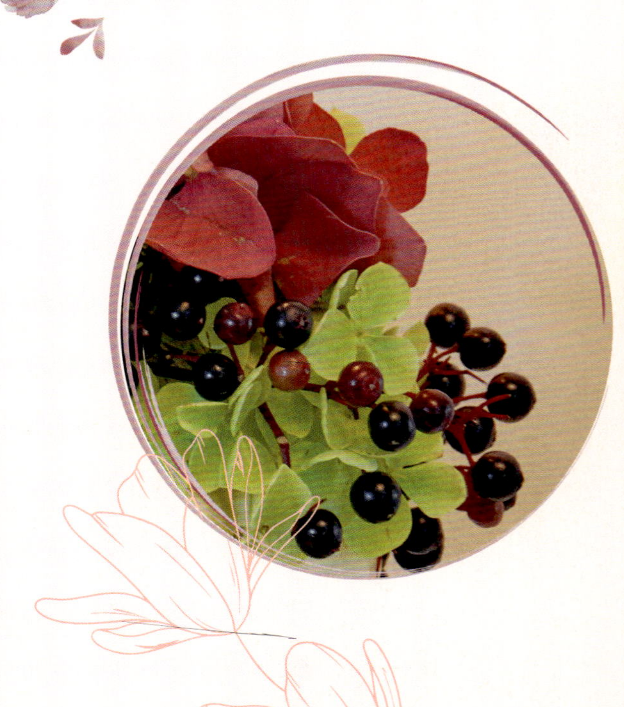

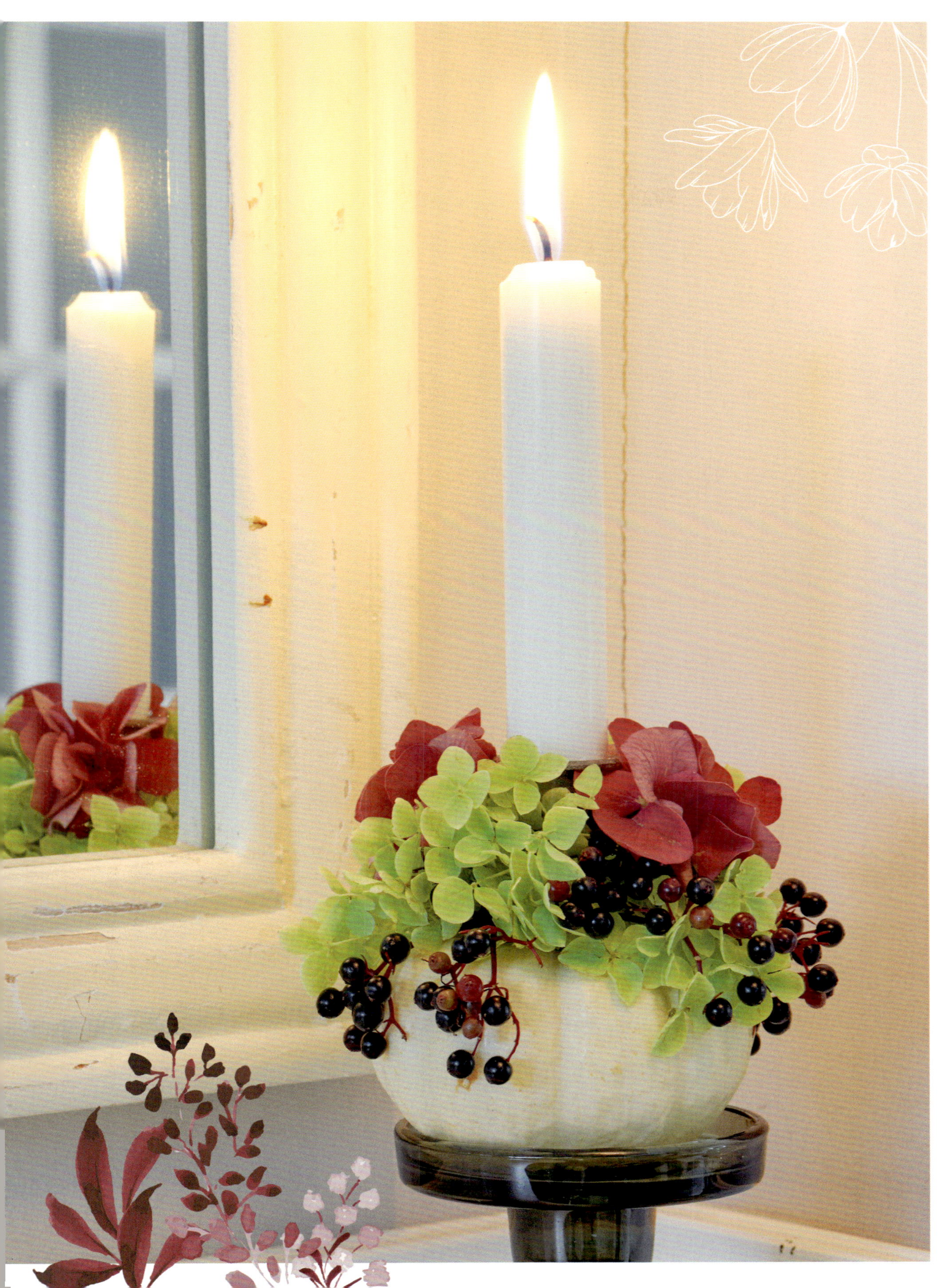

SILBERBLATT-KRANZ

Material

- Rohling aus Stroh
- Zweige vom Silberblatt
- Zweige
- Blumendraht
- Blumenschere

Die silbrig-weißen Blätter der Silberblattpflanzen sehen nicht nur edel aus, sondern fühlen sich auch herrlich weich an. Da diese Pflanze bei uns im Garten immer wuchert, habe ich mir meine Gartenschere geschnappt und daraus einen Herbstkranz gebunden - so elegant!

Anleitung

1. Schneide zuerst das Silberblatt zurecht und lege es in kleine Bündel zusammen. Diese sollen aber nicht zu Sträußchen gebunden werden.
2. Wickle nun den grünen Blumendraht um den Kranzrohling und verdrille ihn, damit er nicht verrutscht.
3. Leg ein Bündel Silberblatt und ein paar Zweige auf den Kranzrohling und halte es mit einer Hand fest. Mit der anderen Hand wickelst du das Bündel dann mithilfe des Drahtes am Rohling fest.
4. Binde die Bündel nun auf diese Weise dachziegelartig einmal um den Rohling herum, bis du wieder am Ausgangspunkt angekommen bist.
5. Wenn du an dieser Stelle des Kranzes angelangt bist, arbeite die Enden der letzten Bündel unter die ersten und umwickle sie vorsichtig mit dem Draht. Dabei sollten die Enden der Bündel versteckt werden.

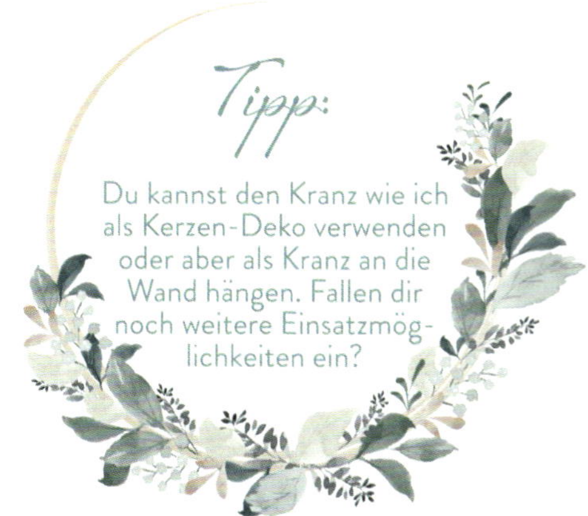

Tipp:

Du kannst den Kranz wie ich als Kerzen-Deko verwenden oder aber als Kranz an die Wand hängen. Fallen dir noch weitere Einsatzmöglichkeiten ein?

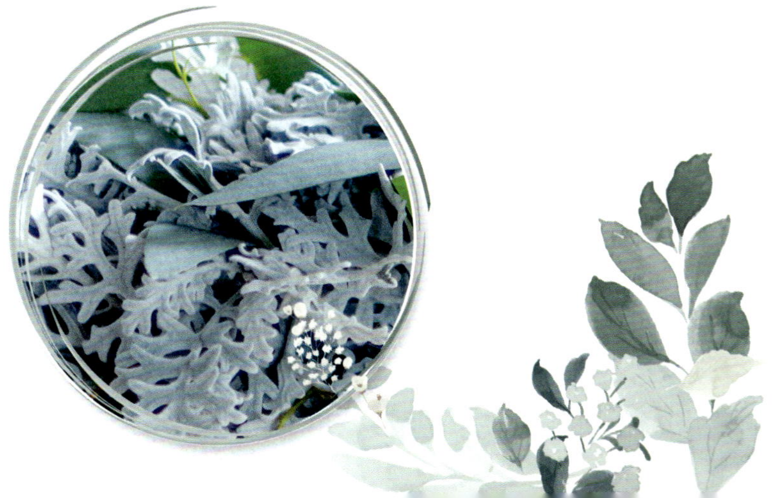

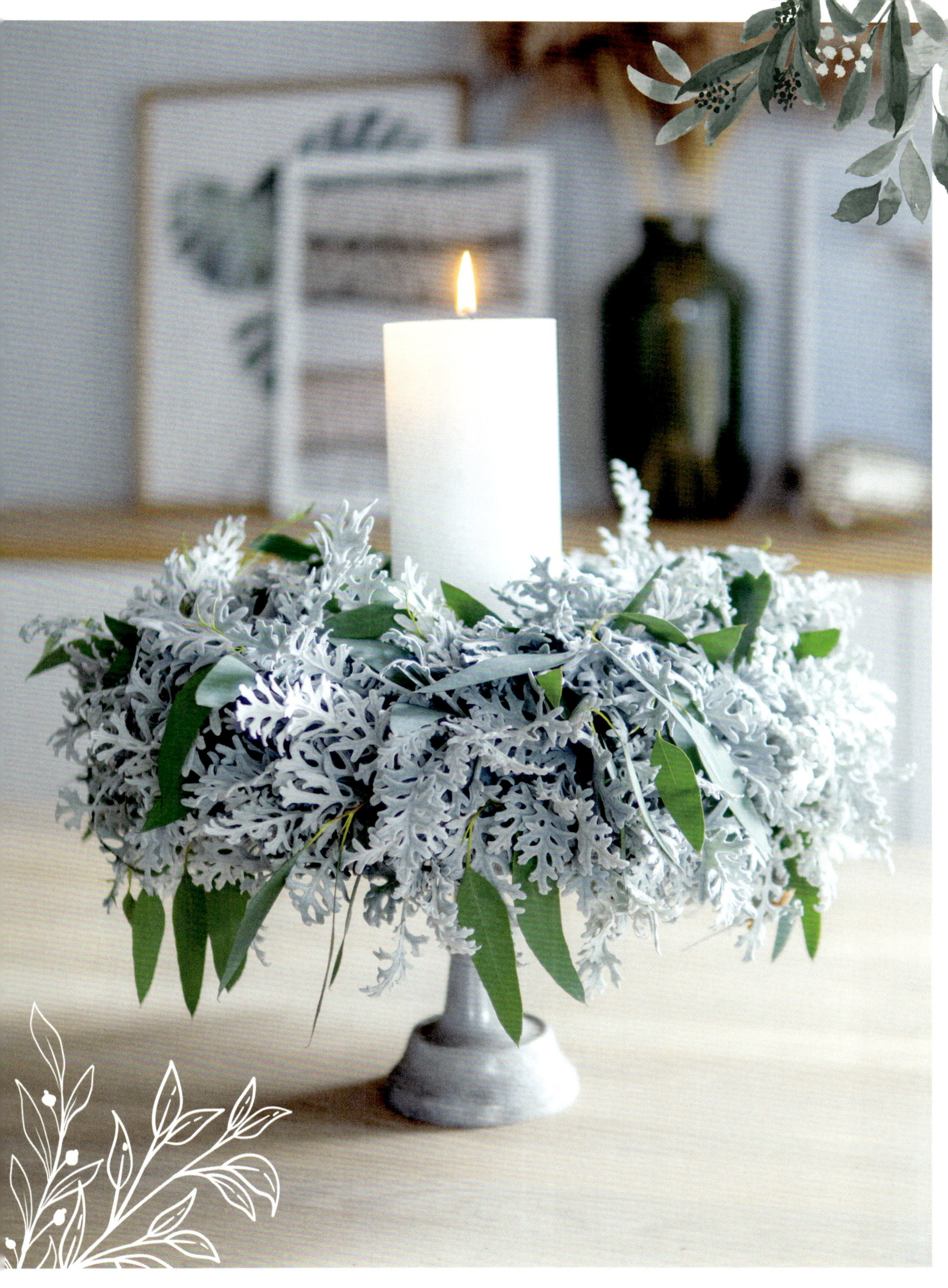

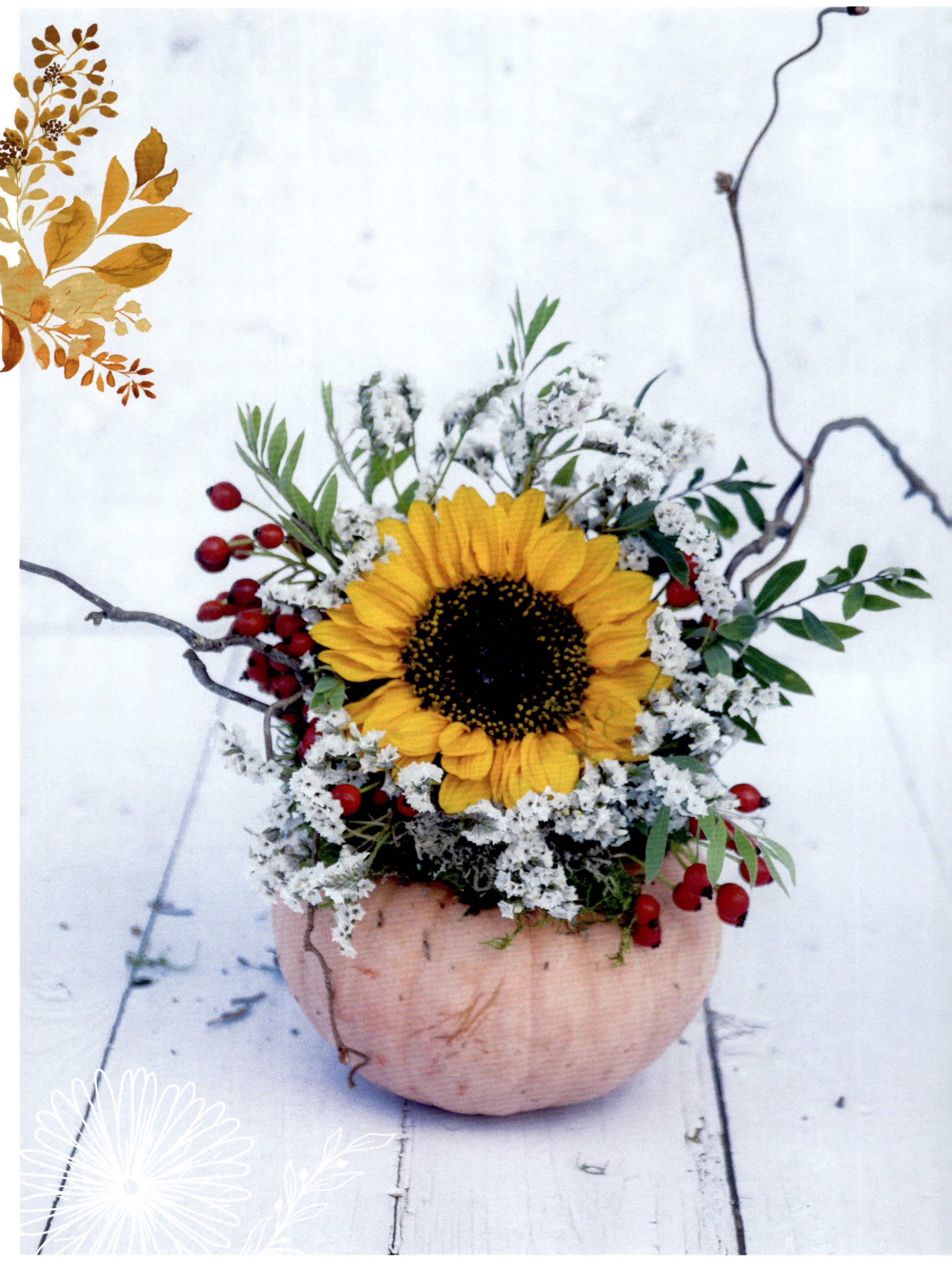

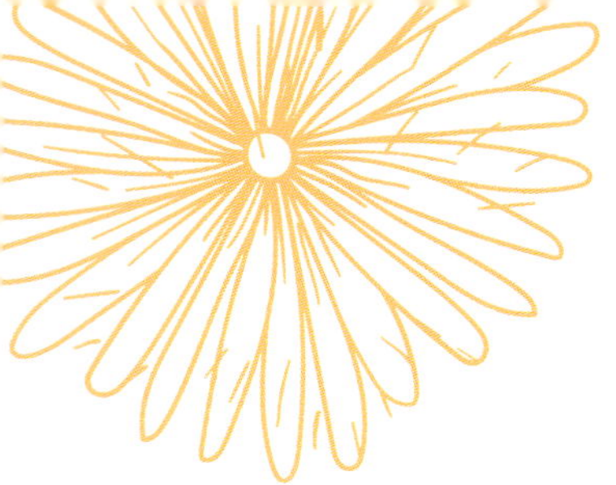

SONNIGE KÜRBIS-VASE

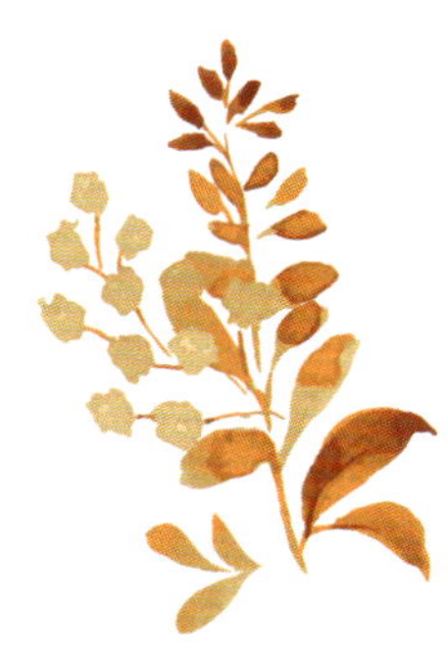

Material

- ein kleiner Kürbis
- Melonenausstecher
- eine runde Ausstech-form
- Hammer
- Brettchen
- Teelichthalter aus Glas
- Schnittblumen (z. B. Sonnenblume, Strandflieder in weiß, Korkenzieher-Haselnuss, kleine Hagebutten und etwas Schnittgrün aus dem Garten)

„Sommer trifft auf Herbst". So oder so ähnlich könnte der Titel für dieses DIY lauten, denn die Sonnenblumen stehen für die letzte warmen Tage, während der Kürbis den stürmischen Herbst ankündigt. Dieses DIY ist also ein Abschiedsgruß an den Sommer und ein Willkommen an den Herbst. Sehr poetisch, findest du nicht auch?

Anleitung

1. Lege den Kürbis auf ein Brettchen.

2. Stelle nun den Ausstecher mittig auf den Kürbis. Dann klopfst du den Ausstecher mit dem Hammer durch die dicke Kürbishaut.

3. Entferne nun den Ausstecher aus dem Kürbis. Wundere dich nicht, wenn der Kürbis nicht mit dem Ausstecher zusammen herauskommt. Mit einem Messer kannst du vorsichtig den ausgestochenen Kreis zerschneiden. Dieser Vorgang erleichtert das Herausholen.

4. Mit dem Melonenausstecher kannst du nun den Deckel entfernen, und anschließendgesamten Kürbis aushöhlen.

5. Tupfe den nun vollständig ausgehöhlten Kürbis mit Küchenpapier von innen gut ab. Umso mehr Flüssigkeit du dem Kürbis entziehst, umso länger hält er sich. du kannst den Kürbis dann zusätzlich auch noch an der Luft trocknen lassen.

6. Anschließend schneidest du eine Plastiktüte zurecht und legst damit den Kürbis aus.

7. Wenn du mit den Vorbereitungen fertig bist, kannst du anschließend den Teelichthalter aus Glas in den Kürbis setzen. Das Glas dient in diesem DIY als Vase.

8. Abschließend kann das Glas nun mit Wasser und den Schnittblumen aufgefüllt werden.

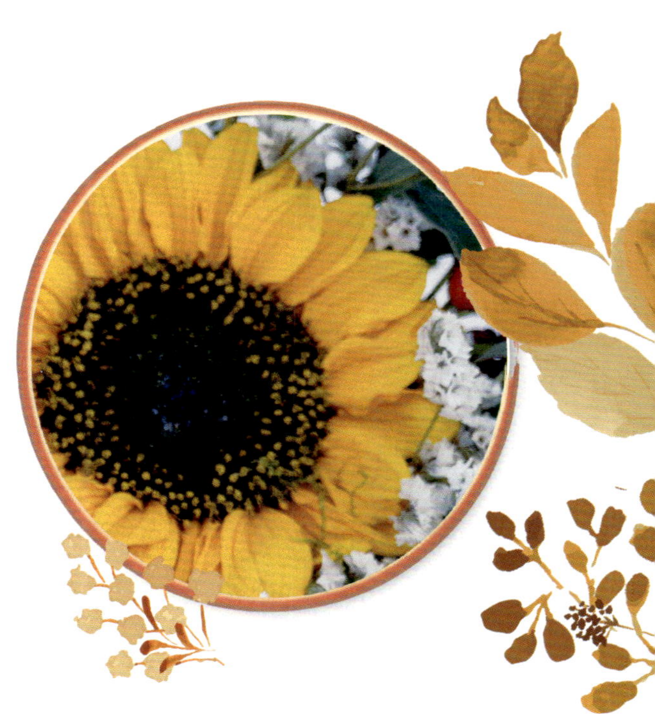

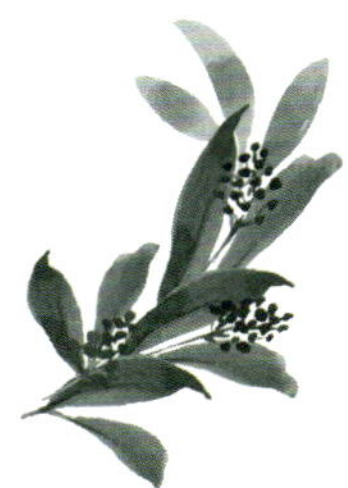

HAGEBUTTENKRANZ

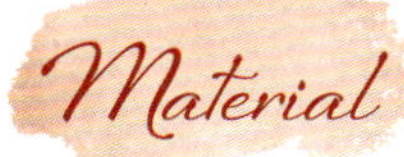

Material

- Steckschaum in Ringform (mit Auffangschale)
- Hagebutten-Zweige
- Moos und Tannenzapfen (optional)
- Rote Holunderbeer-Zweige
- Steinteller (optional)
- Zylindrische Glasvase (optional)
- Stumpenkerze (optional)

Hagebutten kosten in den Blumenläden ein Vermögen. Wohnt man aufm Dörp wie wir, dann findet man diese roten Früchte überall am Straßenrand. Das wäre doch ein guter Grund für einen Ausflug mit Spaziergang auf dem Land, oder?

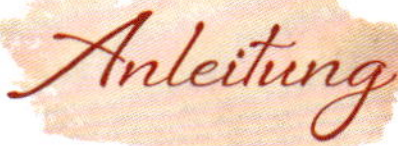

Anleitung

1. Lege den Steckschaum in Wasser, bis er vollständig durchtränkt ist.

2. Schneide die Hagebuttenzweige in kleinere Zweige und schneide die Enden schräg an.

3. Stecke die Zweige nun in den Schaum, bis du mit dem Ergebnis zufrieden bist.

4. Fülle alle Lücken mit Moos auf, um das Arrangement zu vervollständigen.

5. Als Deko-Idee kannst du den Kranz nun auf einen Steinteller legen und eine große Glasvase mit Stumpenkerze hineinstellen. Schon hast du ein herbstliches Windlicht.

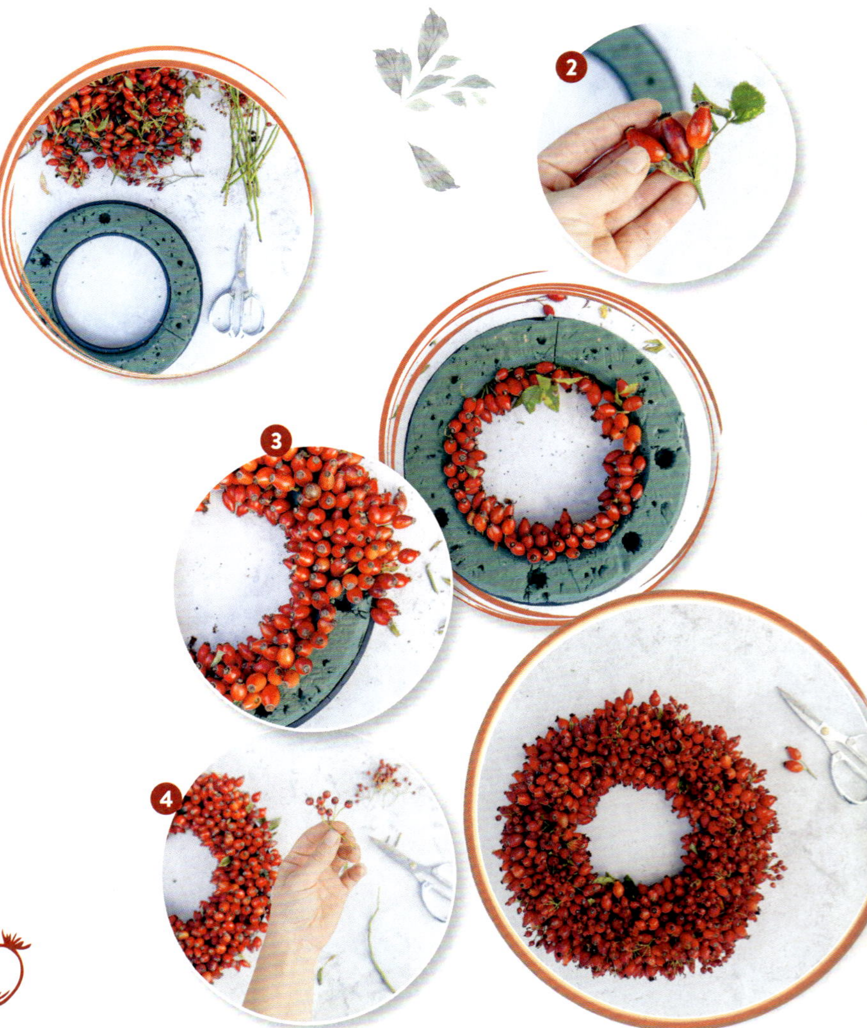

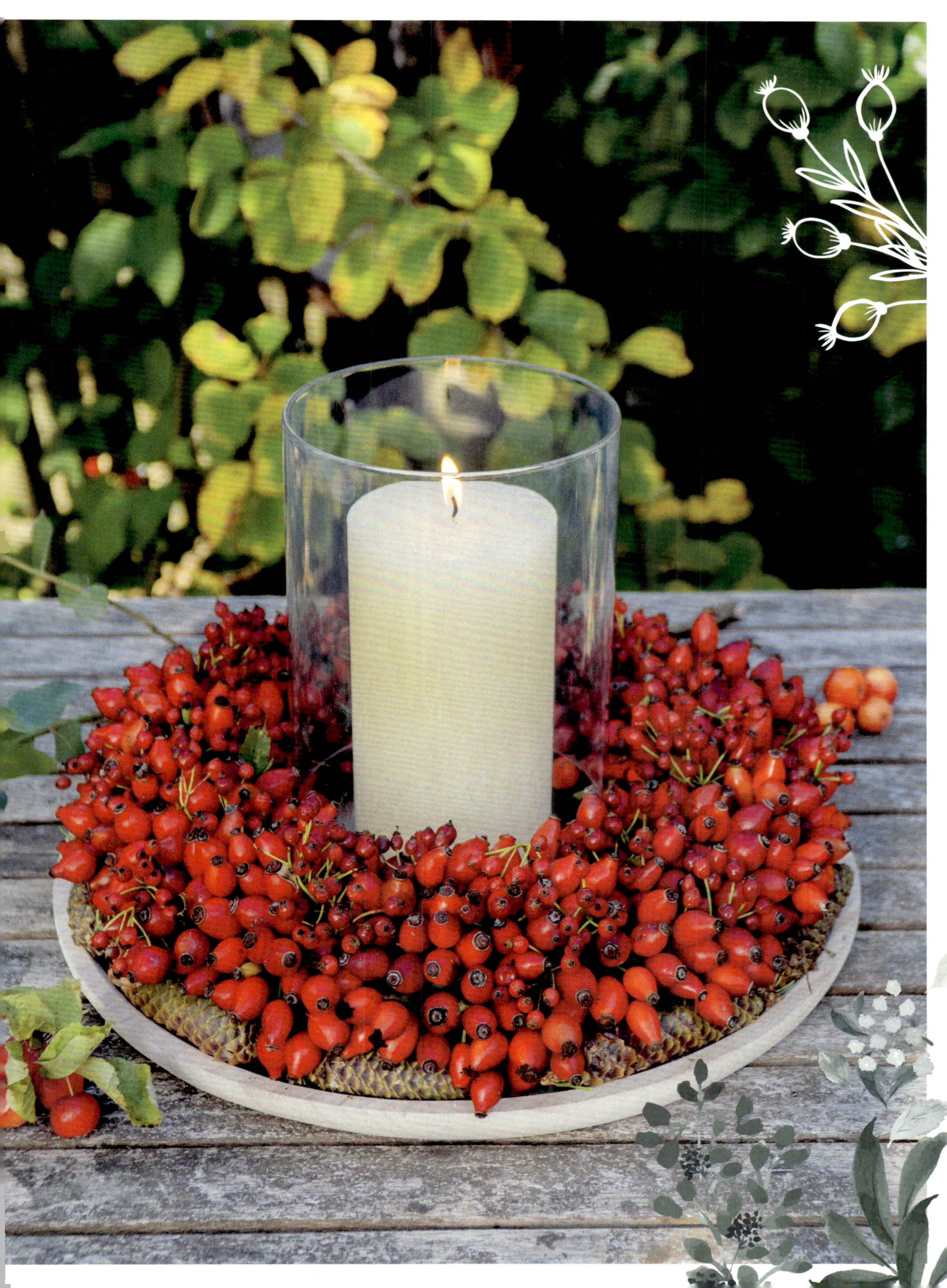

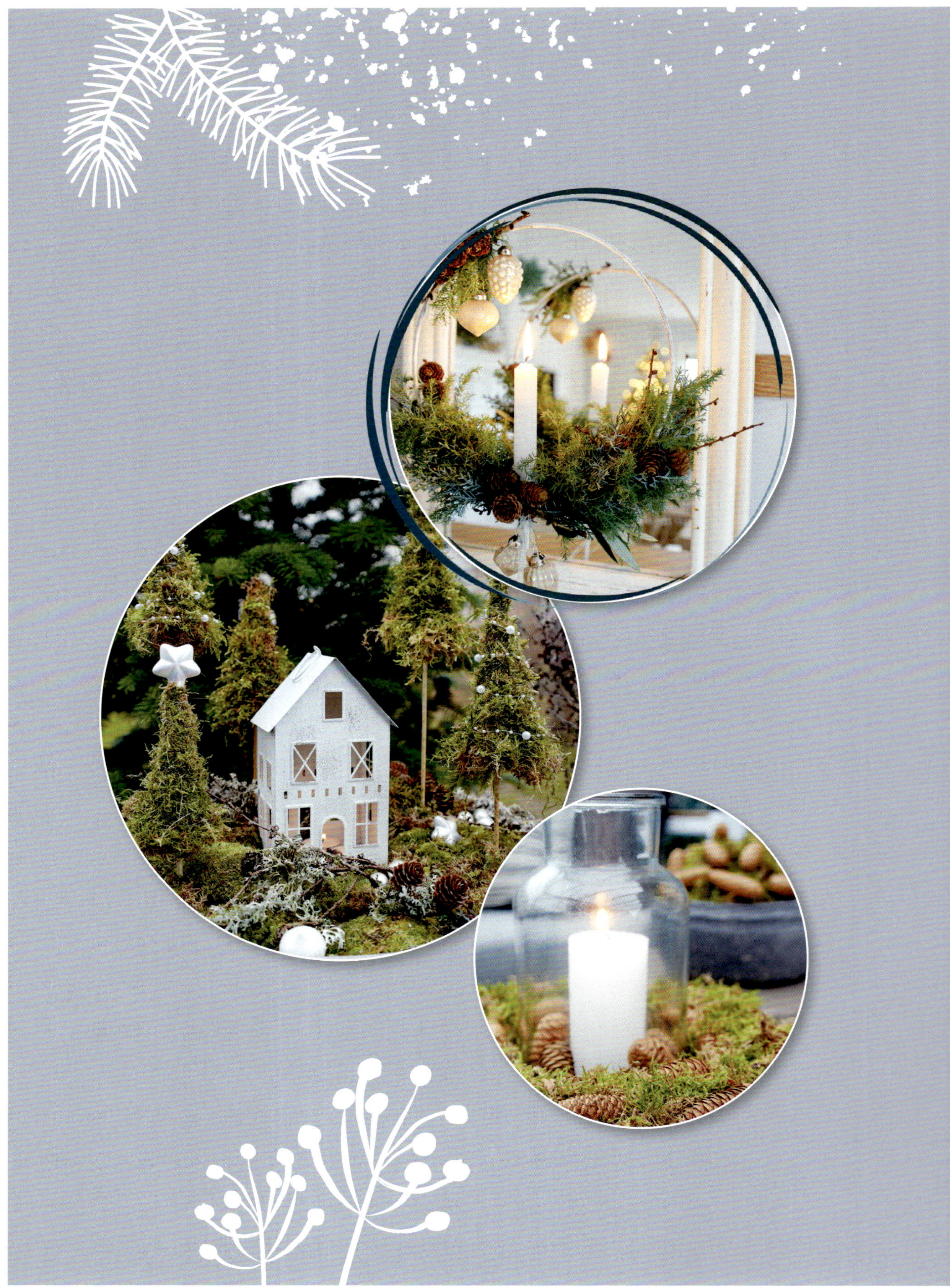

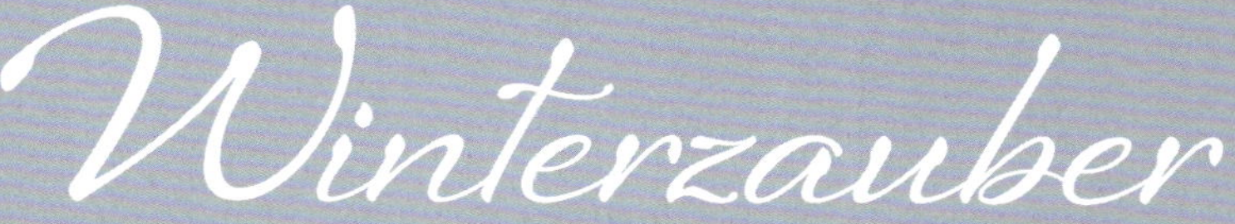

Winterzauber

Eine der schönsten Jahreszeiten, was die Dekoration angeht, ist für mich definitiv der Winter. Die Winterdekoration erstrahlt beeinflusst von der Weihnachtstradition, im Lichterglanz der Kerzen und Lichterketten. Wer nun durch die Winterseiten blättert, wird feststellen, dass die meisten DIYs so zusammengestellt sind, dass man sie auch über die Weihnachtszeit hinaus verwenden kann. Durch das Entfernen von weihnachtlichen Accessoires (z. B. Christbaumkugeln) kann man die Dekorationen auch noch im Januar genießen.

Meine Winterdeko ist geprägt von Tannen, Tannenzapfen, Moos, Tannengrün und Kerzen. Damit möchte ich dir zeigen, dass man aus den einfachsten Naturmaterialien die schönsten Winterdekorationen zaubern kann! Das ist mir ein ganz besonderes Anliegen!

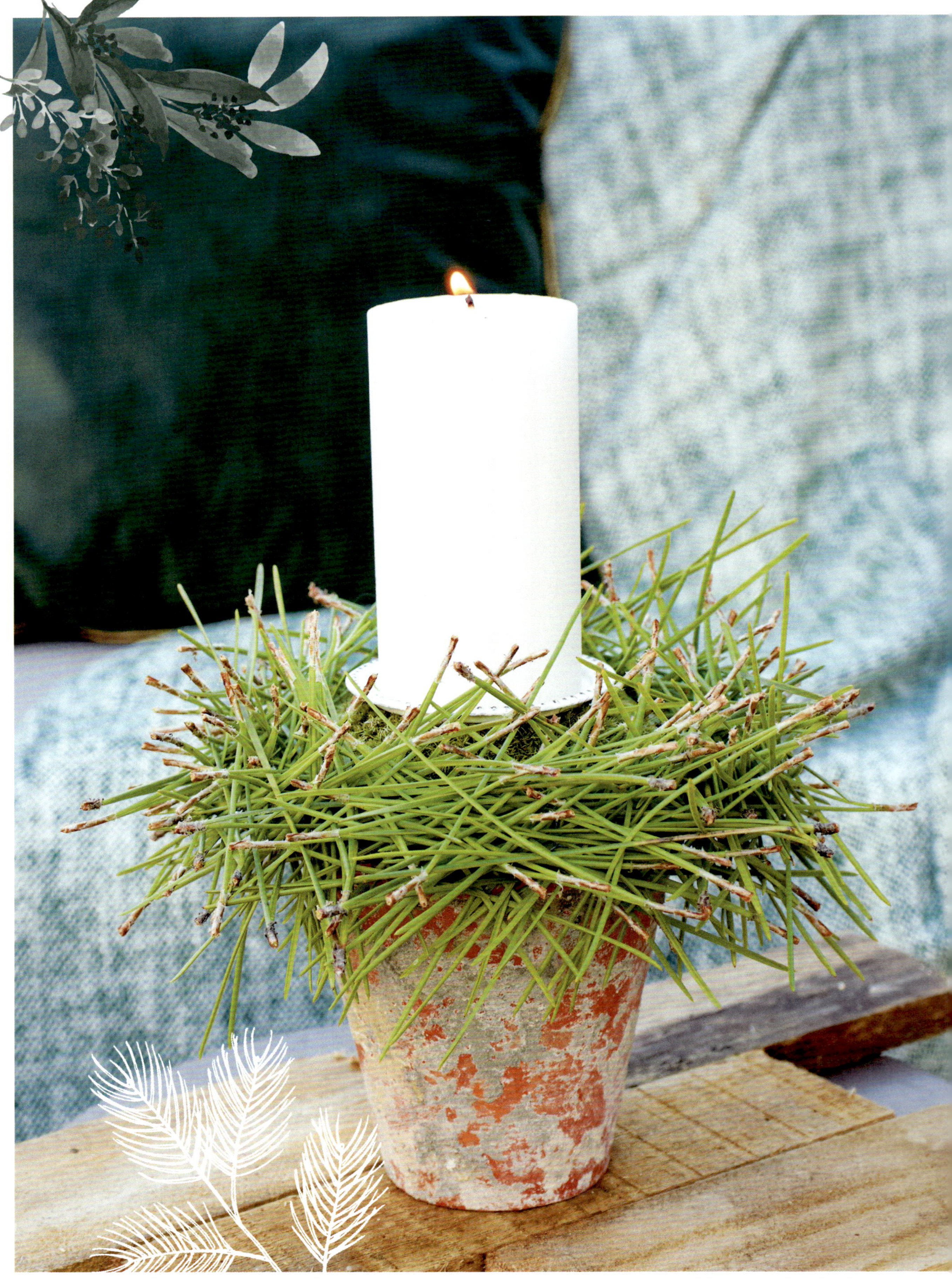

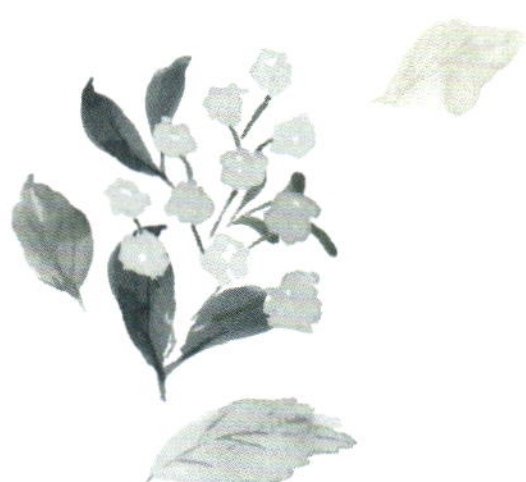

PINIENNADEL-TÖPFCHEN

Material

- Übertopf
- Steckschaum
- Kaninchendraht
- Kerzenhalter für eine Stumpenkerze
- eine Stumpenkerze
- frische Piniennadeln
- Bollenmoos/Kugelmoos
- Drahtschere

Dieses DIY kommt etwas stachelig und rustikal daher. Einige würden meinen, es wäre der perfekte Sitz für die Schwiegermutter. Aber ich, ich bin einfach nur verliebt in dieses grüne Werk aus Naturmaterial, ganz ohne böse Gedanken natürlich...

Anleitung

1. Schneide zuerst den Steckschaum passend und lege ihn in den Übertopf.
2. Lege das Moos auf den Steckschaum, sodass ein kleiner Hügel entsteht.
3. Stecke nun den Kerzenhalter auf das Moos. Der Steckschaum gibt zusätzlichen Halt.
4. Nimm den Kaninchendraht und messe aus, wie lang er sein muss. Er sollte einmal um den Mooshügel passen und ca. 3-4 cm breit sein.
5. Forme aus dem Kaninchendraht eine Röhre und lege sie um den Rand des Übertopfes. Fixiere sie mit Patenthaften.
6. Stecke zuletzt die Piniennadeln beliebig in den Kaninchendraht, bis der Draht nicht mehr zu sehen ist.

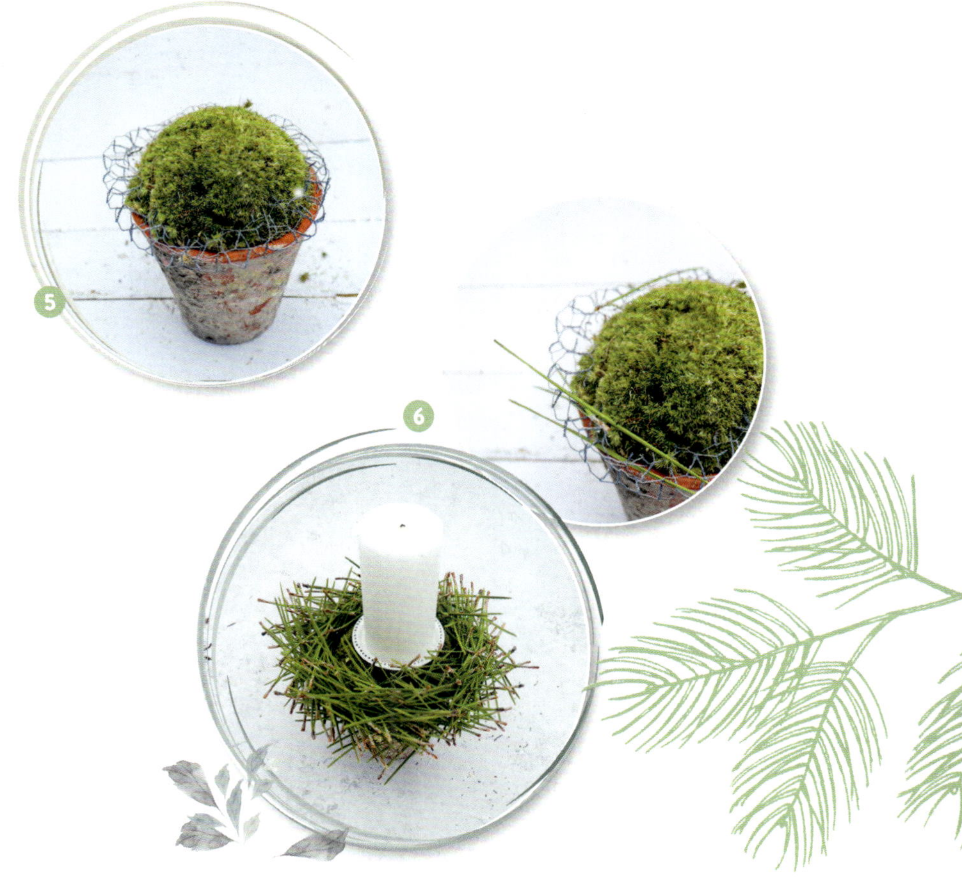

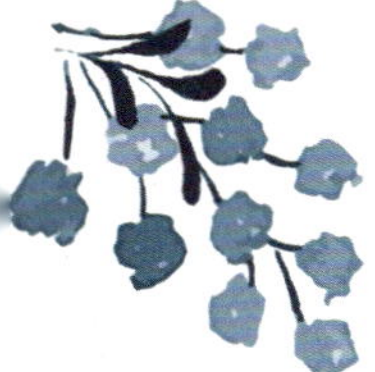

ZAPFENHÖHLE FÜR ZARTE ZWIEBELN

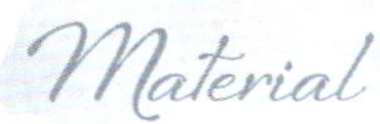

- Übertopf
- Moos
- Tannenzapfen (ich haben meine im Wald gesammelt)
- Schaschlikspieße
- Heißkleber

Damit der Frühling bei mir zu Hause in den prächtigsten Farben erstrahlt, pflanze ich schon im Herbst Blumenzwiebeln in einige Übertöpfe.
So... nun magst du dich an dieser Stelle fragen, ob ich mich im Kapitel vertan habe?! Nein, das hab ich nicht! Denn wenn der Herbst sein Zepter an den Winter weiterreicht, ist es an der Zeit, den Blumenzwiebeltöpfen ein winterliches Gewand zu verpassen. Und wie das geht, zeige ich ir hier:

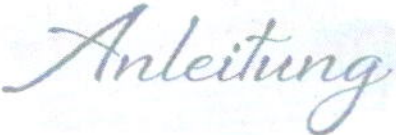

1. Beginne damit, einen „Deckel" aus Moos auf den Übertopf zu legen, sodass eine Moos-Halbkugel entsteht.
2. Verwende Heißkleber, um jeweils einen Schaschlikspieß an die Tannenzapfen zu kleben.
3. Warte, bis der Kleber fest geworden ist, bevor du die Zapfen in das Moos steckst.
4. So hast du ein winterliches Gewand für deine Blumenzwiebeln kreiert!
5. Ab Februar/März kannst du das Moos und die Zapfen entfernen, damit die Blumen in ein paar Wochen in den schönsten Farben erblühen können.

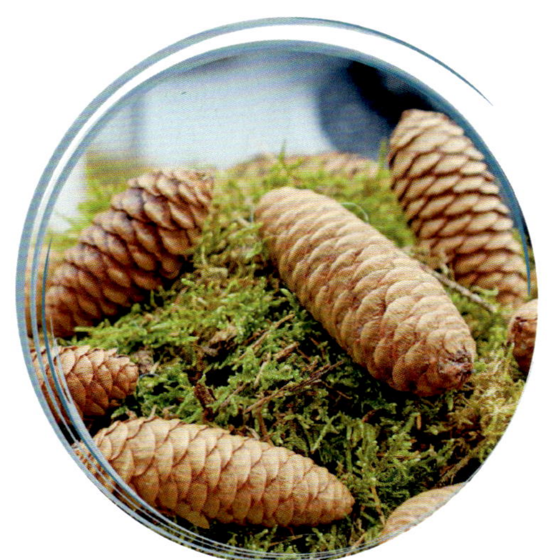

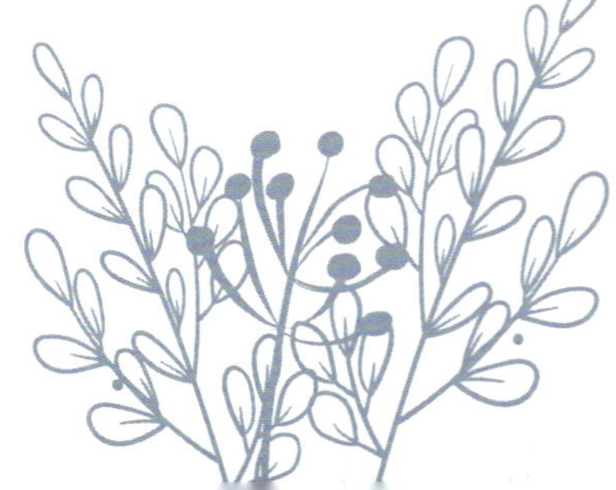

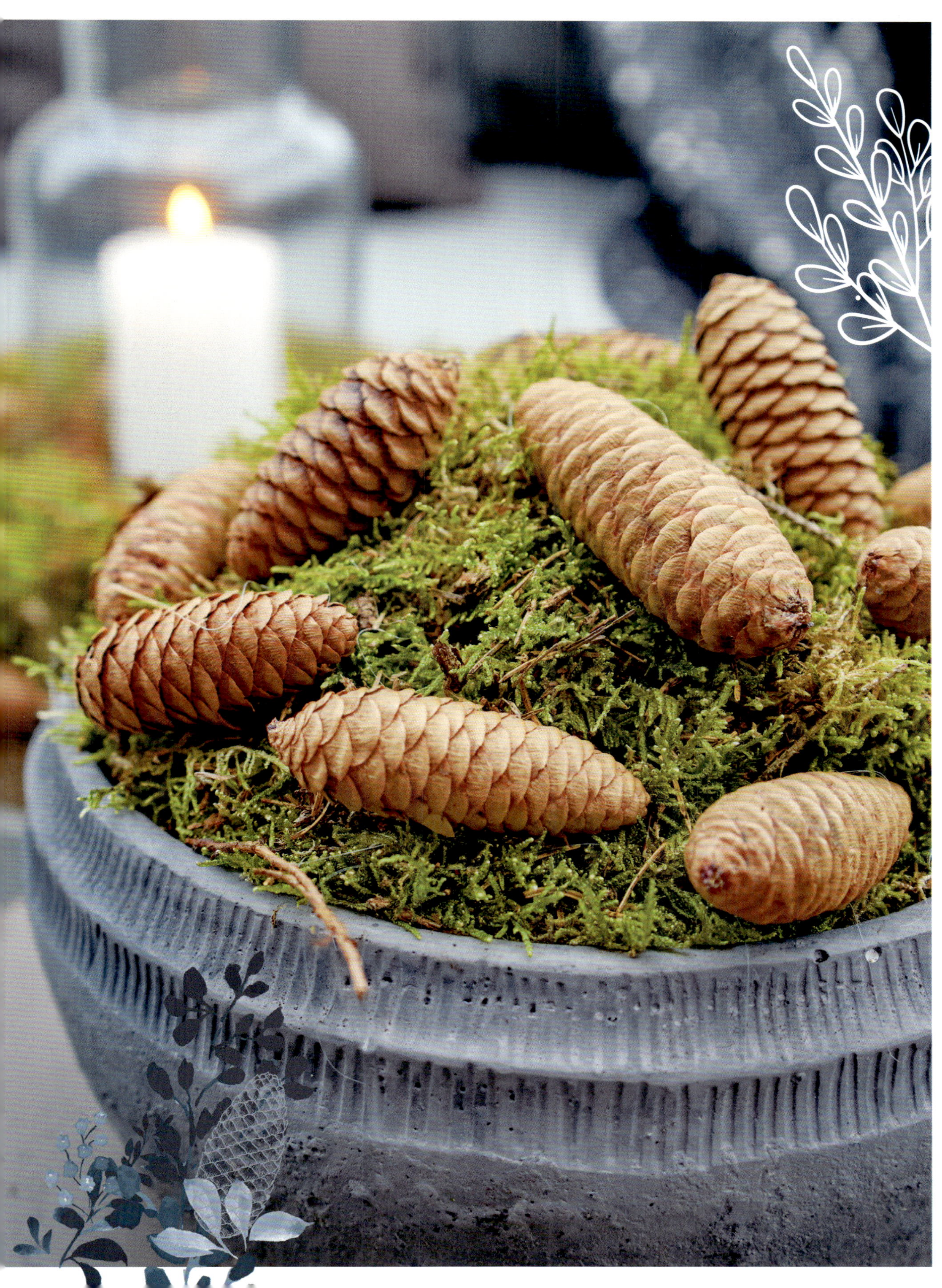

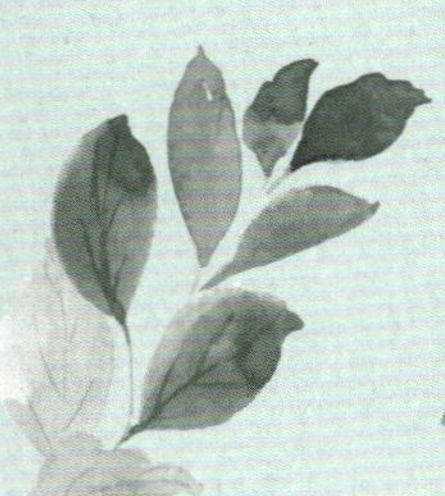

ADVENTSGESTECK

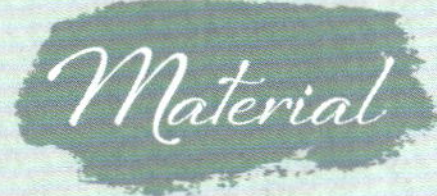

Material

- Betonring mit oder ohne Kerzenhalter
- Steckschaum
- 4 Kerzentüllen für Stabkerzen (wenn der Betonring über keine verfügt)
- 4 Stabkerzen
- Mooszypresse
- Lärchenzweige
- Zapfen
- evtl. kleine Zieräpfel oder kleine Weihnachtsbaumkugeln

Na, kommt dir der Betonring bekannt vor? Seinen ersten Auftritt hatte der gekaufte Betonring im Kapitel „Frühling". Jetzt möchte ich dir zeigen, dass sich eine Anschaffung von solchen Grundelementen lohnt. Denn auch für den Winter kann man den Betonring toll gestalten, z. B. als Adventskranz.

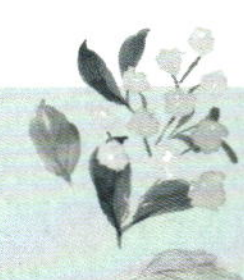

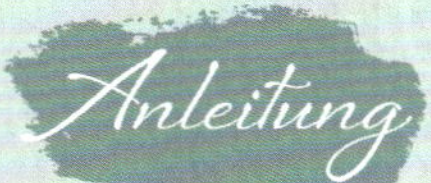

Anleitung

1. Schneide den Steckschaum passend für den Betonring zu.
2. Tränke den Schaum in Wasser und lege ihn in den Ring. Da einige Betonringe wasserdurchlässig sind, solltest du ihn mit Folie auslegen.
3. Falls dein Ring keine Kerzentüllen hat, ist nun die Zeit gekommen, die Kerzentüllen gleichmäßig in den Steckschaum zu stecken.
4. Schneide die Zypressenzweige zurecht und stecke sie ebenfalls in den feuchten Schaum.
5. Zum Abschluss kannst du noch Lärchenzweige, Tannenzapfen und Weihnachtskugeln auf das Arrangement legen.

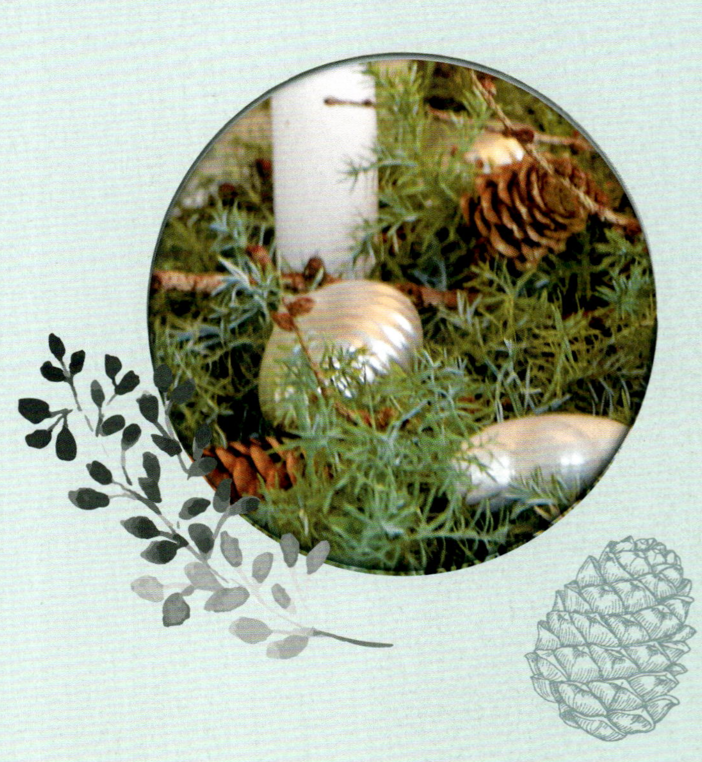

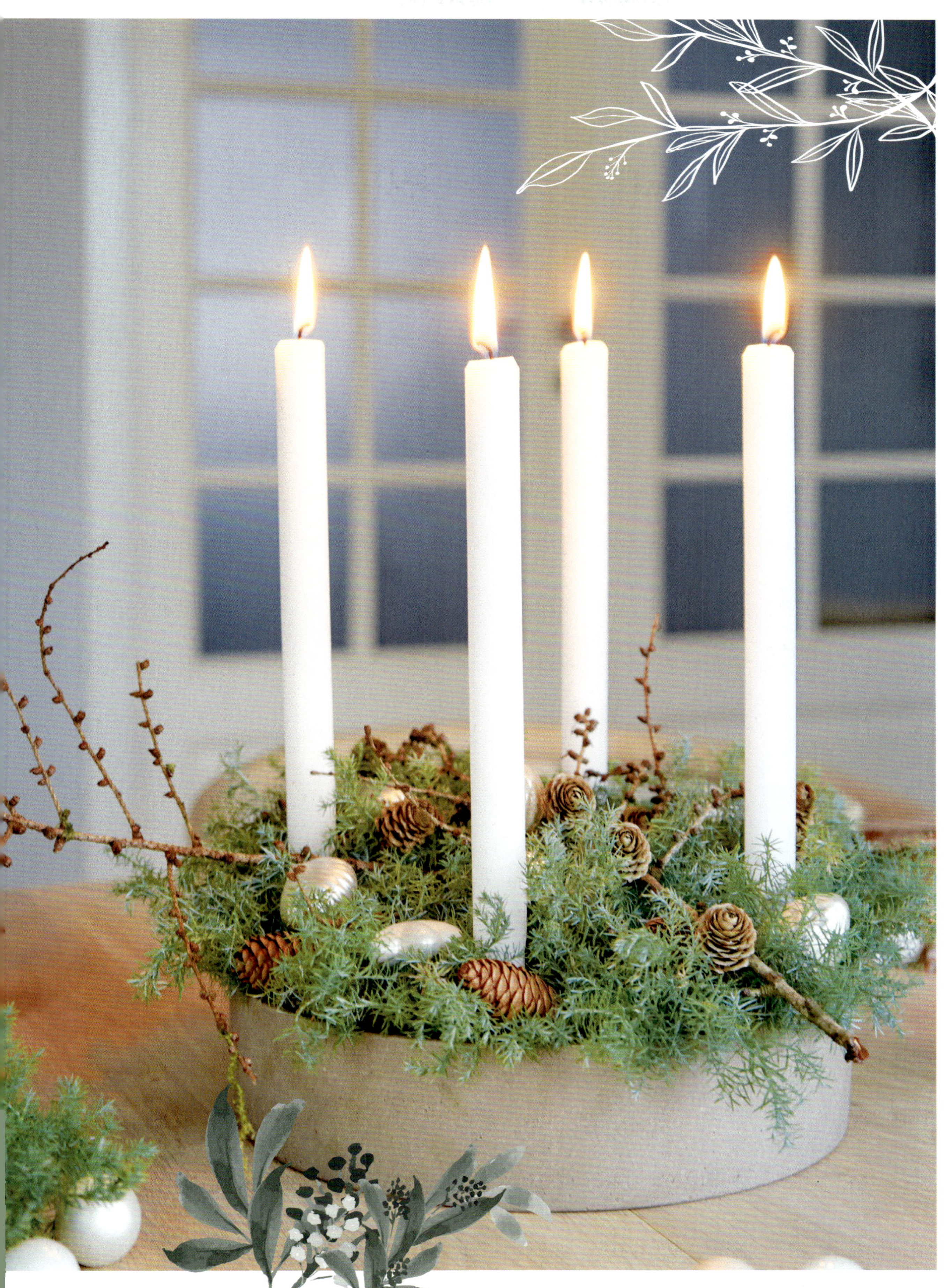

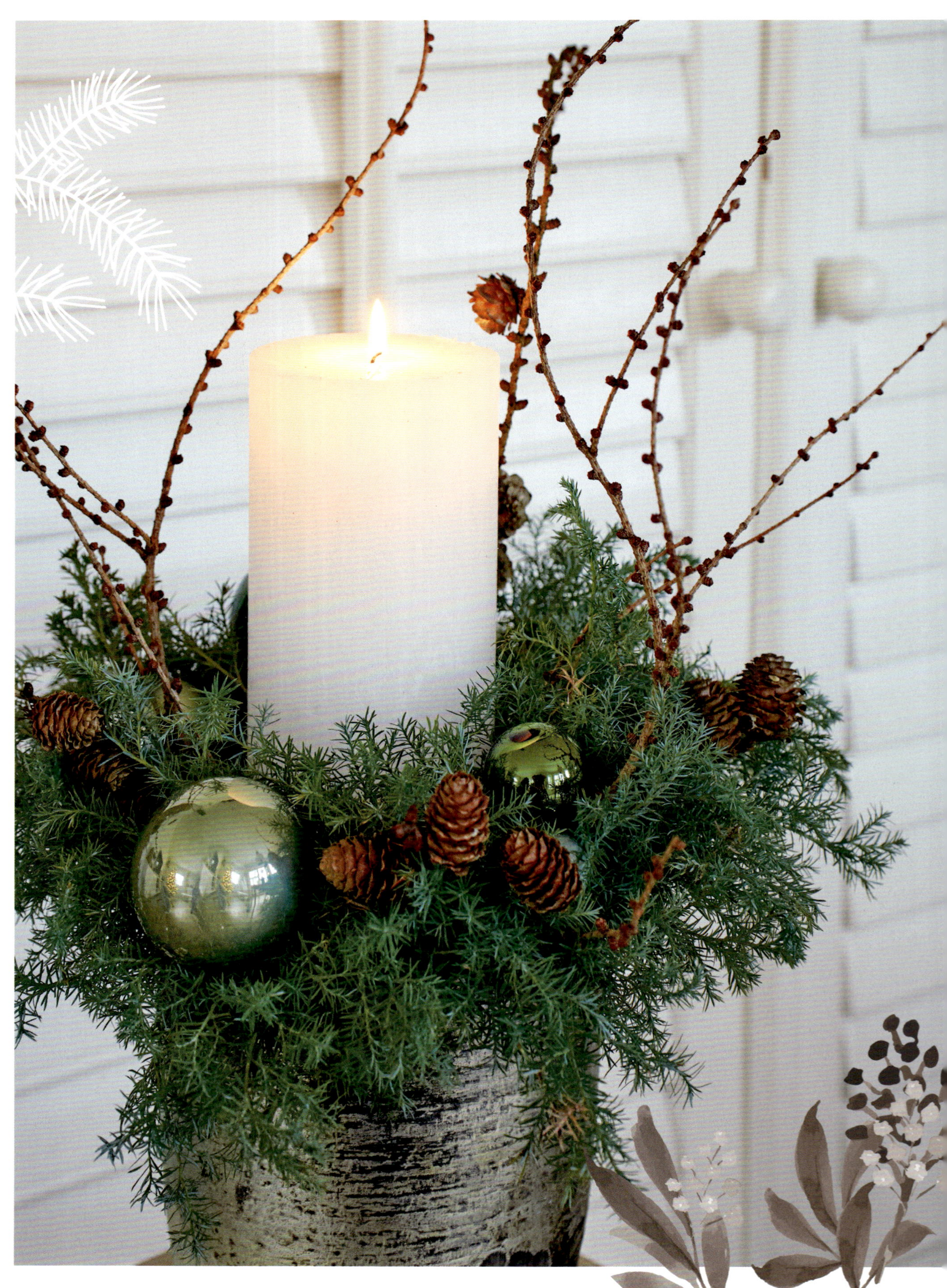

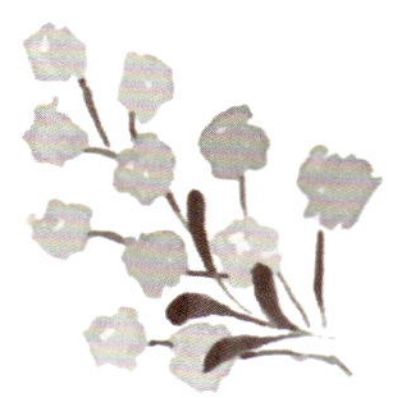

GESTECK MIT STUMPENKERZE

Material

- Übertopf (hoch)
- Steckschaum
- Mooszypresse
- Lärchenzweige
- Heißkleber
- Weihnachtsbaumkugeln
- Schaschlikspieße
- Draht
- Patenthaften

Ungenutze Pflanzentöpfe müssen nicht im Keller oder im Schuppen landen; man kann sie auch super als Basis für ein tolles Gesteck verwenden. Diesem hübschen Topf wollte ich eine zweite Chance geben, weil seine Farbe wunderbar zu meinen grünen Weihnachtsbaumkugeln passt.

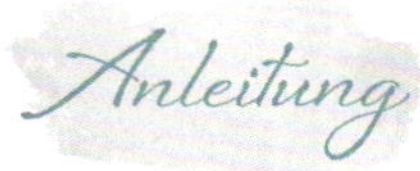

Anleitung

1. Tränke zuerst den Steckschaum in Wasser.

2. Stelle den Steckschaumblock hochkant in den Übertopf.

3. Stecke nun die Zweige der Mooszypresse in den Schaum.

4. Baue einen Sockel aus Patenthaften für die Kerze (siehe Grundtechniken, S. 22) und platziere diese mittig im Gesteck.

5. Stecke als nächstes die Lärchenzweige in das Arrangement. Hierbei achte ich immer darauf, dass einige Zweige nach oben ragen, um dem Gesteck das besondere Etwas zu verleihen. Beachte, dass sich die Zweige nicht zu nah an der Kerzenflamme befinden.

6. Für den weihnachtlichen Look klebe mit Heißkleber Schaschlikspieße an Weihnachtsbaumkugeln und setze diese dann in das Gesteck ein.

7. Die Kugeln können später einfach entfernt werden. So kannst du dieses hübsche Gesteck noch länger auf dem Tisch stehen lassen. Es macht sich auch im Januar super!

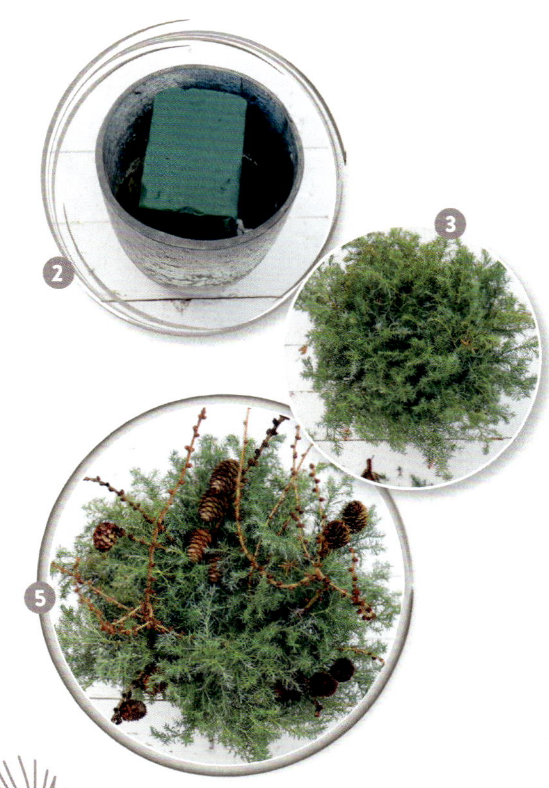

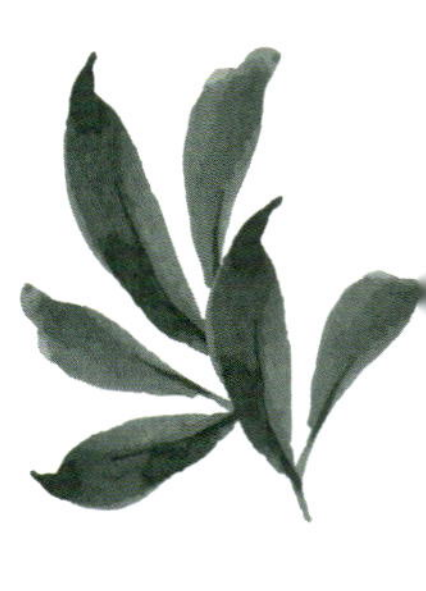

DEKORING-KERZENSTÄNDER

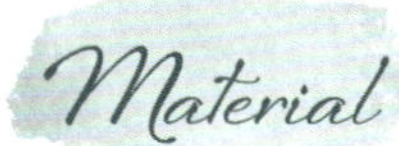

Material

- Metallring mit Kerzenhalter (mit oder ohne Fuß)
- Tannenzweige nach Belieben (Arizonica, Lärchenzweige, Mooszypresse etc.), Olivenzweige
- echte Kerze oder LED-Kerze
- Tannenzapfen
- kleine Weihnachtsbaumkugeln
- Heißkleber
- Blumendraht

Ob für sich oder als Mitbringsel, dieser Dekoring wird jedes Herz höher schlagen lassen. Und da mein Motto bei der Weihnachtsdeko „Mehr ist mehr" lautet, darf der Dekoring gerne etwas üppiger dekoriert werden.

Anleitung

1. Schneide zuerst die Zweige zurecht und lege kleine Bündel bereit. Binde die Zweige beidseitig von außen zur Mitte hin mit Blumendraht am Metallring fest, wie beim Kranzbinden (siehe Grundanleitung, S. 24).

2. Beende das Binden am Kerzenhalter und klebe ein Paar Lärchenzweige darauf, um den Draht zu verdecken.

3. Binde kleine Weihnachtsbaumkugeln mit einem Band an den Kerzenhalter und verleihe dem Ganzen so mehr Weihnachtsglanz.

4. Wiederhole dies an einer Stelle oben am Metallring, aber achte darauf, dass es nicht zu mittig platziert wird, um eine Gefahr durch die Flammen zu vermeiden.

5. Verwende Heißkleber, um ein Bündel mit Zweigen über die Bänder zu kleben.

6. Entferne nach Weihnachten die Weihnachtsbaumkugeln, damit der Ring als Winterdekoration weiterverwendet werden kann.

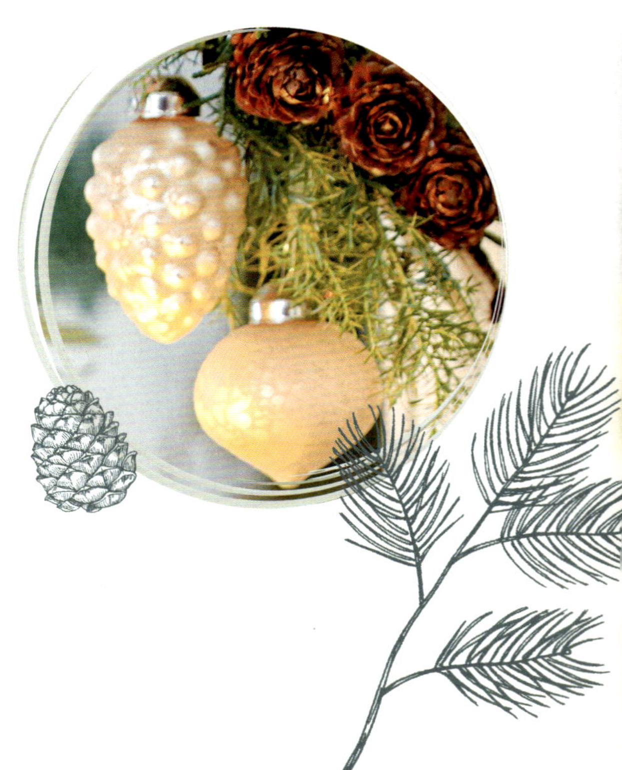

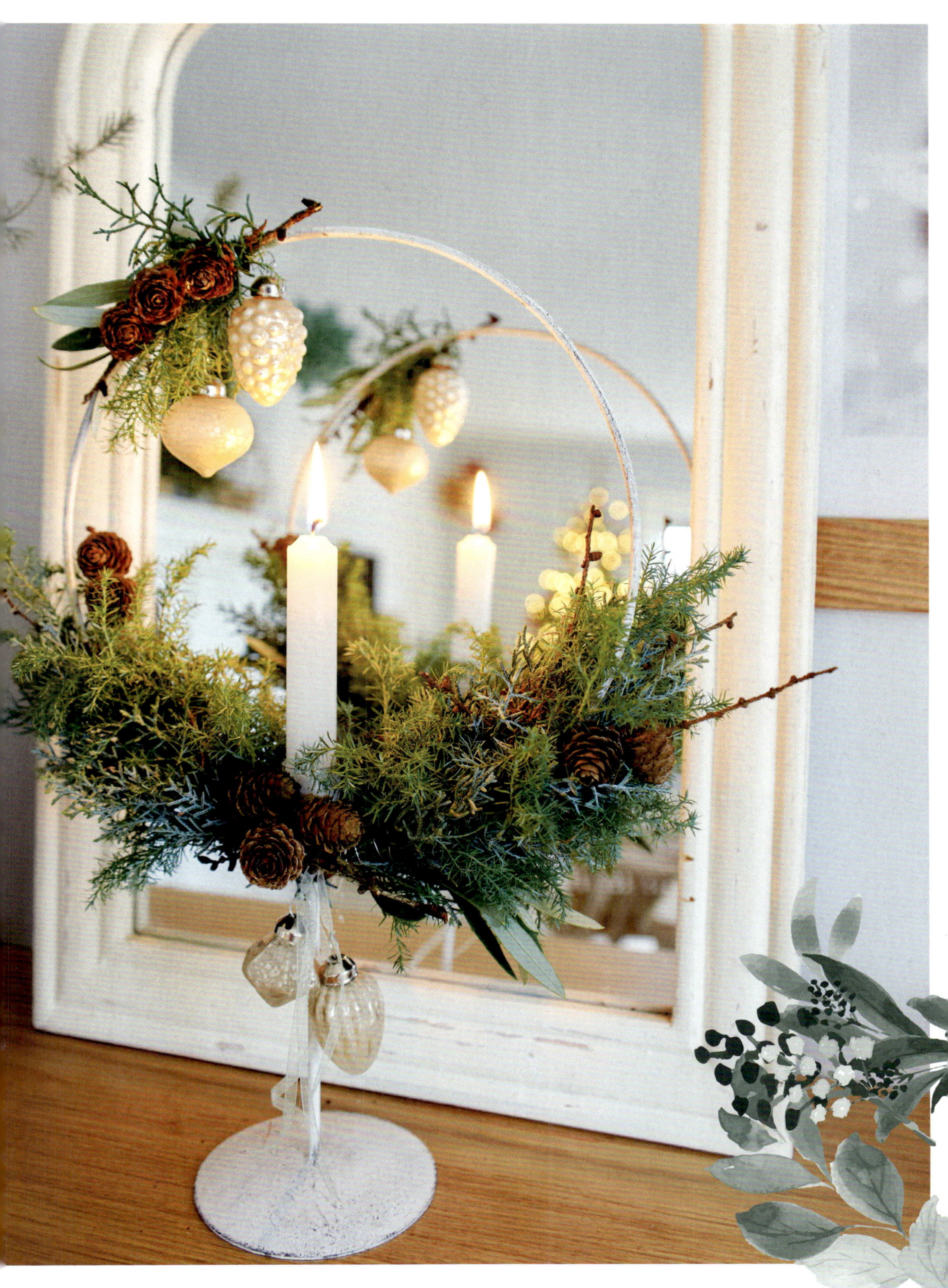

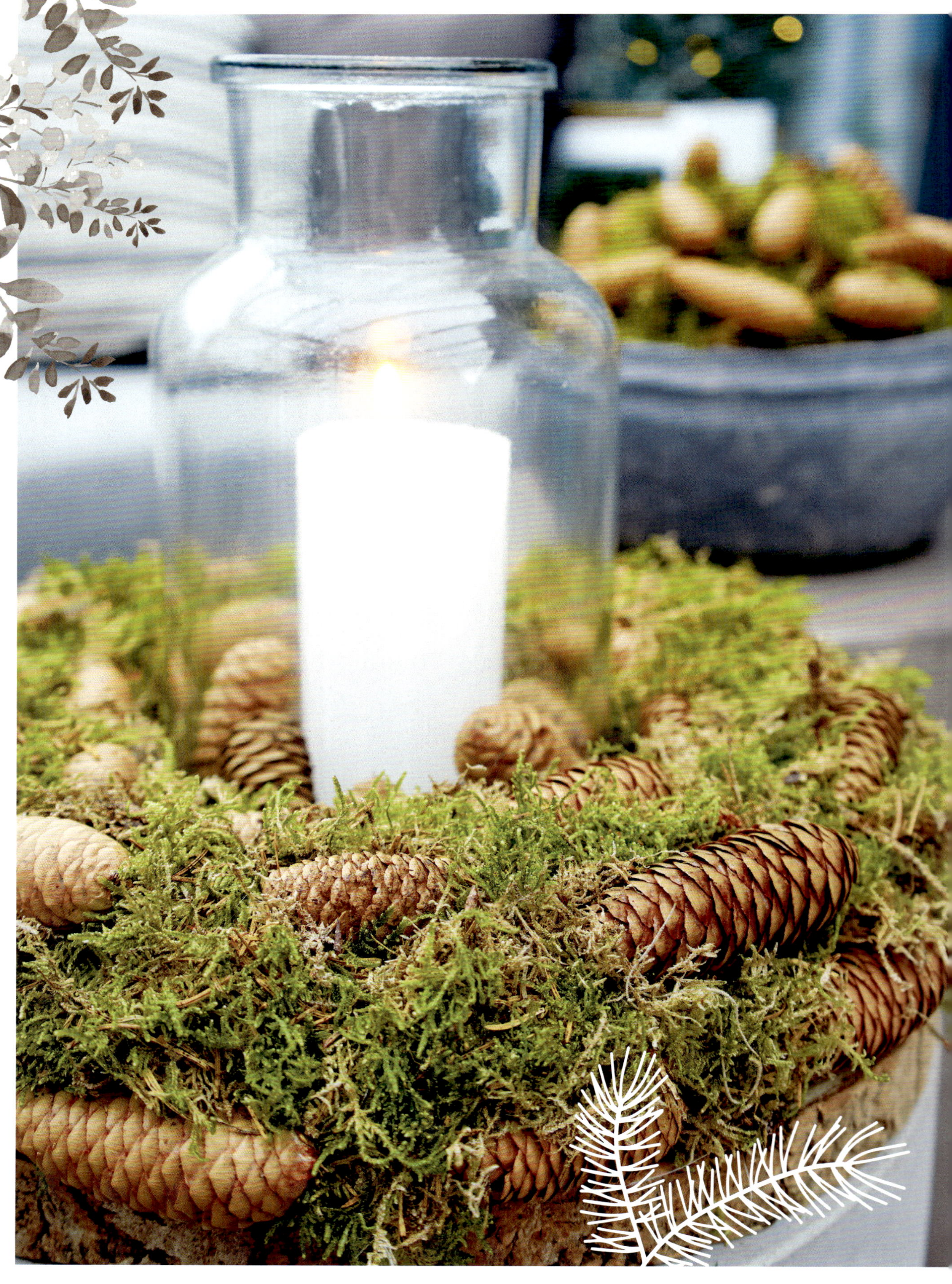

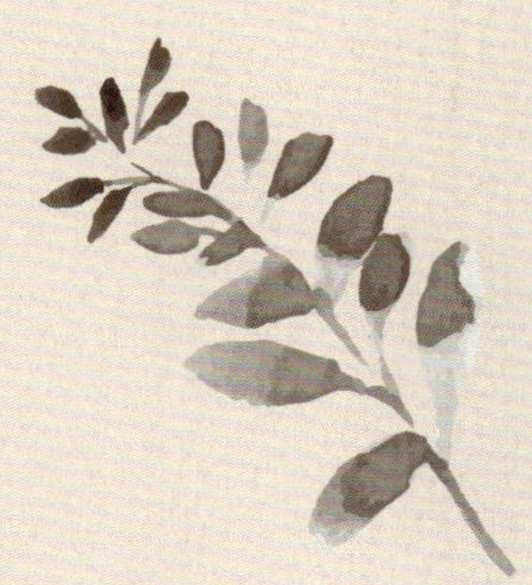

EINFACHER ZAPFENKRANZ

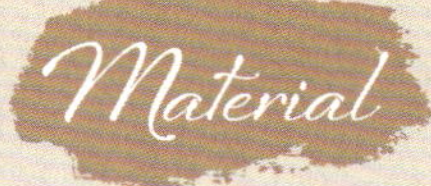

Material

- Kranzrohling aus Stroh
- Moos
- Tannenzapfen
- Heißklebepistole
- Patenthaften

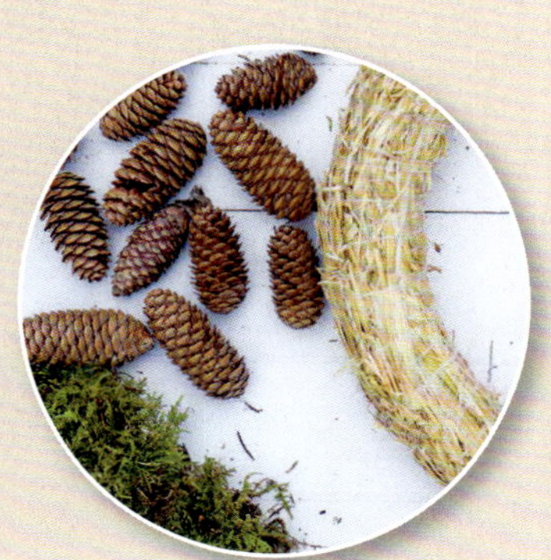

Wie wäre es mit einem Spaziergang durch den Wald? Und ganz nebenbei sammelst du dann ein paar Zapfen für die nächste Winterdeko. Wie du sie dann einsetzen könntest, zeige ich dir hier.

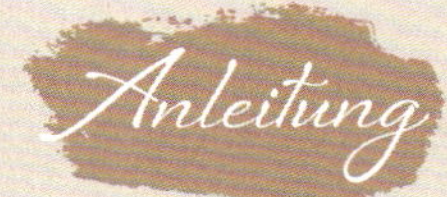

Anleitung

1. Klebe zuerst mit der Heißklebepistole die Tannenzapfen in unterschiedlicher Ausrichtung auf den Kranzrohling.

2. Fülle dann die Lücken zwischen den Zapfen mit Moos auf, damit nichts mehr vom Rohling zu sehen ist. Falls das Moos nicht hält, können Patenthaften zum Feststecken verwendet werden.

3. Du kannst den Kranz nun als Türkranz, als Tischdeko oder in Verbindung mit einem Windlicht nutzen.

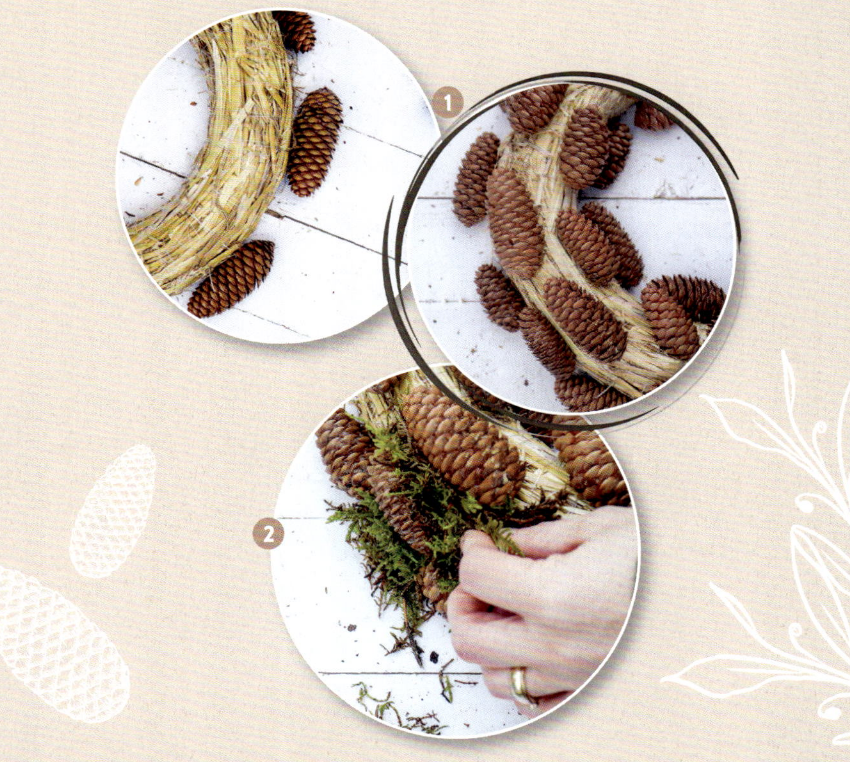

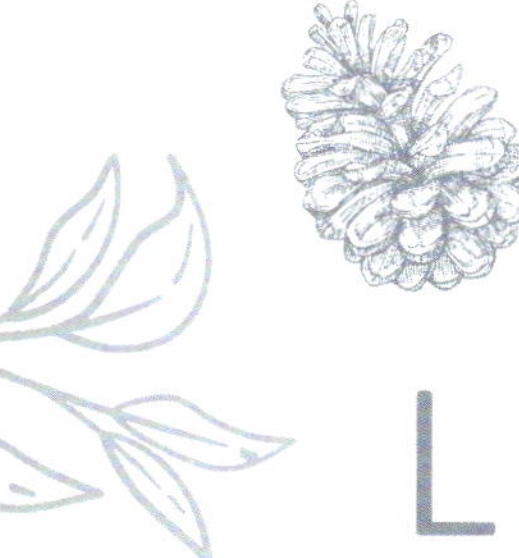

WINTERLICHER LICHTHAUS-GARTEN

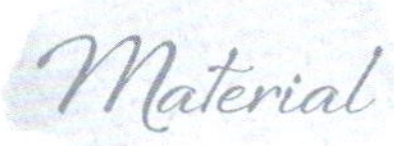

Material

- Schale
- Folie
- Moos
- Lärchenzweige
- Schaschlikspieße
- Heißkleber
- Lichthaus aus Metall
- Mini-Weihnachts-schmuck
- Perlendraht
- Blumendraht

Lichthäuser gehören zur Winterdeko wie das Schmuddelwetter zum Winter hier im Norden. Genauso verhält es sich mit Tannen. Diese süßen Tannen, die ich dir vorstellen möchte, werden aber garantiert nicht ihre Nadeln verlieren.

Anleitung

1. Ich habe für dieses DIY eine Betonschale gewählt. Du kannst aber auch jede andere Schale nehmen, die dir gefällt.
2. Lege die Schale mit Folie oder einer zurechtgeschnittenen Plastiktüte aus.
3. Fülle die Schale mit Moos.
4. Für die Tannenbäume benötigst du Schaschlikspieße. Lege eine Moosplatte an das obere Ende des Spießes und binde sie von oben nach unten mit Blumendraht fest. Um die Tannenbaumform zu erhalten, binde die Spitze fest und werde dann beim Binden nach unten immer lockerer.
5. Dekoriere die Moosbäume mit einem kleinen Stern an der Spitze oder wickele einen Perlendraht um die Tanne.
6. Stecke die Tannenbäume an verschiedenen Stellen in die Schale.
7. Setze mittig ein Metallhäuschen ein, welches mit einer Kerze beleuchtet werden kann.
8. Verschönere die Schale zum Schluss mit Lärchenzweigen und kleinen Christbaumkugeln.

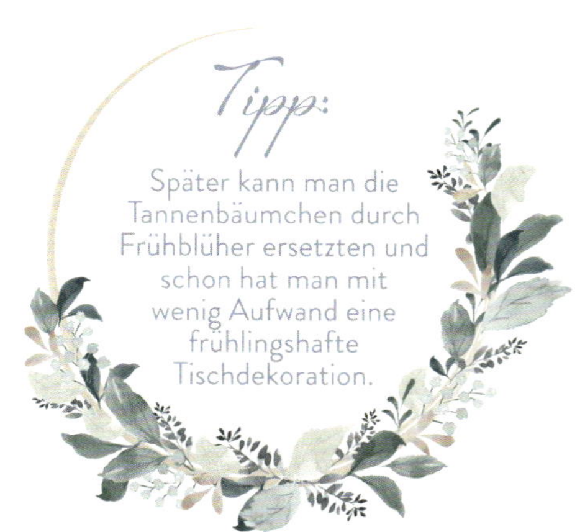

Tipp:

Später kann man die Tannenbäumchen durch Frühblüher ersetzten und schon hat man mit wenig Aufwand eine frühlingshafte Tischdekoration.

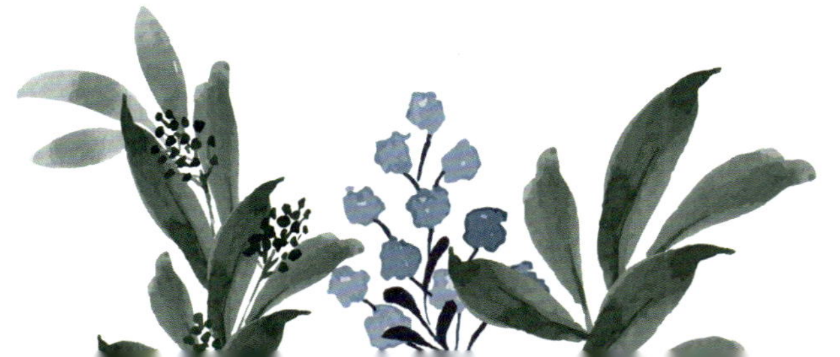

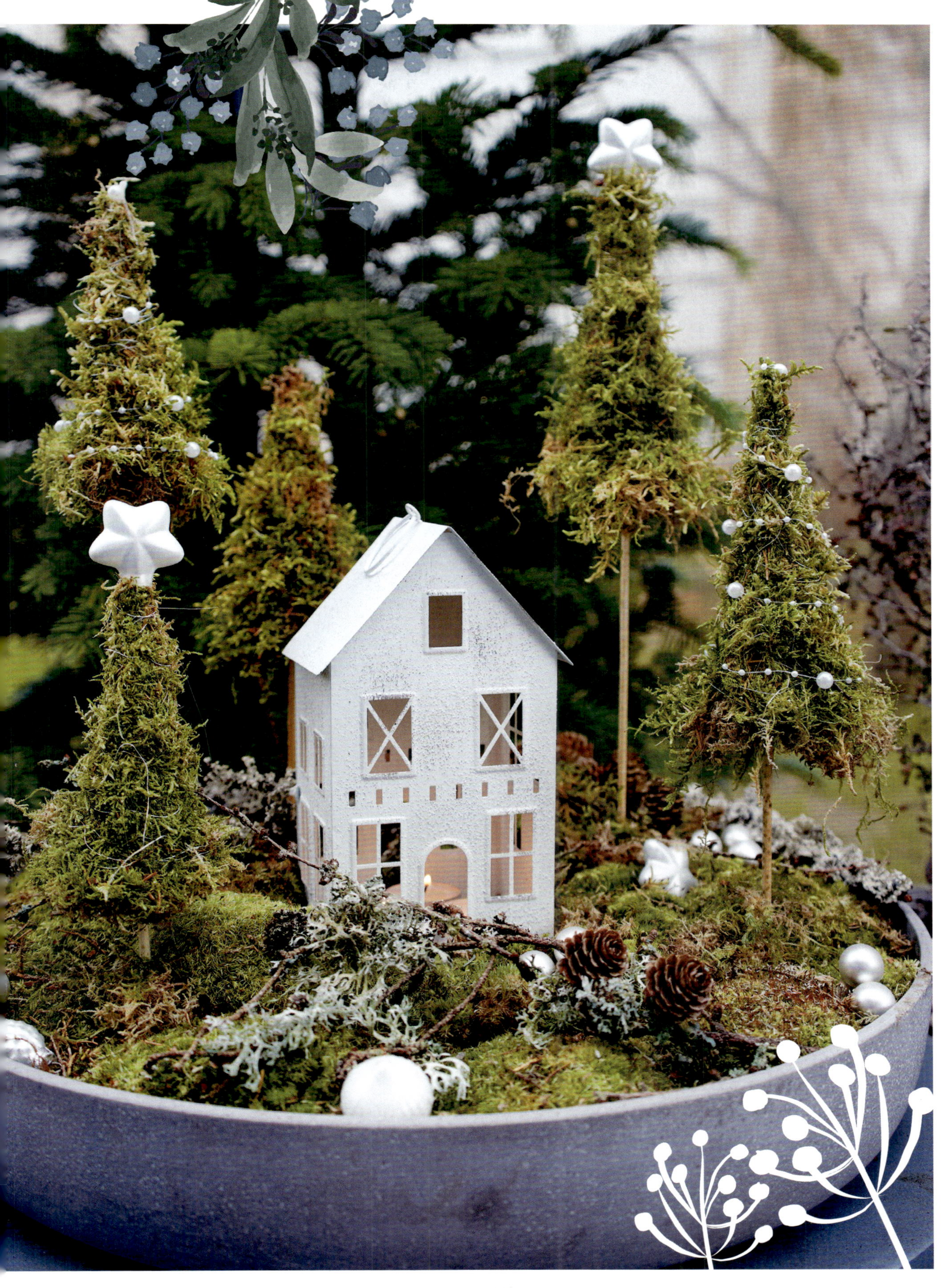

TANNENKRANZ MIT MISTELZWEIGEN

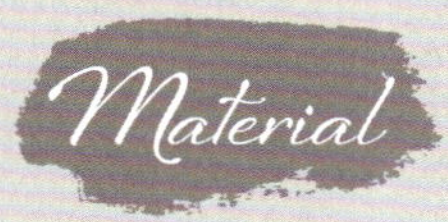

- Kranzrohling aus Stroh
- Zweige der Nordmanntanne
- Mistelzweige
- Blumendraht
- Blumenschere

Dieser Kranz gehört eigentlich in die Kategorie „Grundtechniken", denn er ist ganz einfach gebunden. Hier möchte ich dir zeigen, dass man allein durch das Einbinden anderer Zweige ein ganz verändertes Erscheinungsbild schaffen kann. Es müssen dabei nicht Mistelzweige sein: du kannst auch Eukalyptus verwenden. Oder wie wäre es mal mit Schleierkraut in einem Winterkranz?

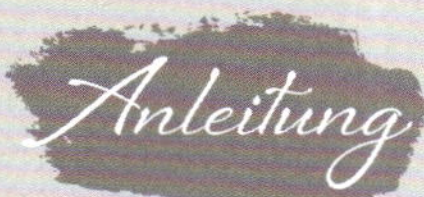

1. Schneide die Zweige der Nordmanntanne und der Mistel in ungefähr gleich große/lange Stücke.
2. Lege sie zu gemischten Bündeln zusammen.
3. Folge dann der Anleitung bei den Grundtechniken für das Kranzbinden, die auf Seite 24 zu finden ist.

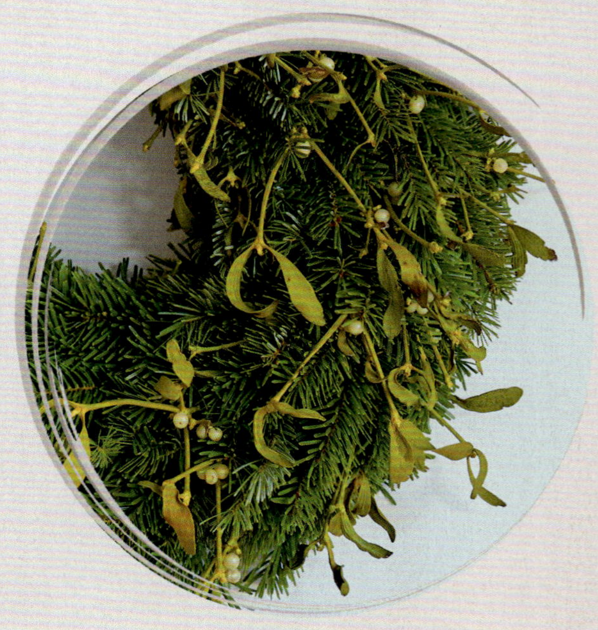

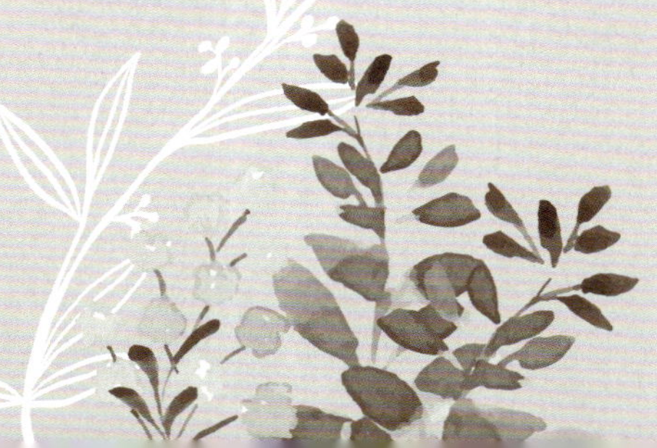

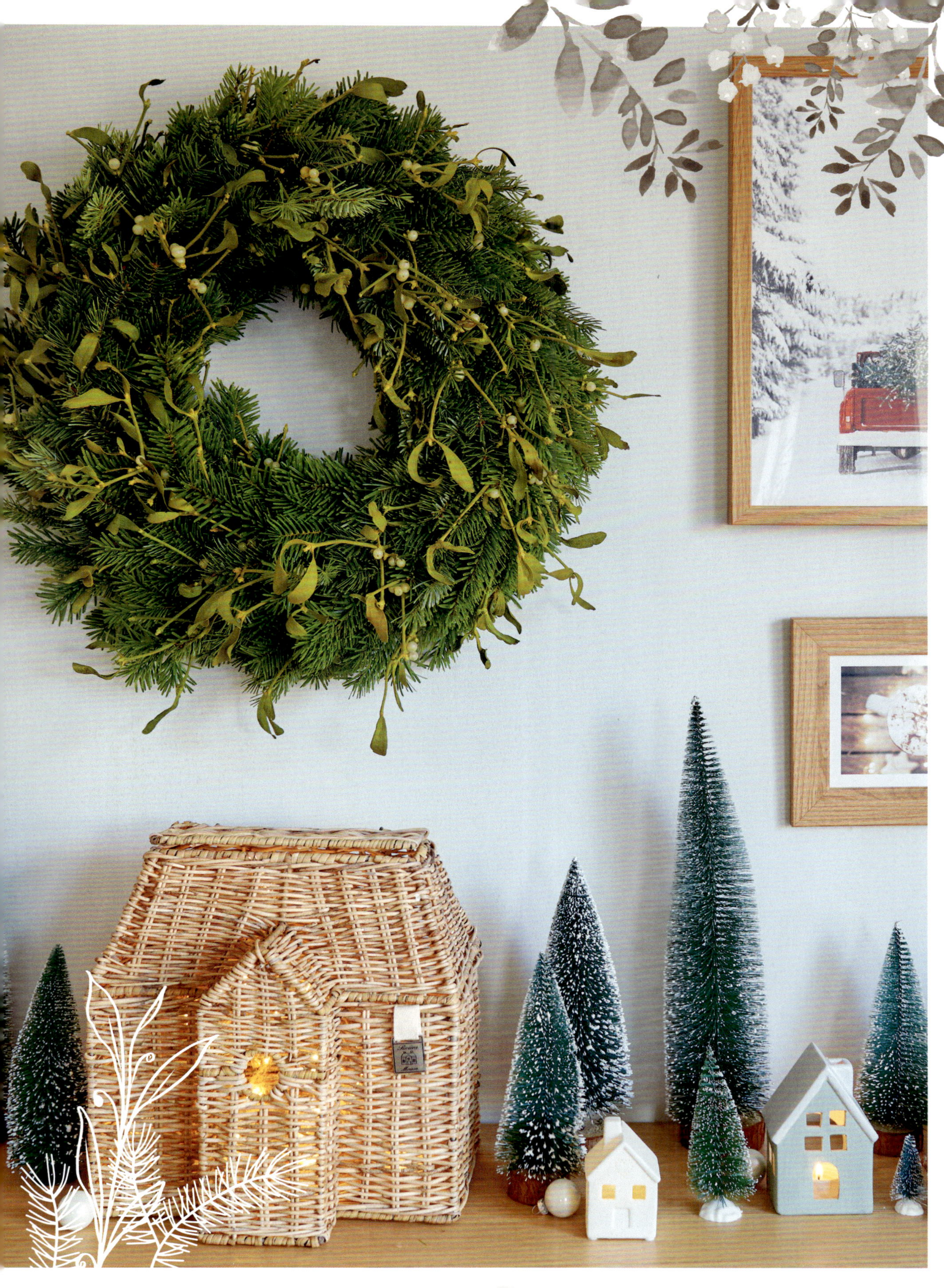

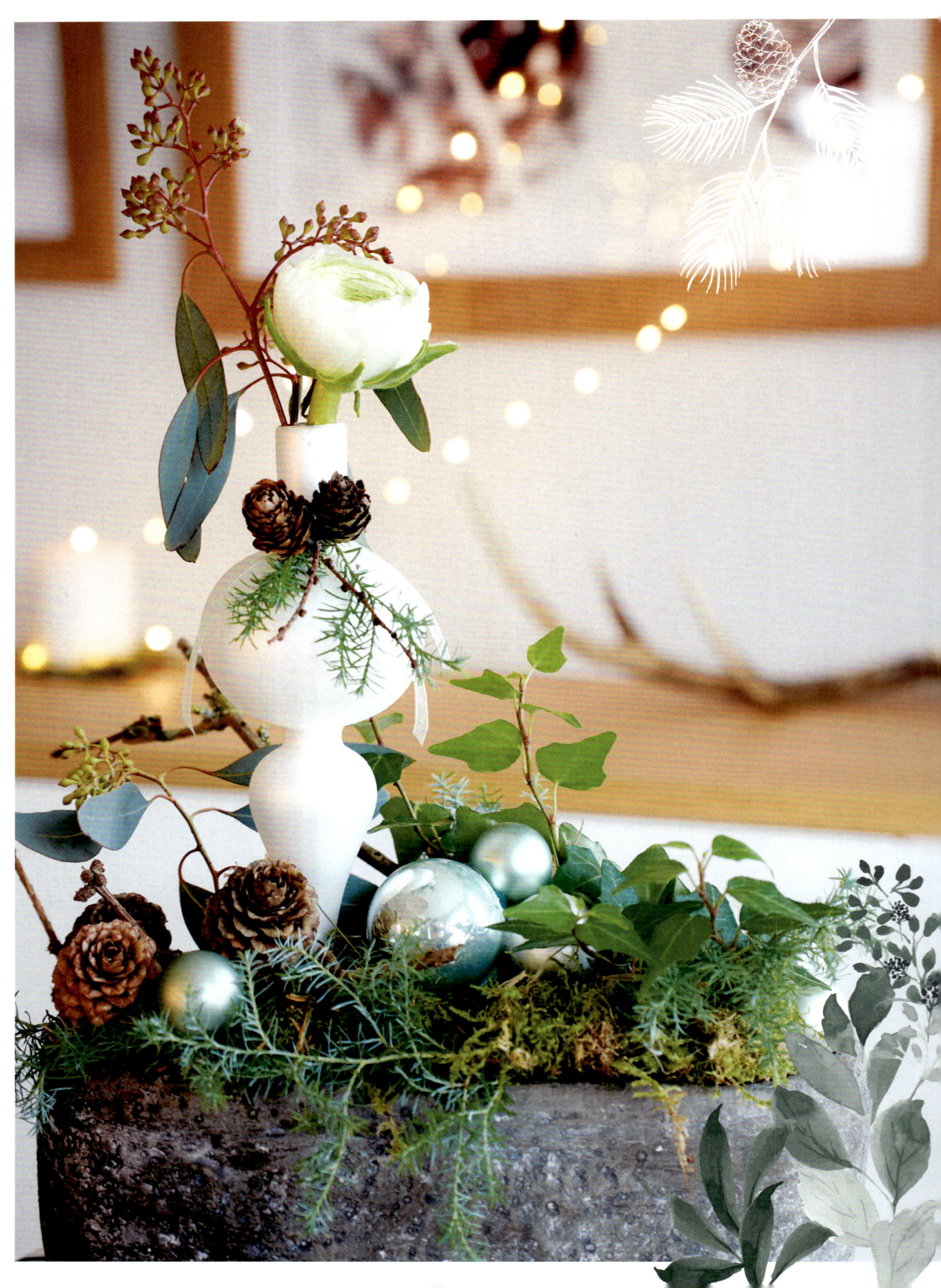

GESTECK MIT TANNENBAUMSPITZE

Material

- Übertopf
- Steckschaum
- Tannenbaumspitze
- Zweige
- kleine Weihnachtsbaumkugeln
- Moos
- Tannenzapfen
- eine kleine Pflanze mit Ballen
- etwas Pflanzenerde
- Schnittblume nach Wahl
- Schaschlikspieß (optional)

Eines meiner liebsten DIYs für die Weihnachtszeit ist die Weihnachtskugel als Vase. Daraufhin kam die Frage auf, warum die Idee nicht mit einer Tannenbaumspitze umsetzen?! Gesagt, getan und hier ist das Ergebnis!

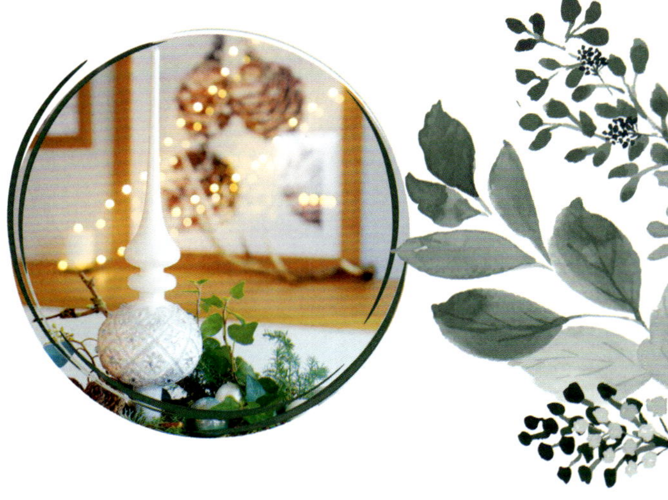

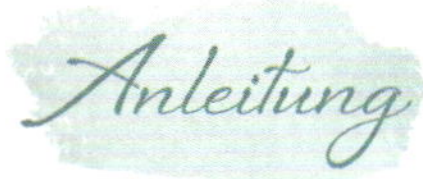

Anleitung

1. Befülle zuerst den Übertopf halbseitig mit Steckschaum und die andere Hälfte mit Erde und einer kleinen Pflanze.

2. Setze die Tannenbaumspitze verkehrt herum in den Steckschaum, also mit der Spitze nach unten.

3. Bedecke nun die gesamte Oberfläche mit Moos und verteile Zweige sowie Tannenzapfen. Wenn gewünscht, klebe ein paar kleine Weihnachtsbaumkugeln mit Heißkleber auf das Moos.

4. Befülle im letzten Schritt die Tannenbaumspitze mit Wasser und versehe sie mit einer Schnittblume deiner Wahl.

5. Wenn du möchtest, kannst du die Tannenbaumspitze auch in ihrer normalen Ausrichtung in das Gesteck setzen, um den Übertopf zu einem außergewöhnlichen Hingucker zu machen. Verwende zur Stabilisierung einen Schaschlikspieß, auf den du die Spitze steckst.

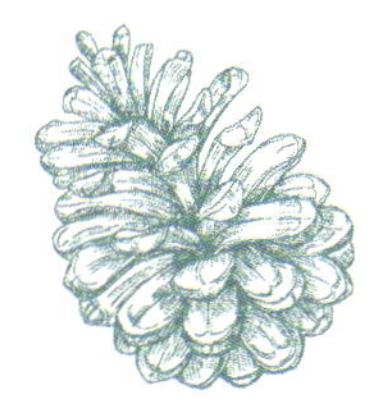

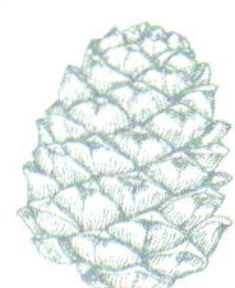

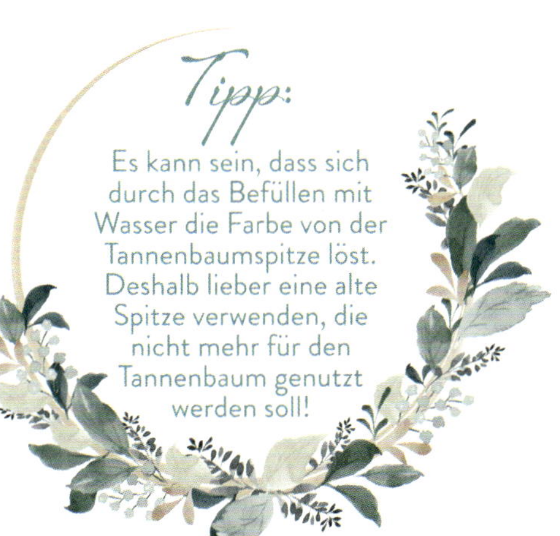

Tipp:

Es kann sein, dass sich durch das Befüllen mit Wasser die Farbe von der Tannenbaumspitze löst. Deshalb lieber eine alte Spitze verwenden, die nicht mehr für den Tannenbaum genutzt werden soll!

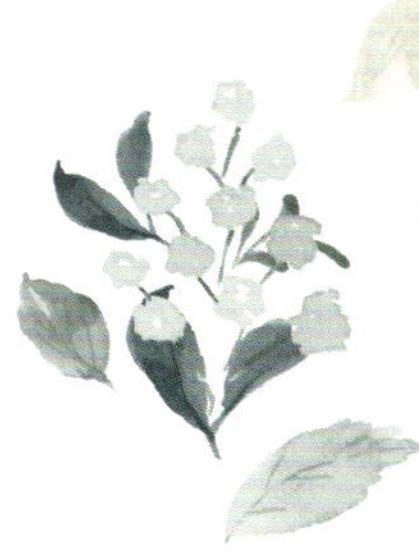

TÜRDEKORATION MIT GLOCKE

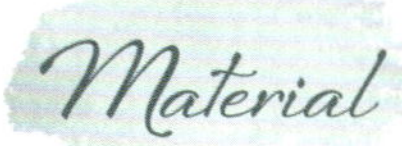

Material

- unterschiedliche Tannenzweige
- Blumenschere
- Deko-Glocken
- Blumendraht
- Jute -Dekoband
- nach Bedarf kleine Holzsterne
- Heißkleber

Wer keine Lust auf Kränze hat, wird sich bestimmt über diese alternative Deko-Idee mit Tannenzweigen freuen. Sie ist ruck-zuck fertig und sieht verträumt und rustikal aus. Ein toller Hingucker für Türen und Fenster!

Anleitung

1. Schneide zuerst die verschiedenen Tannenzweige klein und lege sie zu kleinen Bündeln zusammen.

2. Binde ein festes Jute-Dekoband an eine Glocke. Fädele dafür das Band durch die Aufhängung der Glocke und ziehe es auf gleiche Länge.

3. Verbinde nun die Bündel aus Tannenzweigen mit dem Band über der Glocke wie bei einem Kranzrohling. Verwende dazu Blumendraht, der von der Glocke abwärts führt.

4. Hast du einige der Bündel übereinander gebunden, nimm die beiden Enden des Jutebands und wickle sie um den Abschluss der letzten Tannenzweige. Verknote das Band, damit man den unschönen Blumendraht nicht mehr sieht.

5. Für eine weihnachtliche Dekoration kannst du jetzt kleine Holzsterne oder ähnliches auf die Zweige kleben. Verwende dazu am besten Heißkleber. Die Tannenzweige können aber auch ganz natürlich belassen werden.

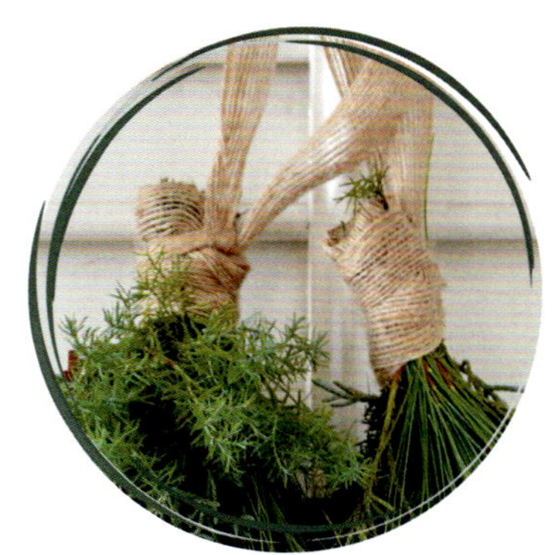

Tipp:

Sollte die Glocke dein Herz nicht höher hüpfen lassen, dann schnapp dir doch eine große Weihnachtskugel! Das sieht mindestens genauso schön aus und vielleicht sogar einen Tick festlicher. Auf Instagram unter **@dekohus** findest du eine weitere Variante mit einem großen Zapfen mit Videoanleitung.

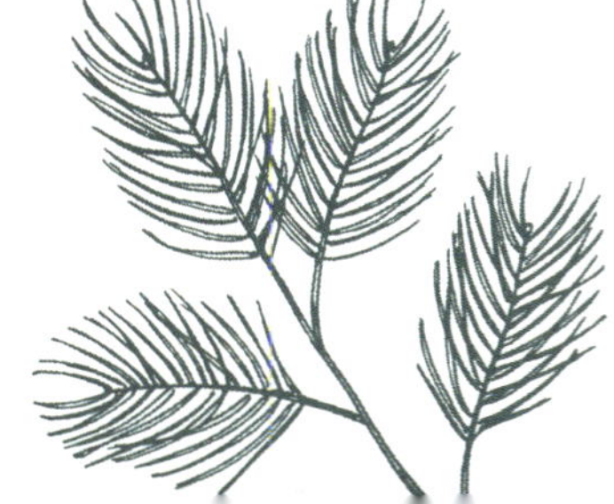

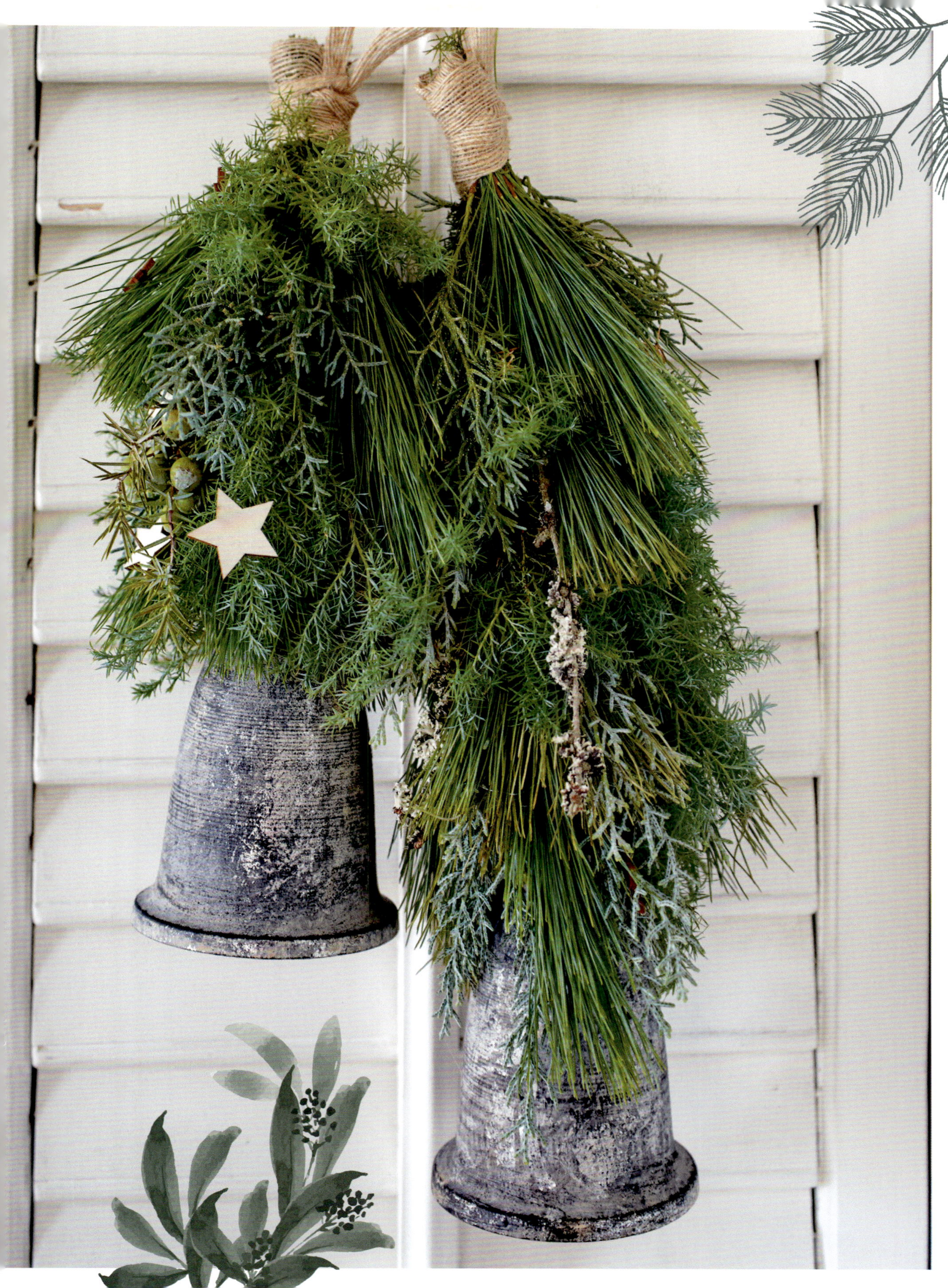

ADVENTSKRANZ IN FESTLICHEN DOSEN

Material

- 4 Dosen
- 4 Moosplatten
- Blumendraht
- Perlendraht
- Steckschaum, gewässert
- 4 Stumpenkerzen
- Patenthaften
- kleine Zweige verschiedener Tannen
- kleiner Christbaumschmuck mit Draht
- eventuell Heißkleber

Puh, wie fange ich am besten an?! Einfach gerade heraus ist wohl die schmerzloseste Lösung. Also... bei uns gibt es ab und zu mal eine Dosensuppe oder auch Sauerkraut aus der Dose. Jetzt ist es raus! Irgendwie erleichternd! Aber warum erzähle ich dir das eigentlich? Das tue ich aus folgendem, einfachen Grund: Ich möchte gerne verdeutlichen, dass man Alltagsdinge mit einfachen Handgriffen in tolle Deko verwandeln kann. Recycling oder Upcycling ist ein großes Thema in der DIY-Welt und dies möchte ich an dieser Stelle aufgreifen. Und da ich nun ab und zu eine Dose zur Hand habe, nutze ich diese gern für meine DIY-Projekte. In diesem Fall mache ich einen Adventskranz daraus.

Anleitung

1. Nimm zunächst eine gesäuberte Dose zur Hand und umwickele diese mit einer Moosplatte. Befestige das Moos, indem du den Blumendraht fest um die Moosplatte und die Dose bindest.
2. Umwickele die Moosdosen nun mit Perlendraht, damit dieser „Block“ an Moos aufgelockert wird.
3. Schneide dann den Steckschaum zurecht, wässere ihn und schiebe ihn in die Dose.
4. Befestige als Nächstes die Patenthalterung an der Unterseite der Stumpenkerze (siehe Grundtechniken, S. 21) und setze dann die Kerze mittig in den Steckschaum.
5. Schneide anschließend die Tannenzweige auf die passende Größe zurecht.
6. Stecke die Zweige fächerartig um die Kerze herum in den Schaum, beginnend von außen nach innen.
7. Zum Schluss kannst du das Gesteck nach Belieben mit etwas Christbaumschmuck dekorieren.

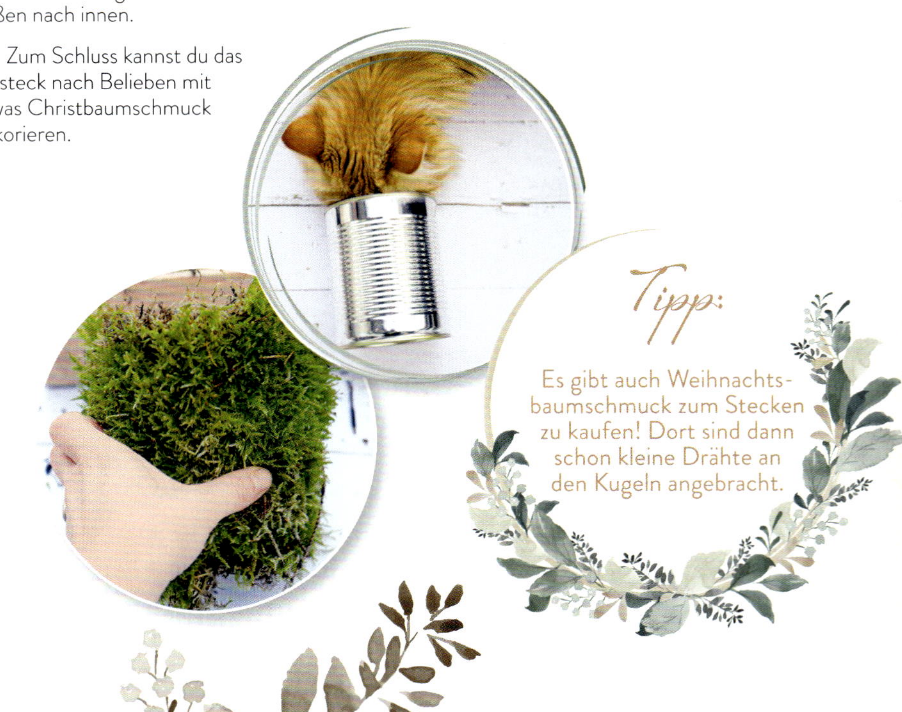

Tipp:

Es gibt auch Weihnachtsbaumschmuck zum Stecken zu kaufen! Dort sind dann schon kleine Drähte an den Kugeln angebracht.

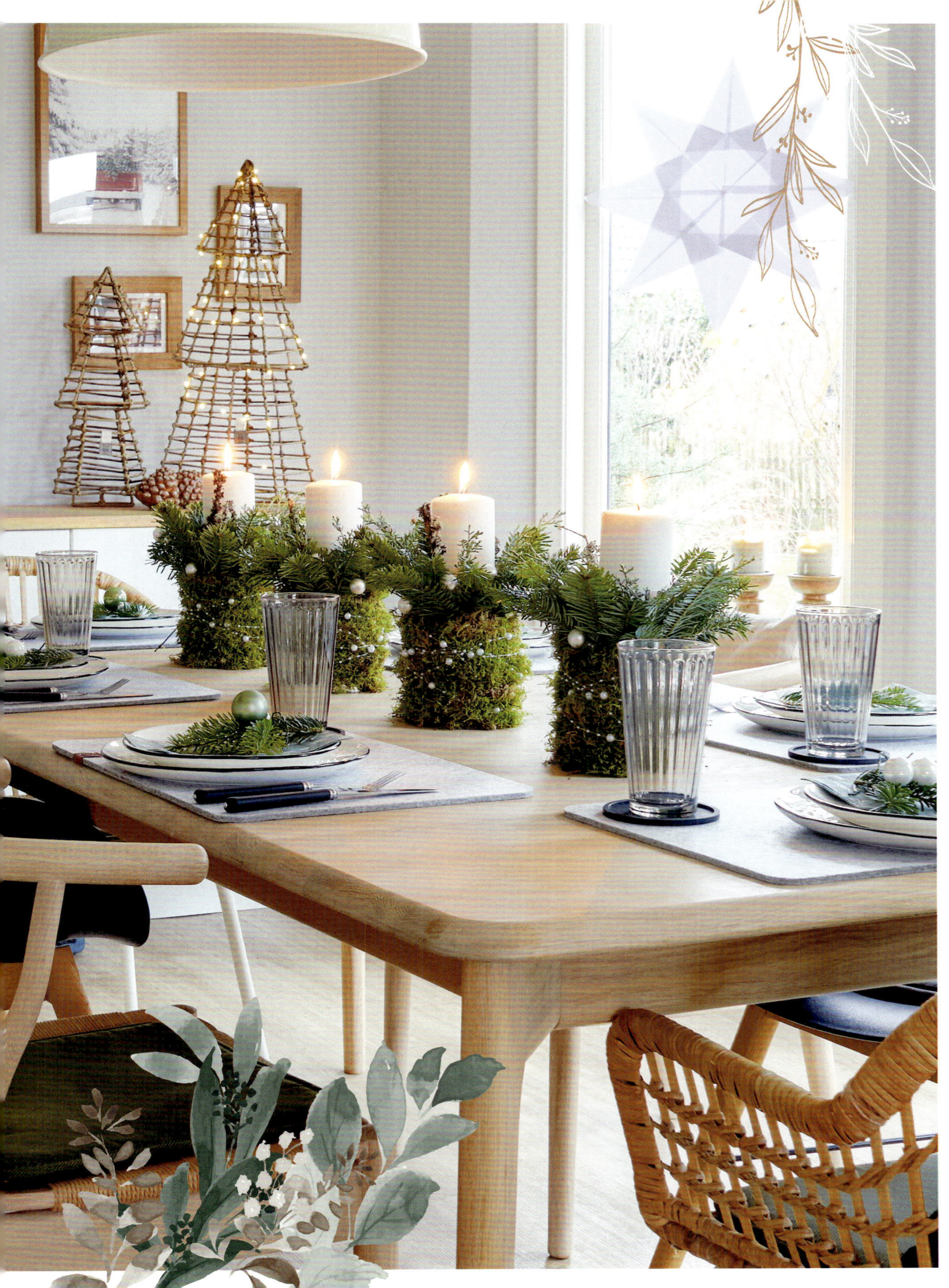

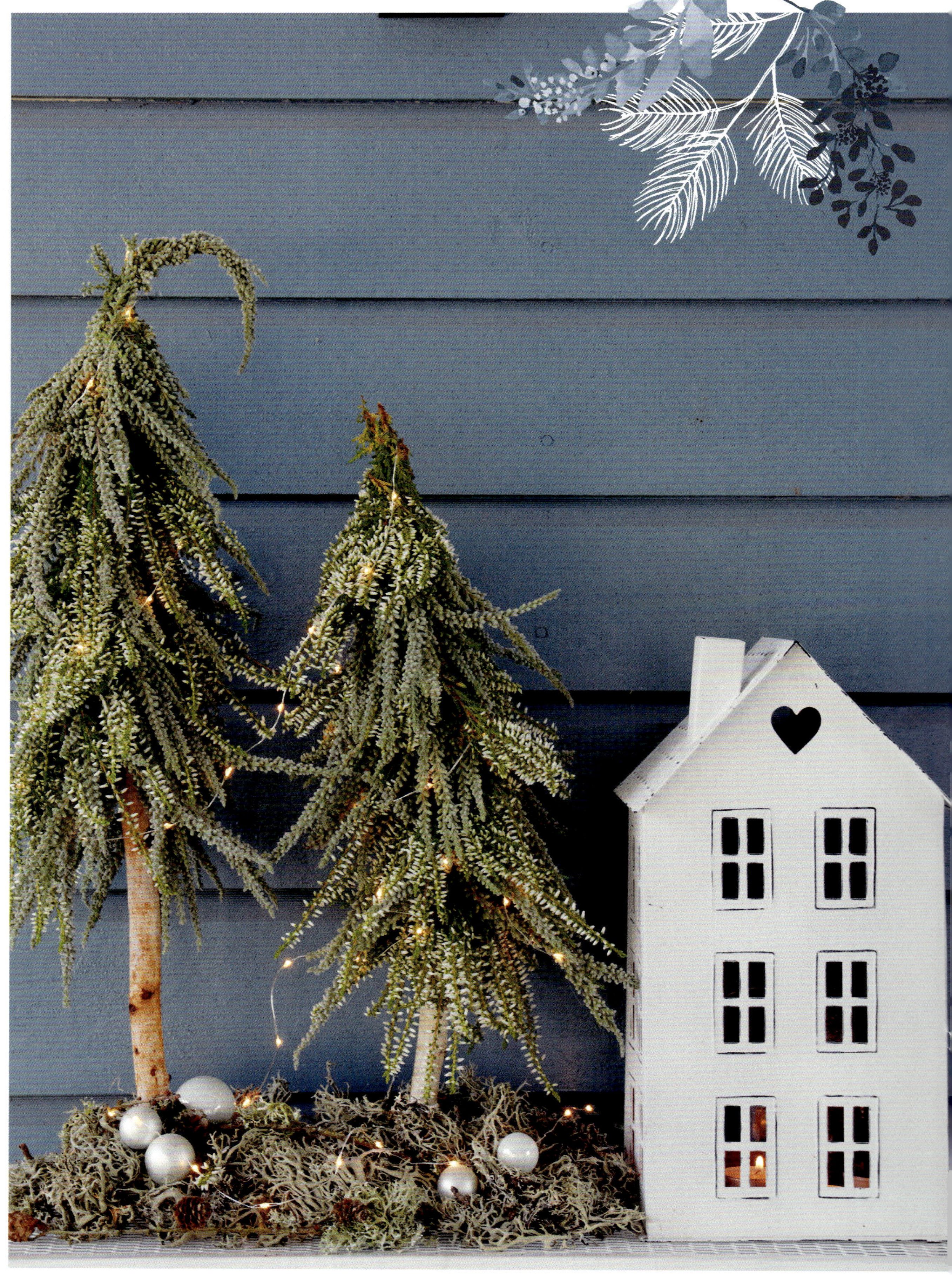

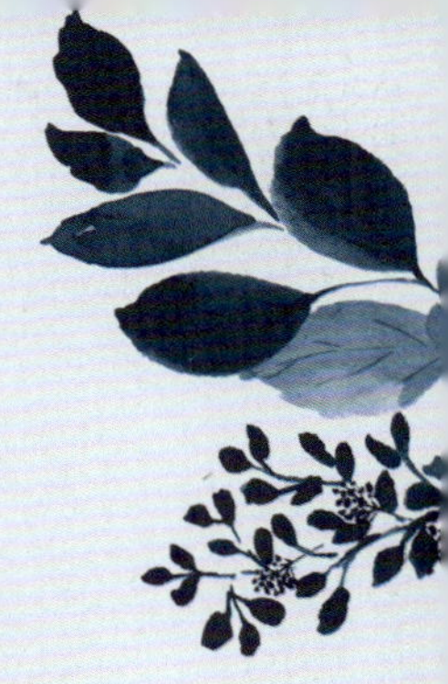

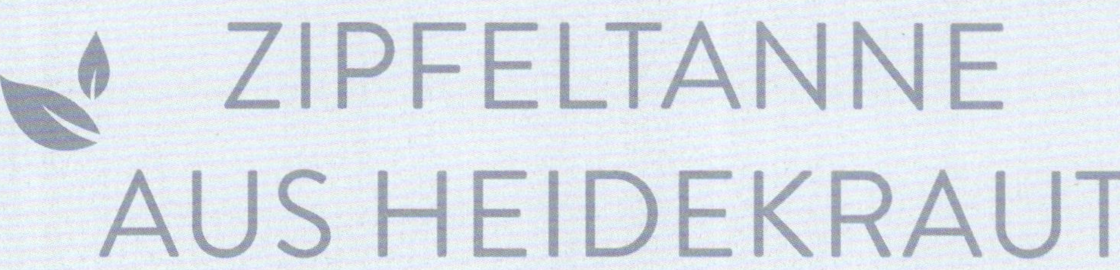

ZIPFELTANNE AUS HEIDEKRAUT

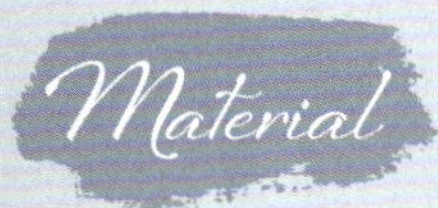

Material

- einen Stock, gerade oder ungerade
- Bastelbeton
- Heidekraut
- Blumendraht
- Gartenschere
- einen leeren Joghurtbecher
- weihnachtliche Deko (optional)

Ich liebe, liebe, LIEBE Zipfeltannen! Das erste Mal habe ich sie 2004/2005 bei einer Bekannten gesehen. Und wie man in Zeitschrift und auch auf Insta sieht, sind die Zipfeltannen mehr denn je im Trend! Am Anfang habe ich sie nur in groß gebunden, aber warum? Denn auch in klein machen sie wirklich viel her.

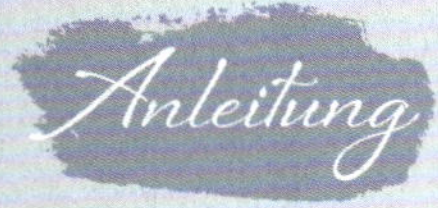

Anleitung

1. Mische als Erstes den Bastelbeton gemäß Anleitung an.
2. Fülle nun etwas Beton in den Joghurtbecher und stecke den Stock mittig in den Beton. Eventuell musst du den Stock mit etwas stabilisieren, damit er mittig in der Betonmasse stehen bleibt.
3. Ist der Beton ausgehärtet, kannst du anfangen, den Ast in einem Tannenbaum zu verwandeln. Dafür musst du zuerst die Zweige vom Heidekrautpflanze möglichst tief abschneiden.
4. Das Wickeln fangen wir unten an. Nimm den Bindedraht und wickle ihn im unteren Bereich um den Ast. Tipp: Lass für den Fuß der Tanne Platz und beginne erst ein paar Zentimeter höher.
5. Nimm dir die längeren Heidekrautzweige. Lege sie mit der Schnittkante, auf der Höhe des Drahtes einmal um den Ast herum und binde sie mit dem Draht gut fest. Dann kommt die nächste Schicht aus Zweigen, die ebenfalls mit Draht umwickelt wird.
6. Arbeite dich auf dieser Weise nach oben vor.
7. Wenn du am Ende vom Ast angekommen bist, drehe die Heidekrautzweige so, dass die Schnittfläche nach unten zeigen und die Spitzen nach oben.
8. Wickel die Zweige nun mit dem Blumendraht bis in die Spitze ein. Verdrille zum Abschluss den Blumendraht und schneide ihn ab.
9. Wenn du magst, kannst du die Spitze der Optik wegen etwas biegen.

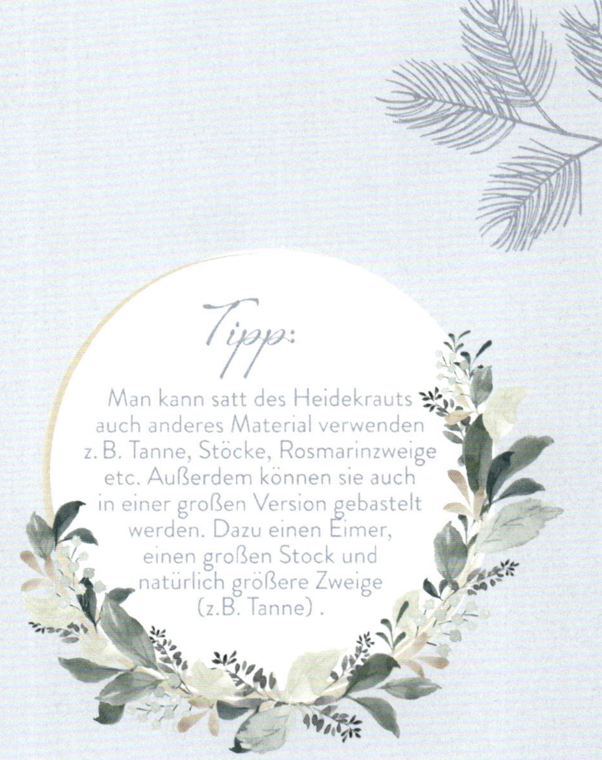

Buchempfehlungen für Dich

Noch mehr Kreativ-Bücher zum gleichen Thema gesucht?

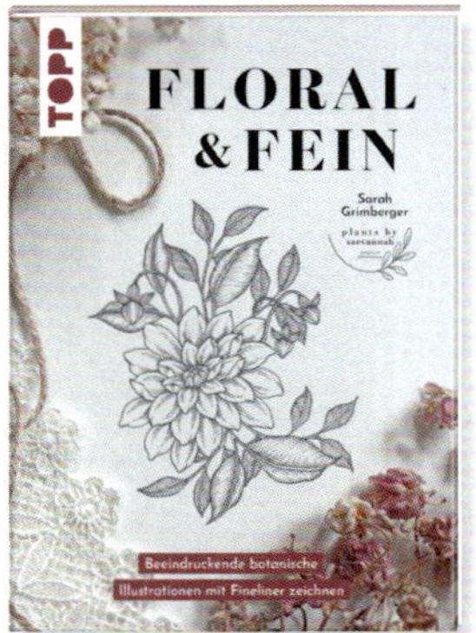

ISBN 978-3-7358-8048-2

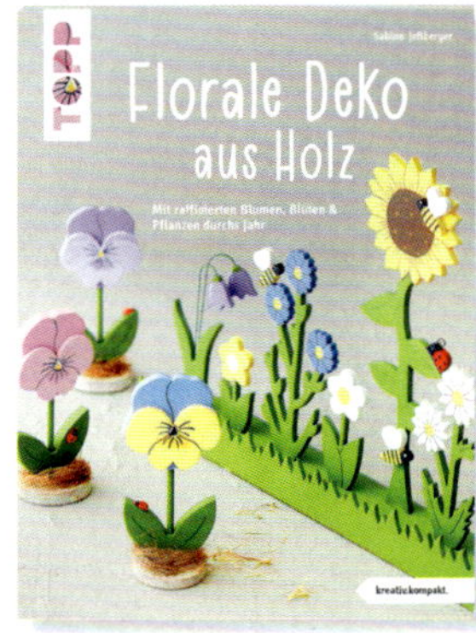

ISBN 978-3-7724-4371-8

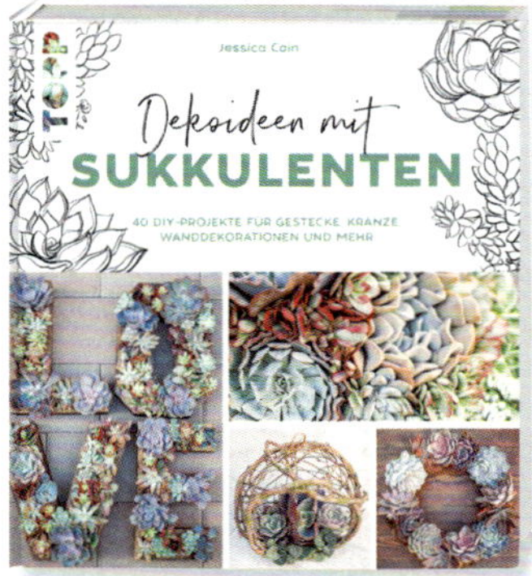

ISBN 978-3-7724-4492-0

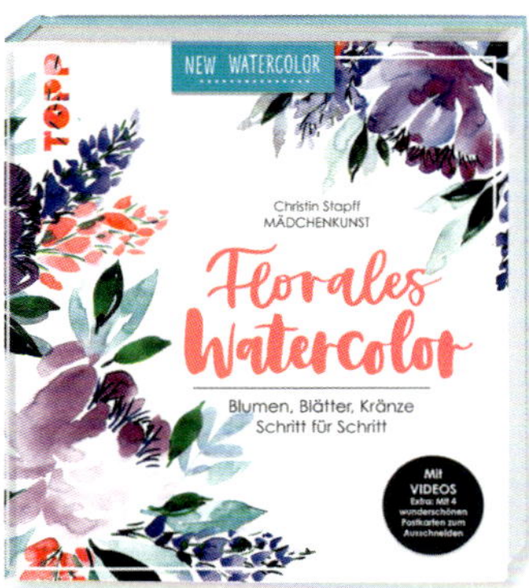

ISBN 978-3-7724-8343-1

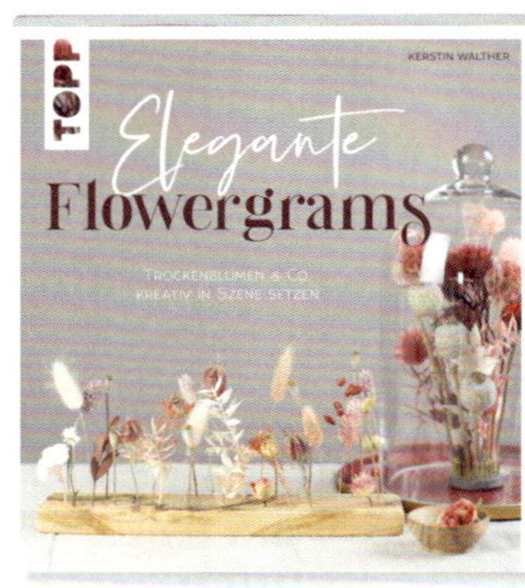

ISBN 978-3-7724-4642-9

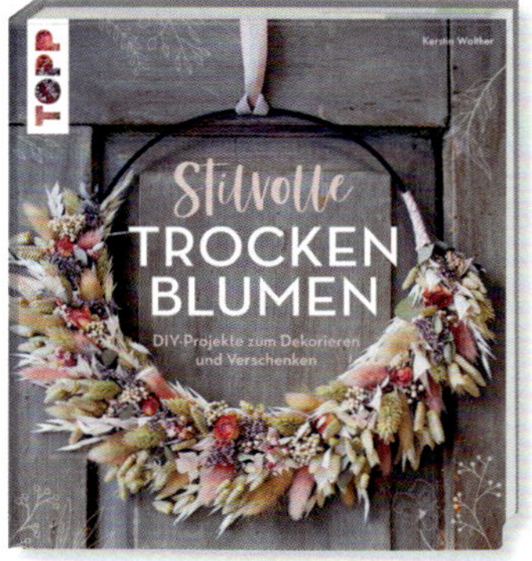

ISBN 978-3-7724-4521-7

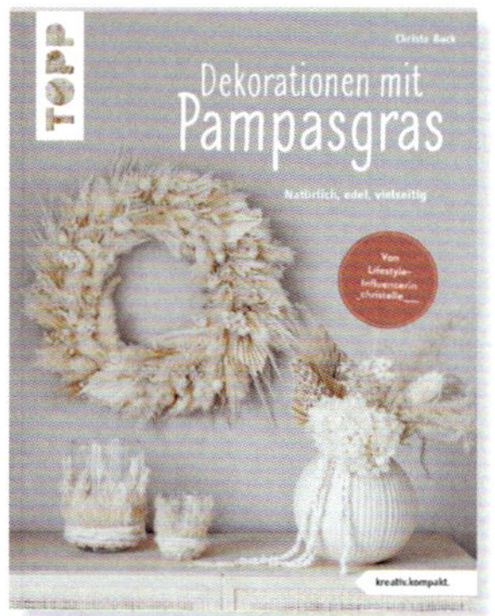

ISBN 978-3-7724-4604-7

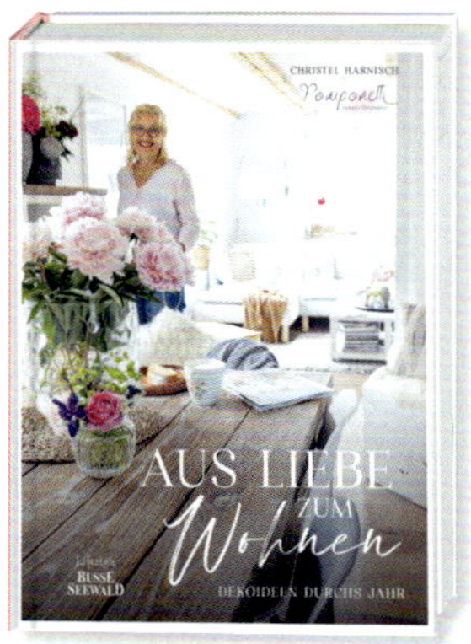

ISBN 978-3-7358-5072-0

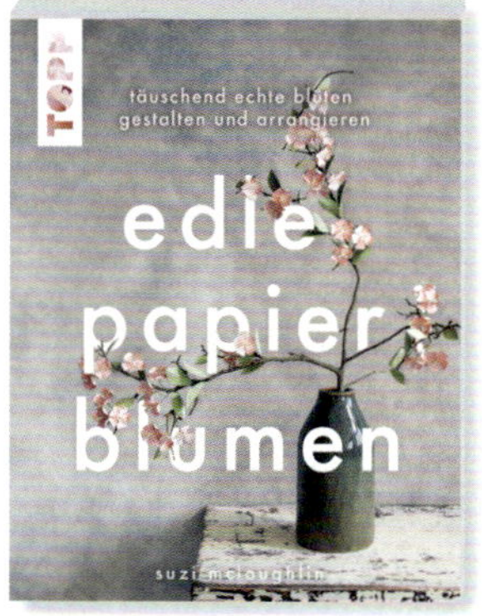

ISBN 978-3-7724-5341-0

Viele weitere Kreativ-Bücher findest du auf www.TOPP-kreativ.de

Entdecke auch unsere ....

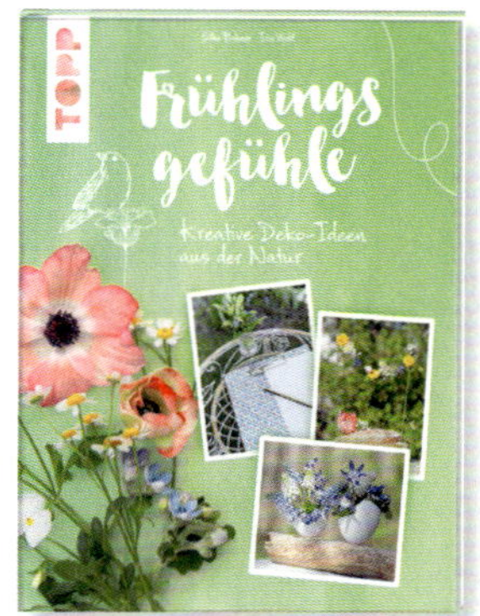

ISBN 978-3-7724-4596-5

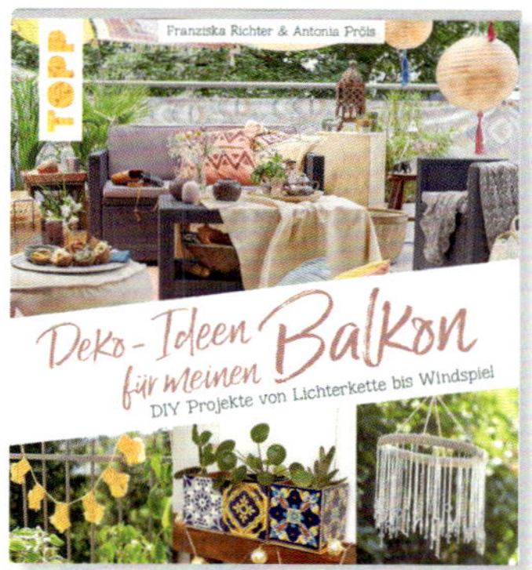

ISBN 978-3-7724-4544-6

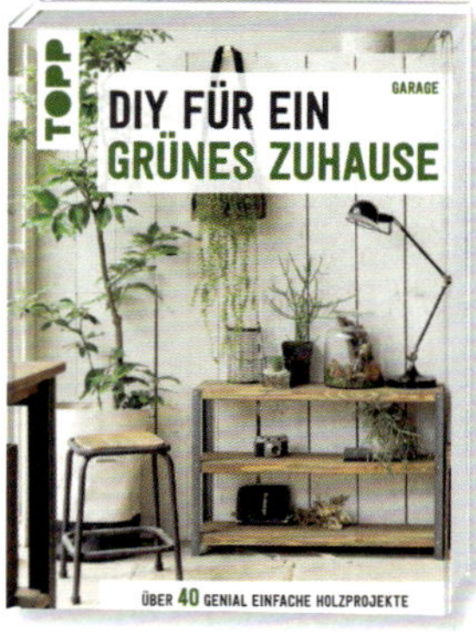

ISBN 978-3-7724-7597-9

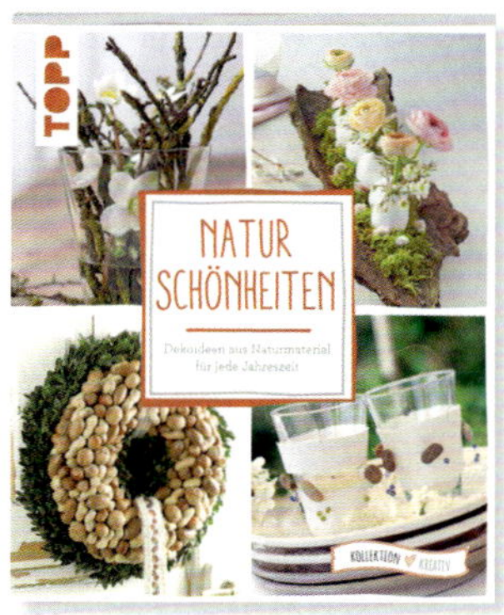

ISBN 978-3-7724-7697-6

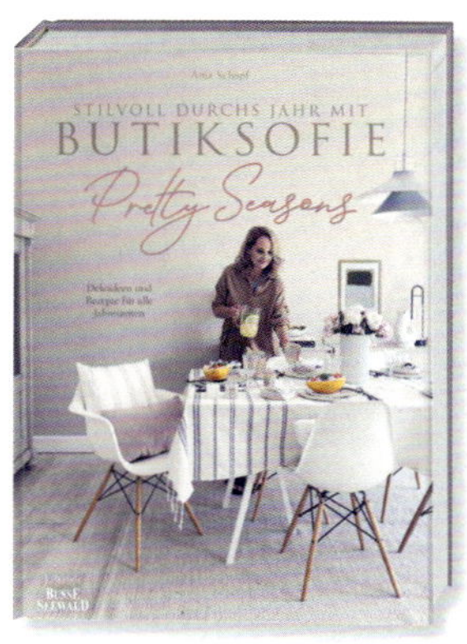

ISBN 978-3-7724-7280 0

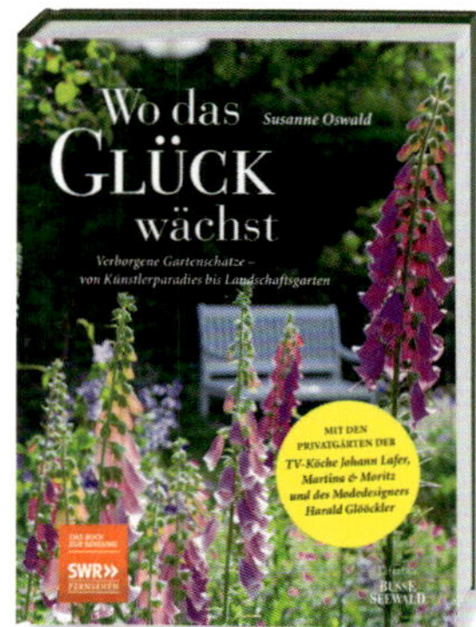

ISBN 978-3-7724-7430-9

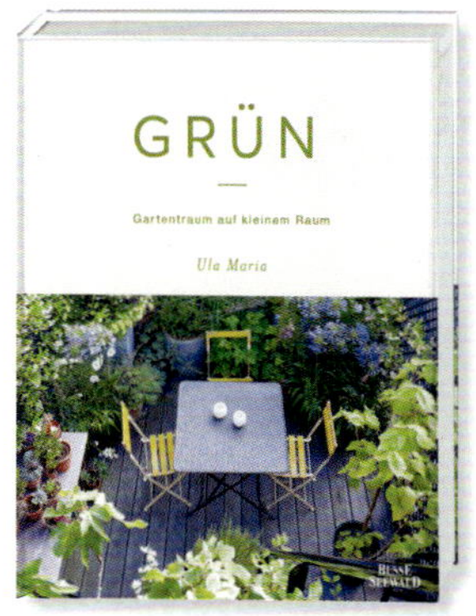

ISBN 978-3-7724-4653-5

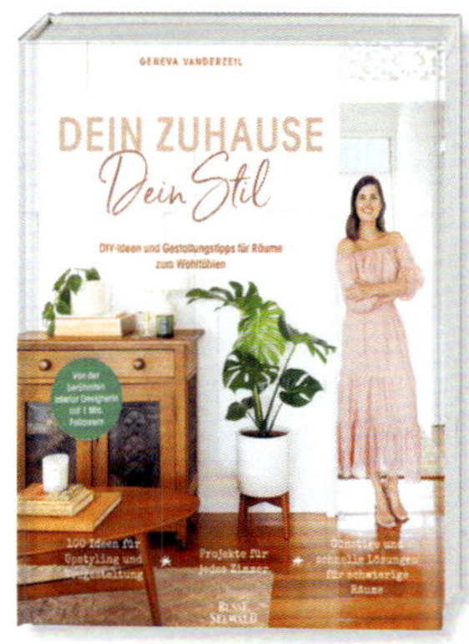

ISBN 978-3-7724-7293-0

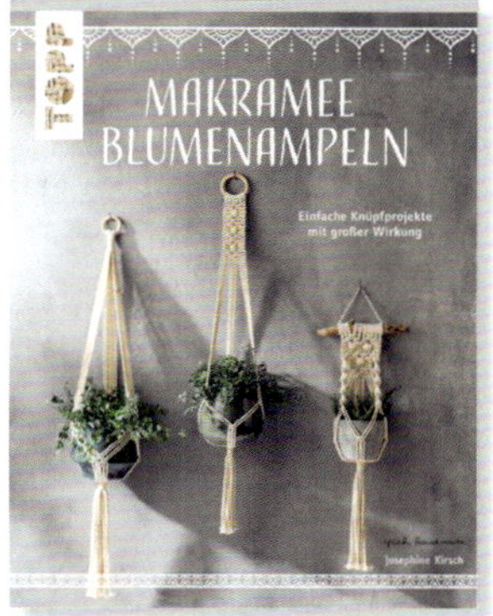

ISBN 978-3-7724-4629-0

#TOPPPROJEKT

Die eigene Kreativität zeigen: TOPPprojekt mit anderen Kreativen teilen und Teil der Gemeinschaft werden.

DIY-begeistert und auf Instagram? Dann unbedingt mitmachen! Hier gibt's Tipps und Feedback zu den eigenen Projekten. Außerdem verlosen wir jeden Monat ein Überraschungspaket. Um am Gewinnspiel teilzunehmen, einfach ein Bild vom Kreativ-Projekt aus unseren Büchern mit #TOPPprojekt posten und unserem Account @frechverlag folgen. Mehr Infos auf TOPP-kreativ.de/TOPPprojekt

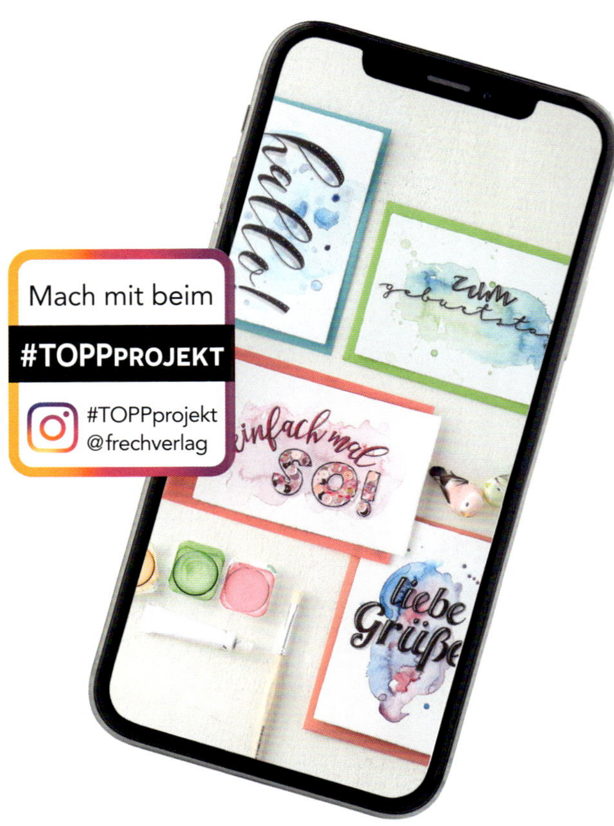

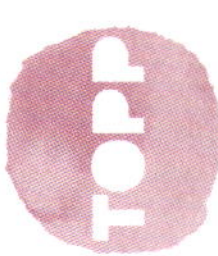

Website

Auf TOPP-kreativ.de kannst du ein riesiges Angebot von über 1.000 Kreativbüchern, Sets & mehr entdecken.

Newsletter

Gleich anmelden unter: TOPP-kreativ.de/newsletter und immer als Erstes von unseren Neuheiten und Sonderaktionen erfahren.

Instagram

@frechverlag

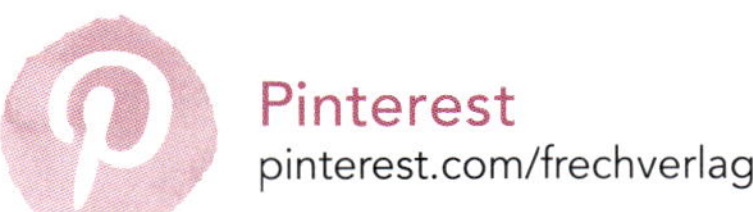

Pinterest

pinterest.com/frechverlag

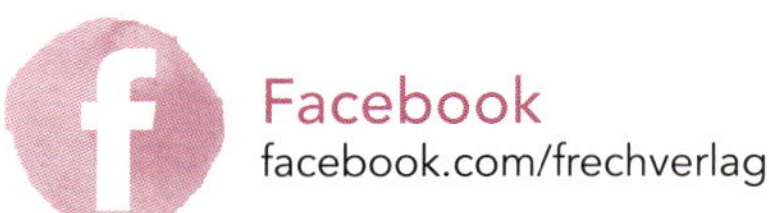

Facebook

facebook.com/frechverlag

DigiBib

Hier findest du zusätzlich zu vielen unserer Bücher digitale Extras, wie Video-Tutorials, Plotter-Dateien, Vorlagen, Übungsblätter & vieles mehr. Einfach im Impressum deines TOPP-Buchs den Freischalte-Code nachschlagen und exklusive Inhalte freischalten. TOPP-kreativ.de/digibib

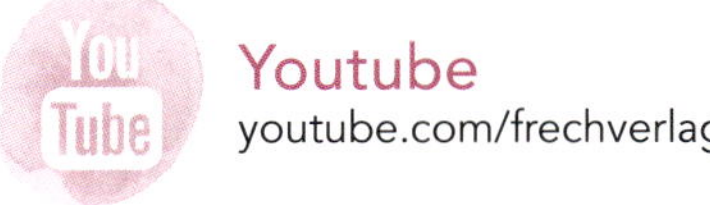

Youtube

youtube.com/frechverlag

Wer wir sind, wie wir arbeiten, was wir lieben ...

Auf Instagram, Facebook und Pinterest findest du mehr über uns und unsere Arbeit und wirst immer schnell und einfach mit den neuesten Infos versorgt.

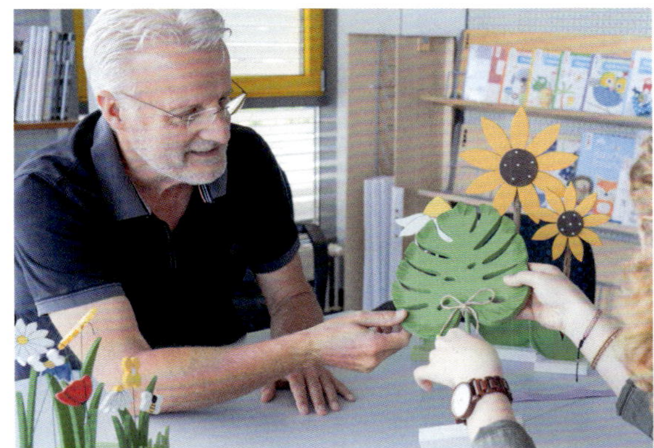

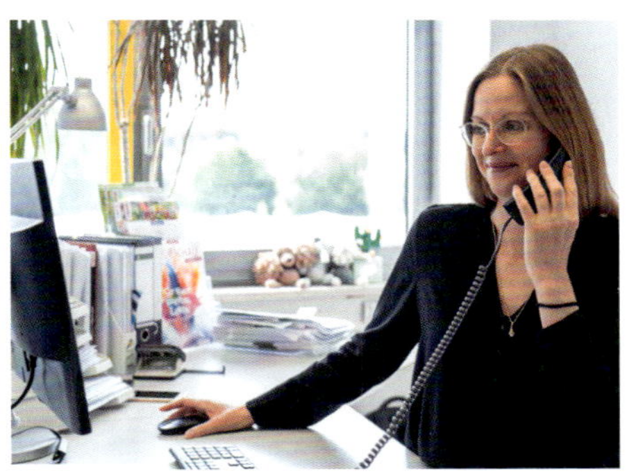

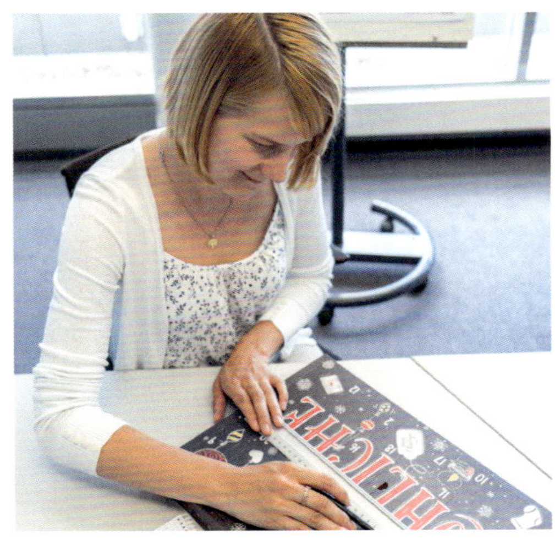

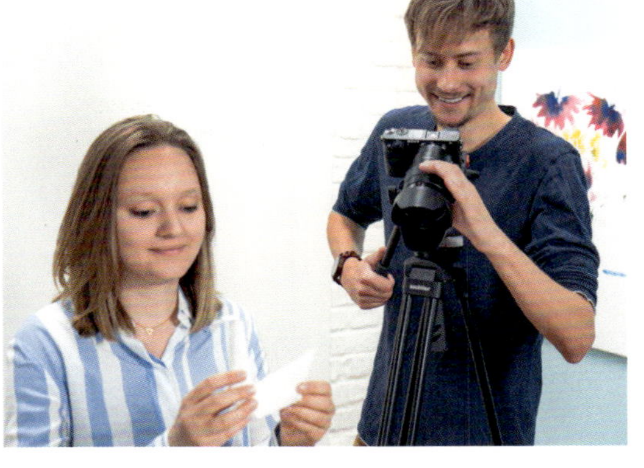

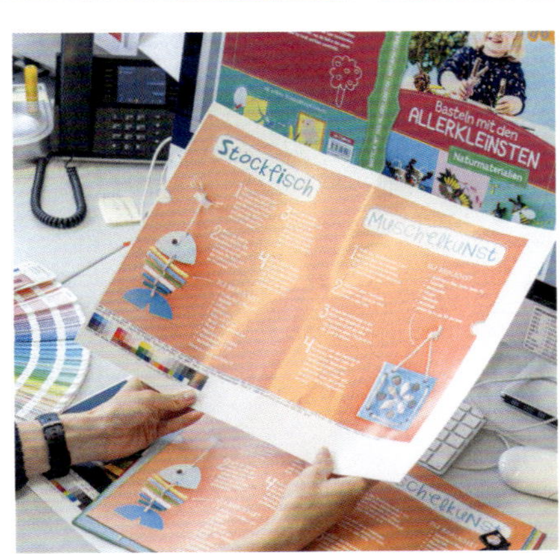

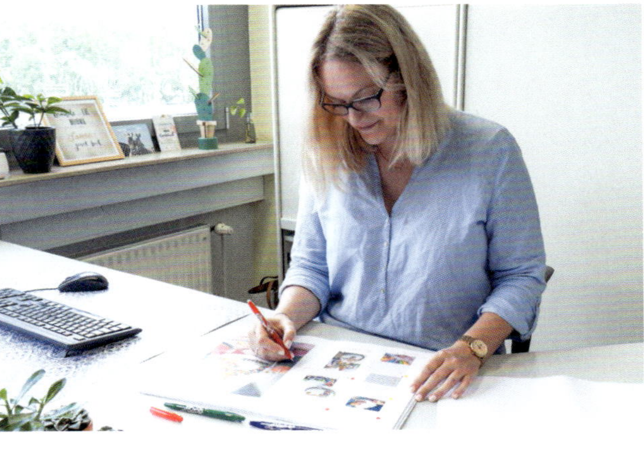

Alle News, alle Infos und alle Links findest du auf www.TOPP-kreativ.de

TOPP – UNSERE SERVICEGARANTIE

Wir sind für Sie da! Bei Fragen zu unserem umfangreichen Programm oder Anregungen freuen wir uns über Ihren Anruf oder Ihre Post. Loben Sie uns, aber scheuen Sie sich auch nicht, Ihre Kritik mitzuteilen – sie hilft uns, ständig besser zu werden.

Bei Fragen zu einzelnen Materialien oder Techniken wenden Sie sich bitte an unseren Kreativservice, Frau Erika Noll.

mail@kreativ-service.info
Telefon 0711/12375720

Das Produktmanagement erreichen Sie unter:
pm@frechverlag.de
oder:
frechverlag
Produktmanagement
Dieselstr. 5,
70839 Gerlingen
Telefon 0711 / 8308668

Lernen Sie uns besser kennen! Fragen Sie Ihren Hobbyfach- oder Buchhändler nach unserem kostenlosen Magazin Meine kreative Welt. Darin entdecken Sie zweimal im Jahr die neuesten Kreativtrends und interessantesten Buchneuheiten.

Oder besuchen Sie uns im Internet! Unter www.topp-kreativ.de können Sie sich über unser umfangreiches Buchprogramm informieren, unsere Autoren kennenlernen sowie aktuelle Highlights und neue Kreativtechniken entdecken, kurz – die ganze Welt der Kreativität.

Kreativ immer up to date sind Sie mit unserem monatlichen Newsletter mit den aktuellsten News aus dem frechverlag, Gratis-Bastelanleitungen und attraktiven Gewinnspielen.

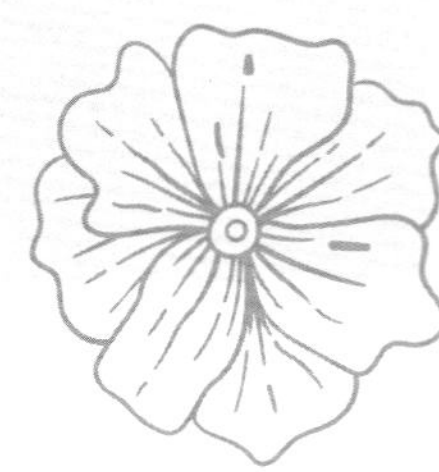

IMPRESSUM

FOTOS: frechverlag GmbH, Dieselstr. 5, 70839 Gerlingen; Sonja Bannick, Sonja Bannick Pictures, Rieseby (S. 55, 59, 65, 69, 79, 87, 90, 96, 99, 101, 103, 102, 106, 110, 112, 117, 118; Evgenija Möller (alle übrigen); Schrittfotos: Evgenija Möller

PRODUKTMANAGEMENT UND LEKTORAT: Laila Prota

COVERGESTALTUNG: Melanie Herrmann unter Verwendung der Bilder von Sonja Bannick und Evgenija Möller

LAYOUTGESTALTUNG UND SATZ: Melanie Everding-Hackmann, FSM Premedia GmbH & Co. KG, Münster

HERSTELLUNG: Jessica Siebert

DRUCK: Neografia, Slowakei

1. Auflage 2023

ISBN 978-3-7358-5120-8 • Best.-Nr. 25120

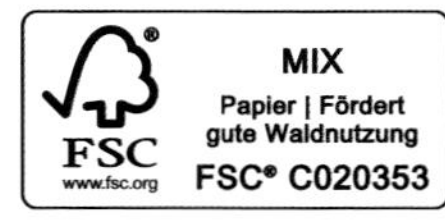

Penguin Random House Verlagsgruppe
FSC® N001967

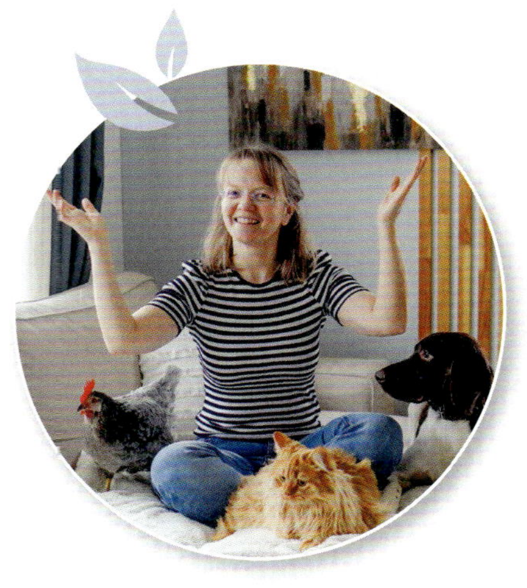

EVGENIJA MÖLLER

Eigentlich ist Evgenija, von allen nur „Evi" genannt, gelernte Bankkauffrau. Doch 2013 musste das öde Finanzgeschäft ihrer wirklichen Leidenschaft weichen: dem Selbermachen!

Seitdem ist sie mit ihrem Blog deko-hus.de und dem dazugehörigen Instagram-Account @dekohus im Netz unterwegs und hat ihr Hobby zum Beruf gemacht. Auf den sozialen Netzwerken zeigt sie, wie man mit wenig Mitteln tolle DIY-Deko erschaffen kann.

Evi lebt mit ihrem Mann, ihren zwei Kindern und einem ganzen Zoo an Tieren (einem Hund, zwei Kaninchen, vier Katzen, acht Hühnern und einer Schlange!) zwischen den Meeren im schönen Schleswig-Holstein.

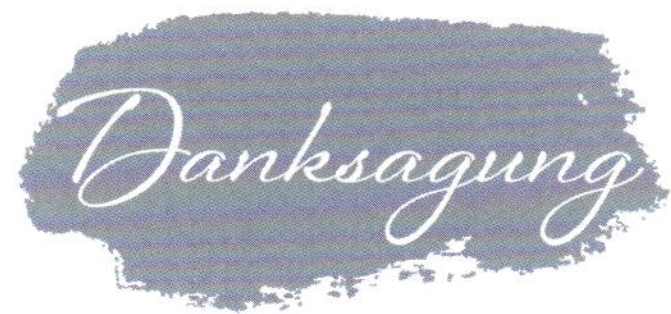

In erster Linie danke ich meinem Mann Basti, dem größten Befürworter meiner Ideen. So manches Mal hätte ich das Handtuch geschmissen, wenn er mir nicht den Rücken gestärkt hätte.
Ich danke unseren Kindern fürs Sammeln von Stöcken, Blättern, Muscheln, Steinen und für ihre Sicht auf die Welt. Sie lieferten die eine oder andere Inspiration für das Buch.
Ich danke meiner Schwägerin, Anika, die aus meinen chaotischen Gedanken, runtergeschriebenen Ideen und diktierten Worten vernünftige Texte zustande gebracht hat.
Ich danke meinen Freunden für die Unterstützung während der Entstehung des Buches. Einige haben Zeit mit unseren Kindern verbracht, haben uns mit Essen versorgt und andere wiederum mit einem offenen Ohr geholfen.
Ich danke meiner Biggi, vom Shop tausendschoen-store.de, die mich nicht nur mit schneller Lieferung, sondern auch bei der Benennung der Blumen, unterstützt hat. Du hast einfach die schönsten Blumen!
Ich danke Sonja, die nicht nur einige meiner Werke fotografiert hat, sondern mich mit Ideen fürs Arrangieren unterstützt hat.
Aber vor allem bedanke ich mich bei meinen Abonnenten für den regen Austauschen in den Direktnachrichten, fürs das Liken und für das Kommentieren der Beiträge. Ohne sie würde ***@dekohus*** *nur halb so viel Spaß machen!*
Und last but not least, danke ich dem frechverlag und meiner Lektorin, Laila, die das Potential von ***@dekohus*** *erkannt hat.*